珠江—西江经济带特色小镇高质量建设与乡村振兴融合发展研究

蒋团标　钟学思　等著

中国财经出版传媒集团

经济科学出版社
Economic Science Press

·北京·

图书在版编目（CIP）数据

珠江—西江经济带特色小镇高质量建设与乡村振兴融合发展研究/蒋团标等著 . -- 北京：经济科学出版社，2023.11

ISBN 978 - 7 - 5218 - 5358 - 2

Ⅰ.①珠… Ⅱ.①蒋… Ⅲ.①小城镇 - 城市建设 - 研究 - 广东②小城镇 - 城市建设 - 研究 - 广西 Ⅳ.①F299. 276. 5②F299. 276. 7

中国国家版本馆 CIP 数据核字（2023）第 215657 号

责任编辑：李晓杰
责任校对：王苗苗
责任印制：张佳裕

珠江—西江经济带特色小镇高质量建设与乡村振兴融合发展研究

蒋团标　钟学思　等著
经济科学出版社出版、发行　新华书店经销
社址：北京市海淀区阜成路甲 28 号　邮编：100142
教材分社电话：010 - 88191645　发行部电话：010 - 88191522
网址：www. esp. com. cn
电子邮箱：lxj8623160@163. com
天猫网店：经济科学出版社旗舰店
网址：http://jjkxcbs. tmall. com
北京密兴印刷有限公司印装
710×1000　16 开　18. 25 印张　350000 字
2023 年 11 月第 1 版　2023 年 11 月第 1 次印刷
ISBN 978 - 7 - 5218 - 5358 - 2　定价：68. 00 元
（图书出现印装问题，本社负责调换。电话：010 - 88191545）
（版权所有　侵权必究　打击盗版　举报热线：010 - 88191661
QQ：2242791300　营销中心电话：010 - 88191537
电子邮箱：dbts@esp. com. cn）

本书是 2019 年度广西人文社会科学发展研究中心及广西高校人文社会科学重点研究基地"珠江—西江经济带发展研究院"重点委托项目《珠江—西江经济带特色小镇高质量建设与乡村振兴融合发展研究》（ZXCS2019005）的研究结果，同时也是广西高校人文社会科学重点研究基地"西南城市与区域发展研究中心"和广西师范大学经济管理学院"城乡融合与区域经济发展政策研究团队"的研究成果之一，是集体创作的成果。

本书著作者名单

蒋团标　钟学思　裴金平　罗　艳　覃顺梅

邓紫薇　张亚萍　罗　琳　刘一笑　许秋梅

朱本慧　陈诚远　朱琳琳　王宇萌　王超婧

前言
Preface

　　本书是 2019 年度广西人文社会科学发展研究中心及广西高校人文社会科学重点建设研究基地"珠江—西江经济带发展研究院"重点委托项目"珠江—西江经济带特色小镇高质量建设与乡村振兴融合发展研究"（ZXCS2019005）的研究结果，同时也是广西壮族自治区教育厅重点研究基地"西南城市与区域发展研究中心"和广西师范大学经济管理学院"城乡融合与区域经济发展政策研究团队"的研究成果之一，是集体创作的结晶。

　　项目获得立项后，课题组做了大量的调查准备工作，在走访广西壮族自治区发展与改革委员会、自然资源厅、生态环境厅、住房和城乡建设厅等职能部门的基础上，设计了调查问卷，编制了调研提纲，确定了评价指标和评价方法；并组织了 40 余名在校研究生、本科生组成的暑期社会实践团队，参与了由共青团中央学校部、教育部新闻办、新浪微博主办的"丝路新世界，青春中国梦"全国大学生"圆梦中国"暑期社会实践专项行动，奔赴广东省的广州、佛山、肇庆、云浮和广西壮族自治区的南宁、柳州、梧州、贵港、百色、来宾、崇左等城市，就特色小镇高质量建设与乡村振兴融合发展展开实地调研。

　　在深入调查研究的基础上，课题组参阅大量文献与数据，历时 4 年，最终完成了本书的写作。本书旨在基于乡村振兴战略发展的背景，刘特色小镇与乡村振兴的内涵进行剖析，进一步解决特色小镇在建设中所面临的问题；寻找珠江—西江经济带特色小镇潜在优势产业的发展空间，探寻特色小镇的未来发展路径，进而为中国以及国外特色小镇的发展与建设提供借鉴和参考。

　　本书由蒋团标、钟学思拟定研究思路与写作大纲，并负责统稿与修订工作，各章分工合作完成。具体分工如下：第一章：蒋团标（广西师范大学教授）、张亚萍（山西财经大学博士研究生）；第二章：覃顺梅（桂林航天工业学院副教授）；第三章：罗艳（广西师范大学讲师）、罗琳（东莞市税务局大岭山税务分局干部）；第四章：罗艳（广西师范大学讲师）、陈诚远（兰州大学硕士研究生）；第五章：钟学思（广西师范大学教授）、刘一笑（平顶山市卫东区税务局干部）、朱琳琳（长沙理工大学博士研究生）；第六章：裴金平（桂林电子科技大学副教授）、邓紫薇（中南财经政法大学博士研究生）；第七章：裴金平（桂林电子科技大学副教授）、邓紫薇（中南财经政法大学博士研究生）；第八章：钟学思（广西师范大学教授）、许秋梅（中邮人寿保险股份有限公司广西分公司员工）、王超婧（广西师范大学金融学专业本科生）；第九章：蒋团标（广西师范大学教授）、朱本慧（中国工商银行股份有限公司济宁分行员工）、王宇萌（平安银行股份有限公司郑州分行员工）。

从立项到实施以及成书出版，本书得到了广西师范大学社会科学研究处、广西人文社会科学发展研究中心、广西师范大学经济管理学院、珠江—西江经济带发展研究院领导的大力支持与帮助。在课题调研过程中，得到广西壮族自治区、广东省及相关市县发改委、住建局等相关部门的大力协助和支持。本书的出版得到经济科学出版社领导及李晓杰编辑的大力支持与帮助，在此表示衷心感谢。广西师范大学梁爱云教授、张海丰教授、廉超副研究员、李玫博士也参与了课题部分调研并为课题研究提出了珍贵意见，研究生肖嘉俊、陈美玲、彭韦婷、胡梓君、谢欣宇、刘畅、段子怡、郑睿、何金盛、王静苓、钟敏等同学参与了校对与修订工作，在此一并特致诚挚谢意，同时也对参与调研的同学们的辛勤付出深表感谢。著作中有关引用资料、图片大多数已经标注，但有些一时找不到出处，除一并感谢外烦请有关作者与我们联系。

蒋团标

2023 年 9 月

目 录
Contents

第一章

绪　　论

第一节　研究背景、目的与意义

一、研究背景

（一）政策背景

自改革开放以来，国家对"三农"问题的关注度不断提升，从加强农村基础设施建设到推进社会主义新农村建设，从以工促农、以城带乡到城乡一体化发展，从构建美丽乡村建设到开展特色小镇建设。党的十九大报告指出，要从乡村振兴战略的高度，在城乡区域发展不平衡不充分的现实背景下，明确提出"产业兴旺、生态宜居、乡风文明、治理有效、生活富裕"的总体要求，对农业农村问题实行优先发展战略①。2018年9月出台的《乡村振兴战略规划（2018~2022年)》，按照乡村振兴战略规划的五个总要求提出阶段性的谋划和实施产业兴村强镇的具体措施，要求通过发展本地特色优势产业，培育农业产业强镇②。2021年《中共中央、国务院关于全面推进乡村振兴加快农业农村现代化的意见》明确提出，要推进以县域为重要载体的城镇化建设，把县域作为城乡融合发展的重要切

①　习近平. 决胜全面建成小康社会夺取新时代中国特色社会主义伟大胜利［N］. 人民日报，2017 - 10 - 28（1）.

②　中共中央、国务院印发《乡村振兴战略规划（2018 - 2022 年)》［N］. 人民日报，2018 - 09 - 27（1）.

入点。同时，"十四五"规划《纲要草案》中也明确指出，"十四五"时期我国要坚持走中国特色新型城镇化道路，深入推进以"人"为核心的新型城镇化战略，全面提升城镇化发展质量。其中，县城城镇化是城乡融合发展的关键纽带，要加快补齐短板弱项，推进以县城为重要载体的城镇化建设。党的二十大报告进一步强调"全面建设社会主义现代化国家，实现中华民族伟大复兴，最艰巨最繁重的任务仍然在农村。坚持农业农村优先发展，坚持城乡融合发展，畅通城乡要素流动"①。因此，特色小镇建设是推动城乡融合与乡村振兴战略的一个重要接口，是城乡联动布局的重要抓手，是破解区域和城乡发展不平衡、农村发展不充分难题的重要举措，也是推动形成新型城乡关系、化解大城市（中心城市）过度膨胀与农村衰败难题的有益探索。

浙江省特色小镇的实践为我国小城镇建设提供新的发展模式。住房和城乡建设部、国家发展和改革委员会和财政部于 2016 年 7 月 1 日联合发布的《关于开展特色小镇培育工作的通知》提出，到 2020 年培育 1000 个左右各具特色、富有活力的特色小镇的发展目标，为我国特色小镇的发展建设指明方向②。《关于开展特色小镇培育工作的通知》的出台充分调动我国小城镇建设的积极性，为提升特色小镇建设水平和质量指明方向。国家发展和改革委员会于 2016 年 10 月 8 日出台《关于加快美丽特色小（城）镇建设的指导意见》，指出"推进我国供给侧结构性改革的重要平台就是发展美丽特色小镇，这对促进我国新型城镇化建设、推动经济结构转型升级、促进小城镇与大中小城市协调发展、提升城镇化的辐射带动作用具有重要意义，有利于促进新农村建设"③。2017 年 12 月 4 日由国家发展和改革委员会、住房和城乡建设部、环境保护部、国土资源部联合发布的《关于规范推进特色小镇和特色小城镇建设的若干意见》，明确提出推进各地区特色小镇建设的重点任务，指出特色小镇的内涵特质就是特色产业④。2018 年 8 月 30

---

① 习近平. 高举中国特色社会主义伟大旗帜为全面建设社会主义现代化国家而团结奋斗 ［N］. 人民日报，2022 – 10 – 26（1）.

② 住房和城乡建设部. 住房和城乡建设部国家发展和改革委员会财政部关于开展特色小镇培育工作的通知 ［EB/OL］.（2016 – 07 – 20）［2022 – 10 – 25］. https：//www. mohurd. gov. cn/gongkai/zhengce/zhengcefilelib/201607/20160720_228237. html.

③ 国家发展和改革委员会. 国家发展和改革委员会关于加快美丽特色小（城）镇建设的指导意见 ［EB/OL］.（2016 – 10 – 31）［2022 – 10 – 25］. https：//www. ndrc. gov. cn/xxgk/zcfb/tz/201610/t20161031_963257. html.

④ 国家发展和改革委员会. 国家发展和改革委员会、国土资源部、环境保护部、住房和城乡建设部关于规范推进特色小镇和特色小城镇建设的若干意见 ［EB/OL］.（2017 – 12 – 04）［2022 – 10 – 25］. https：//www. ndrc. gov. cn/xwdt/ztzl/xxczhjs/ghzc/202112/t20211209_1307311. html.

日，国家发展和改革委员会发布《关于建立特色小镇和特色小城镇高质量发展机制的通知》，明确指出乡村振兴和新型城镇化的重要结合点就是特色小（城）镇，这是促进经济高质量发展的重要平台①；对于特色小镇与特色小城镇的内涵与发展机制进行明确的界定，有效推动小镇经济高质量发展。2020 年 9 月 25 日，国家发展和改革委员会发布《关于促进特色小镇规范健康发展的意见》，指出特色小镇作为微型产业集聚区，具有细分高端的鲜明产业特色、产城人文融合的多元功能特征、集约高效的空间利用特点，在推动经济转型升级和新型城镇化建设中具有重要作用②。

（二）现实背景

特色小镇一经国家正式提出便受到广泛关注，从中央到地方，从传统产业到新兴产业，从实体企业到金融机构，特色小镇建设热潮愈演愈烈，成为当前经济发展的新热点。第一批中国特色小镇名单是由国家住房和城乡建设部于 2016 年 10 月 11 日正式公布的，全国共 127 个镇被列入名单③；第二批中国特色小镇名单是由国家住房和城乡建设部于 2017 年 8 月 22 日公布的，全国共 276 个镇被列入名单④。除此之外，列入各省级行政区建设的地方特色小镇也有相当的比例，本书主要研究国家级的特色小镇建设。

在相关部门的带动下，各地基于自身资源禀赋，进一步挖掘当地特色，形成特色产业发展、产业与小镇人文融合的发展模式。浙江云栖小镇，基于农产品生产与加工，运用"互联网＋农业"的模式，依托产业链进一步促进农产品与加工、贸易、售后等相关产业的协调发展，充分将农业特色小镇的多重功能展示出来；湖南凤凰古镇，依托自然和人文资源，充分展现出文旅特色小镇的产业、文化、旅游等多项功能的吸引力；昆明嘉丽泽小镇，以高原体育运动产业为主导，将体育文化、生态旅游和健康养老相结合，展现出体育运动特色小镇的吸引力。

---

① 国家发展和改革委员会. 国家发展和改革委员会办公厅关于建立特色小镇和特色小城镇高质量发展机制的通知［EB/OL］.（2018 – 08 – 30）［2022 – 10 – 25］. https：//www. ndrc. gov. cn/xxgk/zcfb/tz/201809/t20180928_962283. html.

② 中国政府网. 国务院办公厅转发国家发展和改革委员会关于促进特色小镇规范健康发展意见的通知［EB/OL］.（2020 – 09 – 16）［2022 – 10 – 25］. https：//www. gov. cn/gongbao/content/2020/content_5551805. htm.

③ 住房和城乡建设部. 住房城乡建设部关于公布第一批中国特色小镇名单的通知［EB/OL］.［2016 – 10 – 14］. https：//www. mohurd. gov. cn/gongkai/zhengce/zhengcefilelib/201610/20161014_229170. html.

④ 住房和城乡建设部. 住房城乡建设部关于公布第二批全国特色小镇名单的通知［EB/OL］.［2017 – 08 – 28］. https：//www. mohurd. gov. cn/gongkai/zhengce/zhengcefilelib/201708/20170828_233078. html.

特色小镇是产城融合、人文与自然融合、创新与传统融合的包容性空间载体。珠江—西江经济带各地区的经济发展水平、特色产业、文化背景以及自然资源等方面存在较多差异。因此，珠江—西江经济带的特色小镇发展模式种类丰富：如以广东乐业镇为代表的市场导向型工业特色小镇；以广西百色布洛陀芒果风情园为代表的农业服务型特色小镇；以广西柳州市中渡镇为代表的旅游发展特色小镇等。这表明特色小镇的特点来自多个方面，最核心的是特色产业。特色小镇建设与乡村振兴相辅相成、相互促进，产业是二者有机结合、共同发力的媒介。

基于乡村振兴战略的实施和特色小镇的发展，加快特色小镇建设与乡村振兴融合发展更加迫切。本书以珠江—西江经济带为例来阐述特色小镇建设与乡村振兴融合发展的必要性。《珠江—西江经济带发展规划》（以下简称《规划》）已于2014年7月上升为国家战略，范围包括11个城市，分别是广东的4市和广西的7市，即广州、佛山、肇庆、云浮、南宁、桂林、柳州、梧州、来宾、贵港、百色。这11个城市有丰富的资源以及不同的特色，依托珠江—西江经济带沿线城市的优势产业以及各城市独特的景观，构建珠江—西江经济带特色小镇建设与乡村振兴融合发展的创新模式，打造珠江—西江经济带生态廊道。

二、研究目的

《规划》指出：珠江—西江经济带的发展，有利于加快工业转型升级，促进经济带产业协同发展；有利于培育新的区域经济带，构建我国西南、中南地区开放发展新的增长极；有利于深化区域合作，促进桂粤经济一体化，促进东西互动和西部大开发，缩小区域发展差距；有利于发挥对接粤港澳大湾区的区位优势，统筹推进开放力度。珠江—西江经济带作为西南、中南地区开放发展的战略支点，面向东盟的国际通道，"一带一路"有力衔接的重要门户，其发展规划已经上升为国家战略，是国家未来重要的经济增长点。本书通过对珠江—西江经济带的调研，走访调查珠江—西江经济带沿线的广东、广西11个城市，根据理论以及调研数据成果，从现状、问题、模式、实现路径等方面对珠江—西江经济带特色小镇建设与乡村振兴的融合发展进行研究。

珠江—西江经济带重点发展的产业是哪些？特色产业有哪些？特色产业发展的现状如何？发展前景如何？这些都是我们调研的主要关注点。一方面，对特色小镇与乡村振兴的内涵进行剖析，进一步解决特色小镇在建设中所面临的问题；另一方面，寻找珠江—西江经济带特色小镇潜在产业的发展空间，探寻特色小镇的未来发展路径，进而为中国以及国外特色小镇的发展与建设提供借鉴和参考。

三、研究意义

（一）理论意义

1. 深化并拓展特色小镇问题研究

特色小镇作为城乡互动的重要桥梁和纽带，是推进城乡融合发展的新要求，建设并发展特色小镇不仅有利于破解我国城乡二元结构，解决空间资源供给不足问题，也有利于实现城市与农村经济社会创新发展之路，为乡村优秀文化的传承与弘扬注入新的活力。本书立足于对特色小镇基本内涵的阐释，在特色小镇的主要功能与发展模式方面进行较为深入的分析和研究，并对国内外特色小镇建设过程中取得的成就进行归纳总结，进而提出推进特色小镇发展的主要思路，这对学术界深化和拓展特色小镇问题研究具有重要的理论意义。

2. 为特色小镇与乡村振兴建设工作提供理论依据

从理论意义上来看，2017 年之前较少有学者就特色小镇的课题进行研究，在 2017 年之后兴起特色小镇的研究浪潮，学者们分别从小镇的规划、实施路径、构建等不同角度进行多方位的研究和探索。2018 年，第一批特色小镇考核结束，小镇建设经验、问题等都展现出来。本书通过探索特色小镇建设与乡村振兴的逻辑关系，研究特色小镇建设与乡村振兴融合发展的作用机理，深层次挖掘二者之间的作用因素，为今后我国特色小镇与乡村振兴建设工作提供理论依据。

3. 为珠江—西江经济带特色小镇建设提供新的研究视角

特色小镇建设与乡村振兴都是新时期下的热点内容，但学术界就乡村振兴战略与特色小镇建设融合发展的研究相对较少，本书以乡村振兴战略为背景，对珠江—西江经济带的特色小镇建设进行研究，将特色小镇建设与乡村振兴联系起来考察，为珠江—西江经济带的特色小镇建设提供新的研究视角。

（二）实践意义

1. 推动珠江—西江经济带乡村振兴

珠江—西江经济带特色小镇与乡村振兴融合发展的研究，对于实现"加快建设农业强国，扎实推进乡村产业、人才、文化、生态、组织振兴"具有重要的现实意义。在产业兴旺方面，通过实践调查，充分了解当地产业发展的现状，根据各个小镇不同的区位优势和资源优势，明确产业发展方向、文化内涵丰富的空间平台。在人才方面，创新人才引进机制，畅通技术助农通道，打造一支有文化、懂技术、会经营的乡村振兴人才队伍，为珠江—西江经济带特色小镇发展提供人才保障。在乡风文明方面，构建和谐安定、协调有序的社会环境，有助于提高当地居民的综合素质、促进乡村全面发展，对于提升珠江—西江经济带乡风文明具有重要意义，推动珠江—西江经济带特色小镇可持续发展。在生态方面，研究珠江—西江经济带特色小镇与乡村振兴战略融合发展的课题，在一定程度上有助于改善珠江—西江经济带农村环境状况，进一步促进旅游与生态相结合的特色小镇发展模式。在组织振兴方面，珠江—西江经济带特色小镇建设与乡村振兴融合发展研究成果有助于整合优化乡村资源优势，将小镇和乡村发展作为一个有机的统一整体，提升乡村自觉能动性与积极性，提升珠江—西江经济带组织能力，健全完善组织体系，为推进珠江—西江经济带乡村振兴提供坚实有力的组织保障。

2. 推动珠江—西江经济带特色小镇建设健康稳定发展

首先，特色小镇的建设，有助于完善珠江—西江经济带特色小镇的基础设施建设以及构建完备的体系；其次，特色小镇的快速建设，能够缩小珠江—西江经济带农村与城市的发展差距，促进经济高质量发展；有助于进一步提升珠江—西江经济带特色小镇建设的水平和质量。本书基于珠江—西江经济带实地调研结果，可以进一步推动特色小镇建设的健康稳定发展。

3. 推动珠江—西江经济带新型城镇化的发展

当前我国城乡发展严重不平衡，乡村振兴战略的提出对于解决"三农"问题具有重要意义，珠江—西江经济带特色小镇建设与乡村振兴融合发展的研究，将在一定程度上促进乡村各生产要素的优化调整，推动乡村与城市的有机融合。提高珠江—西江经济带特色小镇建设的发展水平，对优化城乡资源配置具有推动作用，同时特色小镇建设也是农业农村现代化的重要体现，促进城乡之间各资源要素的有效利用，加快缩小城乡之间的差距，推动珠江—西江经济带新型城镇化的发展。因此，珠江—西江经济带特色小镇建设和乡村振兴融合发展研究有助于推动新型城镇化的发展。

第二节　基本概念界定

一、乡村振兴

党的十九大提出乡村振兴战略的发展规划，是满足"产业兴旺、生态宜居、乡村文明、治理有效、生活富裕"的总要求，党的二十大报告进一步提出乡村振兴的总要求和总目标，即"加快建设农业强国，扎实推进乡村产业、人才、文化、生态、组织振兴"。从产业视角来看，乡村经济的发展要依靠产业，农业应当符合现代产业的发展规律，实现乡村各生产要素的高效组合，达到第一、二、三产业融合发展，注重产业链的形成，彰显现代产业的多重效益；在人才层面，人才是全面建设农业强国的基础性、战略性支撑，引导人才向乡镇、农村、企业等基层流动，不断提升各类人才能力素质，为乡村经济的发展注入新活力；从文化视角来看，通过推进教育医疗等基础设施建设来增强群众的文化素质，这是乡村的灵魂所在，弘扬农耕传统文明，结合现代文明理念，提升农村整体文明程度；从文化视角来看，通过发展教育医疗等基础设施建设来增强群众的文化素质，这是乡村的灵魂所在，弘扬农耕传统文明，结合现代文明理念，提升农村整体文明程度；从生态视角来看，乡村人民群众的居住环境要达到生态宜居的基本要求，生态环境作为乡村最大的资源禀赋，要保护好乡村的生态环境，通过改善人居环境营造田园风情，既要与城市的乡村风貌格局有区别，又要健全基础设施建设，提高对居民和游客的吸引力；从组织视角来看，通过约束管理者的行为来建设乡村的治理环境，激发农民主体活力，鼓励村民主动参与，自主创新农村社会治理。其中，治理有效的根本就是整合乡村中各类组织的力量，不断构建起现代乡村社会治理体系，从而达到乡村善治的目标。

二、特色小镇

特色小镇是城市化特定发展阶段的产物。城市化发展的一般规律首先是建立市场；其次是工业化的发展，随着工业化的发展，第三产业逐渐取代第二产业；最后工业逐渐搬离城市，出现逆城市化进程，这是产业发展寻求低成本造成的现象。特色城镇，通过打破传统的"城镇"和"区域"的行政意识，优化有限空间内的生产力布局，并突破高端要素集聚不足的局限，进而拓展新的区域生产力的创新空间。随着中国城市的快速发展，城市生活成本不断提高，城市面临着越来越大的人口压力，各种城市病也随之出现。中国城市发展道路需要新的突破口，特色小镇作为城乡发展的纽带，通过合理的城市群、大中小城市分布实现实体经济的发展，已经成为新型城镇化发展的新模式。

目前，我国对特色小镇尚未形成统一定义。综合国家发展和改革委员会、住房和城乡建设部、财政部指导意见和国内部分学者观点，可把特色小镇定义为：特色小镇是满足了企业主体需求、资源整合需求、产业融合需求，具有明确产业定位、文化内涵、旅游以及一定社区功能的发展空间平台，是一个集产业、文化、旅游与社区功能于一体的新型聚落单位。中国特色小镇建设在贯彻创新、协调、绿色、开放、共享的发展理念下，在供给侧结构性改革的思路下，走出了一条集约、智能、绿色、低碳的新型城镇化道路。特色小镇不同于依托行政区划上的镇以及一般的产业园区，侧重于聚焦特色核心产业和新兴产业，聚集各种发展要素，改造提升村镇的功能配套和产业业态，在吸引游客旅游、创客进驻、发展特色产业、人口定居的过程中实现产城一体化发展。特色小镇建设主要表现为：（1）在产业上，坚持特色产业、旅游产业两大发展架构；（2）在功能上，实现"生产 + 生活 + 生态"，形成产城乡一体化功能聚集区；（3）在形态上，具备独特的风格、风貌、风尚与风情；（4）在机制上，是以政府为主导、企业为主体、社会共同参与的创新模式。

浙江是我国特色小镇的发源地，2014 年杭州云栖小镇概念被第一次提出。随着浙江省《关于培育创建特色小镇的指导意见》的出台，毗邻的江苏省也出台关于建设特色小镇的相关指导文件，进一步确立了特色小镇发展的要求、目标、创立途径以及工作体系。国家发展和改革委员会于 2016 年 10 月出台《关于加快美丽特色小（城）镇建设的指导意见》等文件，一系列文件的出台，确立了建设特色小镇的核心内涵表现为产业、文化、旅游、社区"四位一体"的发展模式，特色产业是特色小镇建设的重要支柱，是小镇建设的灵魂所在，借助特色产业进一步彰显地域特性，引领区域创新发展，促进经济发展①。伴随着特色产业的茁壮成长，特色小镇会为村镇地区创造出更多的就业和吸引更多的人口落户，带来人流、物流以及信息流，逐步完善特色小镇的基础设施和公共服务。

特色小镇建设对推进城乡一体化发展具有促进作用。特色小镇建设包含以下几个方面：第一，根据小镇的各项资源要素精准定位小镇的特色文化，确立小镇发展战略；第二，精选小镇特色产业，通过结合传统产业，选择小镇主导产业，奠定特色小镇建设的基础，选择一条适合小镇发展的产业发展道路；第三，打造宜居的发展环境，结合小镇特色，通过塑造小镇风貌，打造更高层次的宜居环境；第四，传承小镇特色文化，这是小镇建设的灵魂，通过不断融入现有小镇发展模式，在发掘并传承小镇文化的同时，形成具有当代特色的小镇文化；第五，健全配套设施建设，在公共服务设施和基础设施方面提升特色小镇建设质量，提升小镇基础服务水平；第六，创新小镇体制机制，特色小镇的建设需要在创新发展理念、模式的基础上，通过科学的规划管理，持续改进体制机制，逐步改造升

① 杨梅，郝华勇. 特色小镇引领乡村振兴机理研究 [J]. 开放导报，2018（2）：72 - 77.

级传统产业，进而激发内生动力，不断培育新兴产业，发展新经济。

三、特色小镇与乡村振兴战略的关联性

乡村振兴不是孤立存在的，它需要大量与乡村密切相关的空间载体，特色小镇就是乡村人口、乡村相关产业、文化以及资源等要素在空间集聚的合适载体①。乡村振兴战略要求特色小镇是城乡重要的连接点，把小镇优美的环境、人文历史风俗以及特色资源等在空间上集中起来推动特色产业发展，构建能承载产业和人口的特色小镇，同时能加速当地产业升级并提供高层次的消费市场②。特色小镇本质上是将产业与人口聚集在一起的空间载体，这种空间载体具有产业鲜明、机制灵活、生态环境优美、人文气息浓厚、多重功能叠加等特征。

特色小镇融合产业、文化、商业、公共服务、创新功能等诸多功能，具备城市的重要属性；而在乡村，居住、消费、生产等活动是相对分散的。从乡村振兴的角度来说，农村基本经营制度改革是乡村振兴的重中之重，但改革需要技术、资本和组织等要素的支撑，特色小镇作为连接城乡融合的桥梁和纽带，是城市要素下乡的前沿阵地，根据需要，灵活地布局于任一城市和农村地区，成为带动城乡发展的政策工具，是农村土地、集体资产、经济组织等领域的改革的重要支撑载体。

第三节　国内外研究综评

一、国外研究综述

为更好地了解国外有关特色小镇建设与乡村振兴融合发展的研究，查阅国外相关资料，发现国外并未有"乡村振兴"这一定义，但在与中国乡村振兴战略类似的研究中，国外学者提出乡村复兴、乡村建设、乡村再造、乡村发展等概念，其经验对我国实施乡村振兴战略具有启发和借鉴意义。因此，本节从乡村振兴以

---

① 王博雅，张车伟，蔡翼飞. 特色小镇的定位与功能再认识——城乡融合发展的重要载体［J］. 北京师范大学学报（社会科学版），2020（1）：140-147.
② 李国英. 乡村振兴战略视角下现代乡村产业体系构建路径［J］. 当代经济管理，2019，41（10）：34-40.

及特色小镇两个方面简要地对国外相关研究内容进行梳理概括。

（一）关于乡村振兴的研究

国外学者针对乡村振兴或乡村建设进行大量的研究，其中关于乡村复兴、乡村建设、乡村再造的研究较多。

1. 乡村振兴的影响因素

在影响乡村振兴的因素方面，格拉德温等（Gladwin et al.，1989）在研究农村社区问题时，认为农民创业精神是农村复兴的关键，利用农村地区的劳动力和管理资源来创造更多的就业机会，即通过农村企业家开创更多的新业务来提升农村地区经济活力。柯尔施（Korsching，1992）在对美国和加拿大乡村社区的研究中，指出多社区协作对于乡村振兴具有重要意义。托马斯·约翰逊（Thomas G. Johnson，2000）则认为技术的创新以及农村金融的发展是乡村复兴的重要因素。乡村振兴主体同样会影响乡村振兴的实施效果，格林尼（Greene，1988）通过分析农业多元化的发展问题，指出政府在乡村振兴中发挥着举足轻重的作用。卡瓦塔（Kawate，2005）基于日本 20 世纪 90 年代以来乡村振兴的案例研究，指出农村改革和复兴组织对乡村发展发挥着重要作用。

2. 乡村振兴的路径分析

国外学者还针对乡村振兴的具体路径分析进行研究。马瑟（Mathur & Inayatullah，1980）和伊纳亚图拉认为农业农村的发展要着力消除贫困，乡村发展应该着眼于改进农场技术、创新技术等。布劳尔和戴姆特罗斯（René Brauer & Dymitrow，2014）对农村发展政策中的一系列潜在语义结构进行分解和重新解释，并将其纳入生活质量中，对其进行实证分析，结果表明乡村不应该过分强调生产单一层面，而应该努力做到生产与生活并重，也就是产量与质量相结合。埃罗钦等（Erokhin et al.，2014）以俄罗斯的斯塔夫罗波尔地区为例，分析当地农村的发展问题，指出农村可持续发展的关键条件之一就是拥有充足的就业机会，通过旅游等产业增加农民收入的多样性，为农村居民提供与城市地区相比更具竞争力的可持续收入。波勒曼等（Pollermann et al.，2015）将有关旅游业的研究和农村发展过程的成功因素研究相结合，得出旅游业对农村发展具有重要意义。

（二）关于特色小镇的研究

国外特色小镇起源较早，其理论基础较为丰富，但是国外学者对特色小镇并没有清晰的定义，而是采取描述性的定义，其研究主要倾向于对特色小镇建设方向的研究。

1. 关于特色小镇研究的理论基础

特色小镇建设的成果离不开学者的理论支撑，国外特色小镇研究的理论基础主要有三种。第一种是由霍华德提出的田园城市理论，明确说明类似特色小镇的结构与空间模式。第二种是由弗朗索瓦·佩鲁（Franois Perroux，1950）提出的增长极理论，增长极是围绕主导工业部门而高度联合的系列产业，其可以通过乘数效应推动其他部门的增长。第三种是由迈克尔·波特（Michael E. Porter，1998）在全球化视角下提出的产业集群理论，从竞争力的角度来看待并分析产业集群现象，通过区域集聚形成有效的市场竞争，构建专业化生产要素集聚洼地，使企业可以共享区域公共设施、市场环境和外部经济，有效降低信息交流与物流成本，形成区域集聚效应。

2. 关于特色小镇建设的发展模式

关于特色小镇建设的发展方向或模式主要有以下三种：

第一，与生态环境相关的特色小镇建设模式。国外的生态城镇以及生态文明城镇是指社会高度和谐、经济高效发展、生态环境良性循环的人类居住区形式，国外学者在生态保护的基础上进行村镇发展模式的研究。布莱米（Blamey，1997）指出可以通过生态旅游来促进特色城镇的发展，这种生态旅游模式是以自然环境为基础来促进经济可持续发展。丹瑞（Dvir R，2003）在研究新兴城市问题时，将生态理念的发展进行创新化研究，指出创新生态系统与时间、空间、文化等相关内容紧密相关，是一个综合性系统。

第二，与文化产业相关的特色小镇建设模式。当代文化产业已经成为一个主导性产业，许多特色小镇的建设都将文化旅游作为重点。帕莱特等（Parlett et al.，1995）在对英国爱丁堡历史古镇的研究中发现，传统历史文化可以带动古镇其他产业的发展，并且这种带动具有明显的乘数效应；爱丁堡文化旅游已经成为当地最为重要的产业，对当地经济发展具有巨大的推动作用。梅拉尼等（Melanic ct al.，2004）指出将文化发展与休闲、零售等概念相互融合可以带动当地小镇的商业投资，增进经济联系，从而推动当地经济复苏，提升特色小镇的综合经济效益。

第三，旅游产业相关的特色小镇建设模式。国外学者在特色小镇方面的研究中，研究较多的就是旅游小镇，发达国家大多均很重视旅游特色小镇的建设，将特色小镇视为城镇化的一个动力。雷赫尔等（Arie Reichel et al.，2000）对以色列乡村旅游的服务质量和服务定位进行研究，指出乡村旅游是以色列乡村建设的趋势，乡村旅游不仅能够直接增加居民收入而且可以带动与旅游业相关行业发展，进而增加就业岗位，大大推动以色列农村地区的发展。梅丽莎·史密斯

（Melanie Kay Smith，2004）对英国海滨小镇进行研究，发现将旅游产业嵌入当地经济社会的各领域中，能实现多层面的协调发展，推动小镇经济由衰退转向复苏。金姆（Kim，2013）通过对来自不同旅游业发展水平的社区进行问卷调查，并将调查结果应用到理论模型中，结果表明社区居民对旅游业的看法与其生活满意度密切相关。阿卡玛和基蒂（Akama & Kieti，2007）则以肯尼亚蒙巴萨度假小镇为例，发现当地政府盲目地将旅游业作为经济发展工具，使得旅游行业并未能给当地经济发展发挥有效作用，因此提出特色小镇发展旅游产业应与当地经济社会各领域融合发展的建议。

3. 关于政府在特色小镇建设中的作用

国外对于特色小镇建设的研究相比国内较成熟。针对特色小镇建设的主体是否应该是政府，罗伯特·马蒂戈尔（Robert Madrigal，1995）对美国和英国两个国家的特色小镇进行比较研究，发现大多数居民对旅游业促进特色小镇的感知能力较强，政府在特色旅游小镇与城镇化融合发展过程中起到重要的作用。夏洛克和科斯蒂（Sherlock & Kirsty，1999）认为政府对特色小镇建设和发展具有重要的指导作用，同时认为特色小镇的建设和发展应当充分考虑当地社区和居民的利益，在特色小镇建设过程中将社区和居民的利益置于首位，以此提高当地居民对特色小镇建设的热情，进而促进特色小镇稳定发展。凯文和伯恩赛德（Kevin & Burdess，2004）在介绍澳大利亚农村地区的"新社区"治理方式时，指出地方政府通过指导农村社区治理，鼓励地方组织和村民共同参与社区发展建设，各级政府积极为社区建设提供资源，推动社区建设发展，这种国家治理形式对社区可持续发展产生显著影响，农村地区尤其显著。

二、国内研究综述

本书总结国内学者在乡村振兴战略、特色小镇、乡村振兴战略与特色小镇的融合性三个方面的研究内容，力求对国内学者在特色小镇建设与乡村振兴融合方面的研究进行归类细分，探寻不同学者的研究方向和成果，以期为本著作在特色小镇建设与乡村振兴融合发展研究提供佐证。

（一）关于乡村振兴战略的研究

我国作为农业大国，国家对于"三农"问题的关注度不断提升，从加强农村基础设施建设到推进社会主义新农村建设，再发展到当今乡村振兴战略，"三农"问题一直是学术界关注的焦点。

1. 乡村振兴与城镇化

学者们从城镇化的角度对乡村振兴进行研究。刘双双和段进军（2011）在评析协调推进乡村振兴与新型城镇化的关系时，指出协调推进乡村振兴与新型城镇化本身具有内在驱动因素，即城乡资源禀赋差异的依托机制、城乡溢出效应的反哺机制和城乡融合发展的互惠机制，这些均为乡村与城市发展带来新的发展活力。杨传开和朱建江（2018）提出联系城乡的关键节点就是中小城市和小城镇，不能单纯就乡村论乡村，发展中小城市可以更好地带动乡村发展，进而促进乡村振兴战略实施。对于乡村振兴的策略，也就是如何重塑乡村功能，赵晨（2013）认为城乡之间的要素流动系统是激发乡村运行机制、激发乡村内部结构有机调整以及生产力发展的关键。闾海等（2018）同样得出乡村振兴的实现动力源于城乡之间畅通的要素流动系统的结论，通过提升农业价值、社会生态以及文化自信等策略，促进乡村对城市的价值输出并吸引要素回流。

2. 乡村振兴与振兴战略

尹仕美等（2018）认为乡村振兴战略是对我国乡建实践的升级，提出乡村振兴规划共生策略，打造以"三农"为核心的利益相关者，优化共生环境，实现自然与人文社会的协同进化。"三农"问题作为国计民生的根本问题，赵毅等（2018）通过对江苏苏南地区的乡村发展现状研判，提出以乡村振兴为导向，结合价值认知、布局优化、产业振兴、生态宜居以及乡村治理等乡村振兴路径，促进乡村健康发展。陈昭（2017）以江宁为例提出乡村治理的新路径，归纳出有别于传统刚性乡村治理的柔性乡村治理的新模式。而随着"政府主导"的乡村建设发展，多元乡村建设模式也亟待培养，陈锐等（2016）在治理结构的理论视角下，认为多元化乡村治理结构可以弥补政府主导的单一建设模式的风险，从而使更多的主体投入到乡村建设中，不断使乡村治理体系得到完善和健全。

3. 乡村振兴与城乡治理

闾海等（2018）认为，城乡之间各要素的流动对乡村发展具有十分重要的作用。邱杰华等（2018）认为城乡关系转型时期的乡村规划，应该从城乡治理一体化、城乡公共服务均等化、乡村特色保护与活化以及城乡空间塑造等方面入手，还需要借助政策引导和规划管理激活乡村活力，实现乡村振兴。随着城乡融合发展的研究，城乡治理问题也成为学者关注的重点。张涵昱（2018）探讨了中小城市半城市化乡村发展路径，从发展与保护两个维度对乡村进行调查，并根据各自实际情况拟定不同的发展路径，对远郊村落而言，侧重于提升居民居住品质；对于特色村落而言，侧重于挖掘传统文化；而对于城边村落而言，应根据未来机遇灵活选择适合自己的发展道路。

（二）关于特色小镇的研究

我国现阶段分别从小镇建设的意义及方向、发展现状及模式、路径等方面深入研究特色小镇。

1. 特色小镇建设的意义与发展方向

以浙江特色小镇的发展模式为研究基础，学者们对特色小镇的定义及小镇建设的方向进行研究。陈安华等（2016）认为具有一定的文化内涵、社区功能发展的，以及具有明确产业定位的空间平台就是特色小镇的概念，其产业升级以及产业链的发展势必将推动全域资源、要素的均衡配置。陈炎兵（2016）指出特色小镇建设是推进城乡发展一体化的重要抓手，是独立于城市和农村的具有一定人文、产业、管理、风貌和社区功能的空间平台。付晓东和蒋雅伟（2017）对我国第一批特色小镇进行分析，总结出各区域特色小镇建设特征的同时，进一步指出特色小镇最重要的就在于"特色"，并强调特色小镇的方向应该是集产业、文化、自然、生态等多重要素于一体的地理空间平台。对于在特色小镇建设中起主导作用的研究，郁建兴等（2017）指出市场机制在特色小镇建设中具有主导作用，各地政府的引导、规范和服务作用是未来小镇建设中的必备要素。

2. 特色小镇建设的现状及困境

我国特色小镇的建设在现阶段还在不断探索的时期，不论是顶层设计、体制机制方面，还是在产业发展、小镇运营方面都面临着种种挑战。

在顶层设计方面，我国特色小镇的发展较大程度上是受政府的指导，王小章（2016）指出特色小镇的建设动力直接来源于政府的指导作用。郁建兴等（2017）在研究浙江省特色小镇建设时指出顶层设计应该更具灵活性，不同的特色小镇应当根据实际发展情况制定不同的规划。

在建设运营方面，根据浙江省政府《关于加快特色小镇建设的指导意见》，特色小镇的运作机制应当是以企业为主体、以市场为导向，特色小镇的生命力在于凸显企业的主体地位、发挥市场的决定性作用。郁建兴等（2017）指出在特色小镇建设中政府应承担什么样的责任以及怎样承担责任，仍然不清晰。

在产业发展方面，产业转型升级的重大举措就是特色小镇。史云贵（2017）指出小镇的特色经济主要依靠的是特色产业，如果小镇的特色经济不是以特色产业为依靠，那么特色小镇的建设最终会因为缺乏特色产业而无法存续。王振坡等（2017）在研究我国特色小镇发展进程中，指出我国部分特色小镇的建设存在功能同构的现象，小镇主导功能不够突出。

在功能融合方面，特色小镇是四位一体的有机融合。高树军（2017）在研究我国小镇建设存在的问题中提到小镇建设存在盲目开发建设的误区，片面追求小镇开发，而忽略小镇文化内涵的塑造。同时，特色小镇的主导产业不突出，张吉福在研究大城市特色小镇建设的基本情况时，指出小镇建设侧重于关注经济绩效，使得小镇建设的特色不够突出，各小镇之间产业雷同，开发建设层次低。

在体制机制方面，特色小镇作为一种区别于行政区划上的镇，需要在体制机制上有所突破进而激发特色小镇发展活力。体制机制的灵活可以在一定程度上展示特色小镇的特色，某些特色小镇在建设中仍然是由党政部门主导的强制性管理，史云贵（2017）指出如果小镇建设继续依靠管委会、党政部门规划，最后极有可能造成体制的僵化。高树军（2017）指出我国缺乏弥补小镇发展短板的政策支撑，还未形成市场化投融资长效机制，缺乏有效的政策保障成为制约小镇发展的瓶颈。

3. 特色小镇建设的模式与路径

基于不同导向特色小镇的发展模式，国内学者也进行相关研究。对于以生态文明为导向的特色小镇，其建设的初衷是生态宜居，为人们在小镇长久生存塑造生态可持续发展环境。徐梦周和王祖强（2016）在创新生态系统基础上探索梦想小镇案例，提出小镇良好运行的重要保障就是价值主张机制、协调整合机制以及创新激励机制，进而为优化特色小镇发展提出相应的对策建议。对于以产业为导向的特色小镇，中国的小镇大部分依靠资源优势发展特色产业，随着新兴产业的发展，国内出现了很多关于新兴产业型发展的研究，徐伟凝等（2016）以温州智创小镇为例，围绕特色小镇的创建目标，从产业重构、功能植入、空间重塑、环境修复、文化再生和保障措施6个方面对产业园区的转型升级进行探索。对于以目标为导向的特色小镇，王小章（2016）认为特色小镇是在政府的主导下有意识、有目标、有计划地推动发展的，这种政府主导可以通过科学的规划以最大限度地避免"人为"因素城镇建设的盲目性。厉华笑等（2016）进一步指出，特色小镇是目标导向下的综合性和落地性规划，要从思维、理念、方法、内容和工作机制等方面进行创新性思考。

从城镇化的角度来看，"十三五"规划对此作出明确指示，为加快中小城市的发展，各级政府要重视发展县域经济，坚持特色小镇是新型城镇化的重要载体和发展模式。曾江和慈锋（2016）认为，特色小镇的建设需要聚集文化、产业、区位等特色资源优势，并结合小镇自身条件，为小镇量身打造具有鲜明特色的发展规划，建立综合性的产业集聚区，整合各方资源形成良性循环的产业生态链。李国英（2019）认为，"核心城市＋特色小镇"打破"城市—乡村"二元结构束缚，构建新型城乡融合发展格局，应当采取集聚小镇特色产业的发展模式，特色小镇所形成的延伸产业链将带动周边经济的发展，并与核心城市形成协作互补的产业链，进一步缩小城乡差距，促进城乡融合发展。从供给侧结构性改革的视角来看，罗翔和沈洁（2017）以上海浦东为例，指出当前特色小镇建设要从特色产业培育方面提高供给质量，解决城郊发展空间供给和需求不平衡的问题，进一步完善与优化特色小镇的制度环境。从产城融合的角度来看，白小虎和陈海盛等（2016）从区域层面的城市群和微观层面的产业集聚来阐述生产力空间布局，建议在城市体系中特色小镇应当占有一定的比例，是城市综合发展的重要一环；特色小镇还需提供相关的社区服务，做到"产城人文"融合，发挥出特色小镇的生产力优势。

（三）关于特色小镇与乡村振兴战略融合性的研究

自党的十九大正式提出乡村振兴战略以来，特色小镇与乡村振兴战略融合性研究的热度便不断高涨。

就研究趋势来说，学者以各地区自身的实践路径研究居多。唐敏和刘盛（2019）以黄石市金海开发区白茶特色小镇为例，对其发展现状及存在的问题进行归纳，并提出了白茶特色小镇发展的意见和建议。熊正贤（2019）则以贵州朱砂古镇和千户苗寨为例，系统归纳特色小镇空间重构和村镇联动发展的基本经验，在总结发展规律的基础上提出小镇发展应摆脱路径依赖，促进村镇资源畅通、流动，推进村镇联动发展。张信德等（2020）在分析特色小镇与乡村振兴耦合关系的基础上，以巢湖半汤温泉小镇为例，分析其特色温泉资源与周边各类资源整合的必要性与可行性，进而提出基于乡村振兴背景的旅游资源型特色小镇发展中的资源整合路径以及巢湖半汤温泉小镇建设的创新发展路径。

就研究视角来说，学者以乡村振兴战略为研究背景，从经济、生态环境、文化、旅游等方面围绕特色小镇建设展开研究。将小镇与乡村发展结合起来，共同推进我国乡村振兴战略进入新阶段。王景新和支晓娟（2018）指出，应当结合乡村振兴战略，以县域为单位推动特色小镇的经济发展，共同建设特色小镇与美丽乡村。从特色小镇生态环境保护的角度来说，辛金国等（2019）从生态位理论分析入手，进而构建特色小镇生态位监测指标体系，对杭州的 13 个特色小镇进行分析，最终得出特色小镇建设应从生态位重叠度、宽度以及层次等方面建立特色小镇优势生态位的结论。乡村振兴与特色小镇建设的过程是文化传承和创造的过程，王丹（2019）在研究中国特色小镇建设的文化融入时指出，没有文化的乡村是空虚的、没有灵魂的乡村，在建设特色小镇的同时，应引入一些创新要素，如文化创新的内容、手段等，用于培育文化产业进而加强小镇特色建设。针对乡村旅游发展问题，徐虹和王彩彩（2018）研究旅游特色小镇建设的趋势，指出旅游特色小镇建设对乡村振兴战略的实施具有重要的推动作用。就特色小镇发展趋势而言，徐利峰（2018）结合乡村振兴战略的要求，在参考发达国家乡村振兴与特色小镇建设经验的基础上，指出我国特色小镇建设应以绿色建设、产业立镇、三产融合、生态田园以及多方融资为主要发展趋势。

很多学者一致认为，乡村振兴战略背景下的特色小镇建设具有重大意义，陈丹和张越（2019）指出，特色小镇建设是实现城乡发展的纽带，是实现乡村振兴的根本路径，对于重塑城乡关系、建立健全城乡融合发展体制机制和政策体系具有重要意义。杨传开和朱建江（2018）同样认为，乡村振兴应以中小城镇的发展为依托，以小城镇的发展为纽带，着力提高小城镇的竞争力与吸引力，进而辐射、带动乡村发展，最终促进乡村振兴战略的实施。在小镇特色产业的建设中，将文化软实力展现出来是重中之重。在特色产业的方法选择层面，周凯和韩冰（2018）指出，应结合小镇的产业发展特征，合理设定"主导产业—行业—企业"的产业选择方法。对于特色产业选择的趋势，刘邦凡等（2019）在对特色小镇建设的研究综述中指出，现代农业特色小镇和旅游型特色小镇是特色小镇产业选择的趋势；而创建乡村旅游小镇，应积极鼓励、支持和引导返乡农民工等投身于乡村旅游建设，同时注重开发乡村旅游产品，进而推动文化旅游衍生品的开发。

三、研究述评

综上所述，国内外学者对特色小镇与乡村振兴的关系、乡村振兴与特色小镇的发展已经进行丰富且较为系统的研究。学者更多侧重于将特色小镇与乡村振兴分开研究，而随着乡村振兴战略和新型城镇化战略的提出，特色小镇被赋予了新的时代使命。随着新型城镇化和新农村建设的深入，城乡之间的相互渗透和交叉重组关系日益强化，研究特色小镇建设与乡村振兴融合发展具有重大社会意义。然而，就目前国内外相关研究成果来看，以下四个方面仍然有进一步深入研究的必要。

第一，乡村转型发展的理论依据。首先，国内对于特色小镇的研究兴起于近几年，且相关学者的研究主要集中于对特色小镇进行描述性归纳总结，而将相关理论和实践相结合的研究较少。其次，文献研究对个例进行剖析，分析不同案例在实践中存在的问题，且更多集中于旅游特色小镇的建设。国外对于特色小镇的研究起步较早，也拥有较为成熟的理论基础，如区域经济理论、可持续发展理论、农业经济理论、二元经济结构理论等。此外，国外学者大部分认为政府参与特色小镇的建设具有积极作用，同时也应当积极鼓励社会组织和村民参与特色小镇的建设，国外学者关于特色小镇的研究为国内特色小镇的研究提供借鉴和理论支撑。本书拟以城乡统筹发展理论、可持续发展理论、农业经济理论等大量乡村经济转型发展理论为理论基础，从理论角度研究特色小镇建设与乡村振兴融合发展。

第二，特色小镇建设与乡村振兴融合发展评价体系的构建。关于特色小镇建设与乡村振兴融合发展的评价，已有研究从某一维度进行，而对经济、政治、社会、文化和自然要素的综合考量略显不足，缺乏有机整合。特色小镇建设与乡村振兴融合发展是一个复杂的过程，涉及空间、社会、制度、经济等多方面，只有厘清乡村振兴与特色小镇在上述多方面的具体关联，才有可能更好地建设特色小镇和实现乡村振兴。另外，当前研究对乡村振兴战略与特色小镇建设的单独评价较多、定性分析较多，但对二者协同发展水平的定量研究则较少。因此，本书拟在厘清特色小镇与乡村振兴内在联系的基础上，对特色小镇建设与乡村振兴融合度进行评价，对珠江—西江经济带特色小镇建设和乡村振兴融合的综合效益、可行性和竞争力进行评价，为政策优化提供实践依据。

第三，乡村振兴与小城镇协同创新模式总结及适应性分析。我国乡村振兴发展刚刚起步，对国外乡村振兴经验的适应性认识还需要时间，无论是理论研究，还是实践领域对特色小镇概念均存在一定的分歧，对特色小镇建设模式及其适应性也缺乏经验总结，因此特色小镇建设与乡村振兴融合发展更是一个新课题。本书拟通过比较研究乡村振兴与特色小镇建设的国际经验，进一步总结国内外已有特色小镇建设模式，寻找它们的共性与特性，分析其适用条件及普适价值，为特色小镇建设与乡村振兴融合发展选择提供理论依据。

第四，特色小镇建设与乡村振兴融合发展路径。随着乡村振兴和新型城镇化战略的实施，特色小镇被赋予了新的时代使命，随之乡村振兴战略也对小镇特色发展提出了新要求。但已有研究从城镇化单向解读小镇发展路径的较多，从乡村振兴角度或二者协同发展角度理解得较少，尤其在珠江—西江经济带特殊的人文背景和复杂的自然条件下特色小镇建设与乡村振兴融合发展路径的研究就更少。因此，本书拟在厘清乡村振兴战略的要求下，找准特色小镇发展的功能定位，以珠江—西江经济带地区为考察范围，探寻特色小镇建设与乡村振兴融合发展的路径，切实发挥特色小镇对乡村地区经济发展的带动作用。

国内外学者对乡村振兴战略与特色小镇建设的结合性研究，不论从研究视角还是从研究观点来说，均一致表明本书特色小镇建设与乡村振兴融合发展的研究具有重大意义。这种结合性研究也只局限于各地区自身的实践研究，而对经济带的研究相对较少，关于珠江—西江经济带特色小镇建设与乡村振兴融合发展研究也不多，有待进一步地深入研究。本书基于珠江—西江经济带的实证研究，以珠江—西江经济带 11 个城市的特色小镇建设与乡村振兴融合发展的资料文献及数据为依据，结合广东、广西沿经济带特色小镇与乡村振兴的融合度评价，进一步在影响因素和路径等方面分析乡村振兴与特色小镇建设的融合发展，以便更好地促进特色小镇建设与乡村振兴的融合发展。

第四节 研 究 内 容

本书主要对珠江—西江经济带特色小镇建设与乡村振兴融合发展的理论基础、作用机制、发展现状、制约因素、发展模式、评价体系、实证研究、实现路径等内容进行系统性的研究，各章节的内容要点如下所示。

第一章 绪论，本章对研究背景、目的和意义进行阐述，对基本概念进行界定，对国内外研究文献进行述评，对研究内容、研究方法进行介绍。

第二章 乡村经济转型发展的理论依据。本章主要介绍城乡统筹发展理论、可持续发展理论、舒尔茨的农业经济理论，以及现代农业发展理论、农业多功能理论以及杜能农业区位论等，从理论角度来研究特色小镇高质量建设与乡村振兴融合发展。

第三章 特色小镇高质量建设与乡村振兴融合发展的路径依赖。本章基于乡村振兴战略详细描述特色小镇建设与乡村振兴融合发展模式，阐述依托县域城镇化打造新型工农城乡关系进而推进乡村振兴、区域集聚与产业集聚等新型城镇化与乡村振兴耦合的理论依据和内在逻辑等内容。

第四章 珠江—西江经济带特色小镇建设与乡村振兴融合发展的现状与成效。本章从实地调研的角度，搜集并整理有关珠江—西江经济带特色小镇与乡村振兴融合发展的资料文件及数据，包括理论文献、政策文件、法律法规、案例剖析等。针对当前珠江—西江经济带特色小镇建设与乡村振兴融合发展过程中取得的主要成就，为研究的逻辑建构和政策分析提供理论基础与知识储备。

第五章 珠江—西江经济带特色小镇高质量建设与乡村振兴融合发展模式分析。本章在总结珠江—西江经济带特色小镇建设与乡村振兴融合发展模式的基础上，深入剖析不同模式存在的问题以及引发问题的原因，并基于成功模式找出特色小镇建设与乡村振兴融合发展的共性与差异，进而提出具体的融合方案，使特色小镇成为乡村社会治理的有效载体，建立实现两者融合发展的保障体系。

第六章　珠江—西江经济带特色小镇高质量建设与乡村振兴融合度评价。本章以实证分析方法从定量测评入手，进一步分析特色小镇建设与乡村振兴融合发展过程中存在的问题，主要采用层次分析法对珠江—西江经济带特色小镇建设和乡村振兴融合的综合效益、可行性和竞争力展开评价。

第七章　珠江—西江经济带特色小镇高质量建设与乡村振兴融合发展存在的主要问题与原因分析。在结合实证分析结果的基础上，本章分析珠江—西江经济带特色小镇高质量建设与乡村振兴融合在综合效益、可行性和竞争力等方面存在的问题，进一步总结珠江—西江经济带特色小镇高质量建设与乡村振兴融合发展存在体制机制不健全、定位不准确、产业支撑不足等原因。

第八章　特色小镇高质量建设与乡村振兴融合发展的国际经验借鉴。本章分别选取发达国家、发展中国家等世界主要经济体的成功小镇建设经验的城市及国家，多维视角分析其特色小镇建设的成就，归纳总结对我国特色小镇建设的经验总结和启示。

第九章　推进珠江—西江经济带特色小镇高质量建设与乡村振兴融合发展的政策建议。本章从社会层面、区域产业层面、农村基层组织层面以及新型农业经营主体层面，准确把握特色小镇建设与乡村振兴的辩证关系角度，从宏观、中观、微观维度进行珠江—西江经济带特色小镇建设与乡村振兴融合发展制度与实际操作层面的顶层设计。

第五节　研究思路与研究方法

一、研究思路

本书的总体思路将沿着"提出问题—分析问题—解决问题"的逻辑展开。研究思路具体如下：在系统分析相关文献的基础上，对特色小镇与乡村振兴战略基本内涵进行界定，探寻特色小镇建设与乡村振兴融合发展的理论依据，明确乡村振兴战略和特色小镇战略的背景以及二者融合发展的意义和要求。从理论上分析特色小镇建设与乡村振兴融合发展的阻碍，探寻特色小镇建设与乡村振兴融合发展的内在机制，寻找特色小镇建设与乡村振兴融合发展的路径依赖，进而构建特色小镇建设与乡村振兴融合发展研究的理论模型。总结并整理珠江—西江经济带特色小镇建设与乡村振兴的总体情况和主要成就，并通过收集具体资料，从实证的角度出发，运用层次分析法（AHP）、主成分分析法等实证方法从综合效益、可行性和竞争力等方面对珠江—西江经济带特色小镇建设与乡村振兴融合发展进行综合评价，探讨珠江—西江经济带特色小镇建设与乡村振兴融合发展中存在的主要问题及原因。对特色小镇建设与乡村振兴融合发展的国内外经验和模式进行经验总结，对其在我国现阶段的适应性进行分析，并构建珠江—西江经济带地区特色小镇建设与乡村振兴的融合发展战略，为解决珠江—西江经济带地区特色小镇建设与乡村振兴融合发展中的问题提供理论上的可选择方案。在总结归纳我国特色小镇建设与乡村振兴融合发展路径的设计依据的基础上，探讨珠江—西江经济带特色小镇建设与乡村振兴融合发展实践路径，回答应该如何实现特色小镇建设与乡村振兴融合发展（具体研究思路见图 1-1）。

二、主要研究方法

（一）文献分析法

国内外学者的特色小镇与乡村振兴的理论和实践经验已十分丰富，这不仅为更好地研究特色小镇建设与乡村振兴融合发展提供丰富的参考资料，更能帮助本书厘清特色小镇与乡村振兴的历史沿革和研究现状。通过对大量国内外文献的查阅、梳理和总结，将它们与现实中获取的资料进行比较和分析，以进一步更新、完善特色小镇建设和乡村振兴的知识和理论。

（二）对比分析法

本书探寻国际与国内成功的特色小镇高质量建设的历程与经验，从多维视角总结国际及国内成功小镇的成就，并结合乡村振兴的具体实践，找出国际特色小镇建设与国内成功的小镇建设的关键影响因素，以便为珠江—西江经济带特色小镇建设与乡村振兴融合发展提供经验与教训，探索特色小镇建设与乡村振兴融合发展的路径机制，在现有的案例分析中归纳、总结出适合珠江—西江经济带特色小镇建设的发展模式。

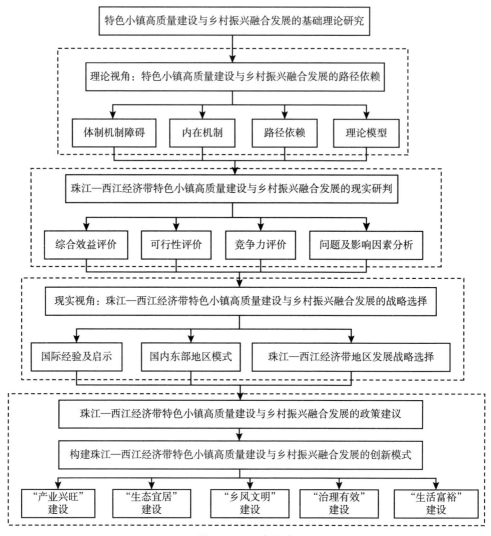

图 1 - 1　研究思路

（三）理论模型构建与实证模型检验相结合

本书分析特色小镇建设与乡村振兴融合发展的路径依赖，采用理论模型阐述特色小镇建设与乡村振兴融合发展的作用机制。通过使用实证分析法，从实地调研的角度出发，收集并整理有关珠江—西江经济带特色小镇建设与乡村振兴融合发展的资料及数据。在对珠江—西江经济带沿线 11 个城市的特色小镇调研的基础上，收集相关数据并建立计量模型。基于产城融合的互动机制与影响因素，结合城市子系统理论，引入产城融合分离系数，通过因子分析建立特色小镇建设与乡村振兴融合度评价体系，并对珠江—西江经济带特色小镇建设与乡村振兴融合发展的现状进行描述和实证评价。

（四）问卷调查与个案研究相结合

本书对特色小镇建设与乡村振兴等相关文献进行收集、整理以及评述，分析现有研究的进程和成果，并结合珠江—西江经济带特色小镇建设与乡村振兴融合发展的现状，明确本书研究的方向和构建基本框架。在本书写作之前，围绕珠江—西江经济带特色小镇建设与乡村振兴主题，在基于 11 个城市的特色小镇实地调研的基础上获取大量的第一手真实、可靠的资料、数据和丰富的直观感受，对珠江—西江经济带特色小镇建设与乡村振兴融合发展的现状有更多的把握，为研究的逻辑建构和政策分析提供知识储备，进而建立模型进行深入的分析和探究。

第二章

乡村经济转型发展的理论依据

乡村经济作为我国国民经济的重要组成部分，它的转型发展是实现我国经济现代化的重要内容和原动力。因此，梳理国内外乡村经济转型发展的理论依据将有助于了解乡村经济发展的规律，准确研判乡村经济发展态势，为我国乡村振兴战略的实施提供理论支撑。

第一节　城乡统筹发展理论

城乡统筹发展思想源于马克思、恩格斯的城乡关系理论。我国历代领导人结合中国城乡建设的实践均会形成新时代城乡统筹发展思想。习近平新时代中国特色的城乡统筹发展思想就是城乡统筹理论的又一创新性飞跃。

一、城乡统筹发展概念及内涵

随着我国经济的发展和社会的持续进步，城乡矛盾也不断升级。如何缓解城乡发展过程中出现的问题，实现城乡的协调发展，已成为社会的关注重点。因此，要解决城乡发展不均衡、乡村发展不充分的问题，就要注重城乡统筹。早在21 世纪初，党中央就根据城乡发展的实际情况，逐渐对城乡关系进行相应的调整。2002 年，党的十六大制定统筹城乡发展的目标；2007 年，党的十七大提出城乡一体化发展战略；2012 年，党的十八大后，城乡发展一体化已经成为党与国家的一大工作重心；2017 年，党的十九大将城乡融合发展放在重要位置；2020年，《中华人民共和国国民经济和社会发展第十四个五年规划和 2035 年远景目标纲要》提出健全城乡融合发展体制机制，完善新型城镇化战略，为城乡融合绘制发展的蓝图；2022 年，党的二十大指出要坚持以系统观念科学认识和推进城乡融合发展，更高效地落实我国城乡融合发展政策。

中国发展的道路上要遵循一系列准则，从统筹城乡发展到城乡融合，是社会发展的必然，也反映了党中央对城乡发展失衡问题的关注持续增加，是对建立新型城乡关系路径的持续改善。城乡融合发展既是实现城乡发展一体化的关键，也是新时代城乡发展一体化的近期目标。

2002年11月，党的十六大提出"统筹城乡发展"的理念，认为"兼顾城乡经济进步、进一步处理'三农'问题，是实现小康社会的必要性步骤"。城乡统筹，是基于国家经济与社会进步的综合层面将城市和农村的发展协调好，充分做好综合性的考虑，将城乡之间的关系和存在的问题进行深层次的研究。

2003年10月，《中共中央关于完善社会主义市场经济体制若干问题的决定》从区域、城市乡村、经济社会、人与自然、国内与开放贸易的发展等方面对统筹作出完善的解释。城市统筹的本质是缩小城乡差距，促进城乡和谐发展。城市统筹利用城市发达的经济、丰富的产业、先进的技术和充沛的资金等带动辐射圈内乡村的经济发展，从而改变农村单一农业生产的经济模式，改变农村生产生活中出现的各种不合理情况，并通过此方式达到城乡和谐发展的目标。城乡统筹发展有利于解决"三农"问题，改变以往"城乡分治"的做法，打破城乡间的藩篱，加强城市与乡村的联系，促进工业与农业的进一步发展，并完善城乡资源的分配。政府通过宏观调控、制度改革等使城乡获得有效交流，在城乡统筹发展中起到重要的作用。城乡统筹发展是协调城市与农村的共同发展，重点是促进"三农"问题的解决与协助农村经济发展。具体来说，在马克思主义城乡关系理论的基础上，将城市与农村视为一个综合体，一视同仁地对待，在政权、生产力、精神等领域形成融合发展，设立城乡资源平等互换与公共服务平衡机制，将新型城镇化、新农村建设与农业现代化建设作为动力，扩大城镇对农村的影响力，促进城乡的协调发展与后续发展。其目的是突破城乡二元体系，缩小城乡间的差异，形成以工促农、城乡一体的良好城乡关系，促进城乡居民的共同发展。

2012年，党的十八大提出"推动城乡发展一体化"，这是工业化、信息化、城镇化、农业现代化同步发展的必然。统筹城乡发展是科学发展观中的一项重要内容，是党中央结合我国经济社会的新属性，为全面建成小康社会而重点对"三农"问题、城乡"二元"经济系统问题做出的主要规划。

2017年，党的十九大提出"实施乡村振兴战略"，主张先发展农业与农村，按照"产业兴旺、生态宜居、乡风文明、治理有效、生活富裕"的总要求，建立完善的城乡融合发展体系与方针机制。这就为处理城乡发展差异大、解决"三农"问题指明了方向。2019年5月，党中央又制定相关文件并主张协调城乡关系、缩小城乡差距。

2020 年,《中华人民共和国国民经济和社会发展第十四个五年规划和 2035 年远景目标纲要》提出,"坚持走中国特色新型城镇化道路,深入推进以人为核心的新型城镇化战略,以城市群、都市圈为依托促进大中小城市和小城镇协调联动、特色化发展,使更多人民群众享有更高品质的城市生活。"这就为新型城镇化建设提出新的发展理念、构建新的发展格局,促使中国的城镇实现高质量发展。

2022 年,党的二十大报告强调,要坚持农业、农村优先发展,坚持城乡融合发展,畅通城乡要素流动,加快建设农业强国,全面推进乡村振兴。扎实推动乡村产业、人才、文化、生态、组织振兴和发展。全方位夯实粮食安全根基,牢牢守住 18 亿亩耕地红线。深化农村土地制度改革,赋予农民更加充分的财产权益。保障进城落户农民的合法土地权益,鼓励其依法自愿有偿转让。

二、城乡统筹发展理论的经典论述

(一) 马克思、恩格斯的城乡统筹发展思想

马克思、恩格斯认为,城乡关系是影响国家经济与社会发展的主要一环,在研究不同国家不同历史阶段的城乡关系时,他们能够辩证地看待城乡发展所产生的内部关联。恩格斯在 1847 年的《共产主义原理》中提出"城乡融合"的概念。他指出:"只有通过消除旧的分工,进行生产教育、变换工种、共同享受大家创造出来的福利以及城乡的融合,全体成员才能得到全面的发展。"[①] 马克思则从城乡对立的关系来研究城市问题。他指出:"一切发达的、以商品交换为媒介的分工基础,都是城乡的分离,可以说,社会的全部经济史都可以概括为这种对立的运动。"[②] 他认为,城市和农村的关系会经历一个从城乡混沌一体到城乡分离对立,再到城乡相互融合的过程,这是社会生产力和生产关系发展的客观规律。城乡对立在历史上就曾出现,其结果是经济发展水平低、公共资源分配不均、社会分工不合理。在城乡关系发展的初始阶段,分工使得城乡关系近乎隔断,但在当时特定的历史条件下,国家可以集中优势资源率先发展城市,因为城市是社会成长到一个关键阶段的象征,然而这也让城乡之间的差距在持续加大,

---

① 马克思,恩格斯. 马克思恩格斯选集(第一卷)[M]. 北京:人民出版社,2012:308 – 309.
② 马克思,恩格斯. 马克思恩格斯选集(第四卷)[M]. 北京:人民出版社,2012:390.

城乡开始对立，冲突逐渐升级。不过，社会的持续进步也使城市对乡村的促进作用持续增加，城乡从之前的隔断分离状态逐渐走向融合强化，最终达到城乡融合的目的。城乡融合发展只有在社会主义制度下才能更好地实现，马克思、恩格斯提出，实现城乡融合应提高社会生产力水平，注重工农业有机结合，重视科学技术的推动作用，消灭私有制建立新的分工体制。

（二）"毛泽东思想"对城乡统筹理论的发展

1949～1978年，以毛泽东同志为代表的主要领导人对城乡关系开展积极的尝试，该尝试对后续处理城乡事务提供了有价值的参考。毛泽东城乡统筹思想的主要内容有以下几点。第一，城乡发展统筹兼顾。毛泽东指出："城乡必须兼顾，必须使城市工作和乡村工作、工人和农民、工业和农业紧密地结合起来"[①]。第二，工农并举，统筹发展。要想实现城镇化，就需要工业带动农业，大力发展农村工业，最终实现工农并举。第三，缩小城乡差距，促进共同发展。"中国农业现在大部分是个体经济，要有步骤地进行社会主义改造，发展农业互助合作运动，要坚持自愿互利"[②]。通过农业合作化提高农民的生产积极性，进而增产增收；提高农业生产率有助于缩小城乡差距，这主要依托农业机械化。

（三）"邓小平理论"对城乡统筹发展的概括

邓小平城乡统筹思想既来自马克思、恩格斯的城乡发展理论，又来自我国的社会主义建设实践，着眼点在于促进城乡经济统筹发展。首先，"农业是实现现代化的战略重点，必须始终把农业放在国民经济发展的首位"[③]。他高度重视农业，是因为农业是国民经济发展的根本，是实现城乡协调发展的关键。其次，工业要"反哺"农业，实现工业、农业的统筹发展。在《关于加快工业发展的若干问题》中明确提出："工业区、工业城市要带动附近农村，帮助农村发展小型工业，搞好农业生产，并且把这一点纳入自己的计划"[④]。工业发展要促进农业实现现代化，农业现代化要支援工业的发展。最后，要先富带动后富，最终实现共同富裕。农村的富裕需要靠已经富裕的群体带动，优先发展条件好的东部地区，再用积累的物质资源带动内陆地区发展。邓小平的城乡统筹思想对于解决"三农"问题、全面建成小康社会与全面建设社会主义现代化国家发挥着重

---

① 毛泽东选集（第三卷）[M]. 北京：人民出版社，1991：1427.
② 毛泽东选集（第六卷）[M]. 北京：人民出版社，1999：280.
③ 郑必坚. 邓小平理论基本问题 [M]. 北京：中共中央党校出版社，2001：150.
④ 邓小平文选（第二卷）[M]. 北京：人民出版社，1994：24.

要作用。

(四)"三个代表"思想对城乡统筹发展的认识

"三个代表"思想是指中国共产党始终代表中国先进生产力的发展要求、中国先进文化的前进方向、中国最广大人民的根本利益。进入 21 世纪,"三农"问题变得日益突出,党的十六大中提出"统筹城乡经济社会发展"的思想,协调城乡关系是实践"三个代表"思想的根本要求。应当利用深化改革的方式处理"三农"问题,消除不利于城乡协调发展的系统性不足。第一,农村经营机制必须予以改革,乡镇企业体系调整和机制应当进行革新,主动惠农并将扶贫工作做到位。第二,农业与工业之间必须相互协助。第三,必须走新型城镇化道路,促进城乡共同发展,缩小城乡之间的差距。

(五)"科学发展观"对城乡统筹发展的深化

首先,党的十六大提出科学发展观,其是中国共产党立足社会主义初级阶段基本国情,总结中国的发展实践,适应中国发展要求而总结出的重大战略思想。科学发展观强调以人为本、全面发展、协调发展及可持续发展。科学发展观中的城乡统筹发展思想首先把解决好"三农"问题作为全党工作的重中之重,党的十六大指出:"统筹城乡经济社会发展,建设现代农业,发展农村经济,增加农民收入,是全面建设小康社会的重大任务。"[①] 其次,提出"两个趋向"的重要论断,要求城乡协调发展。通过"不断加大对农业发展的支持力度,发挥城市对农村的辐射和带动作用,发挥工业对农业的支持和反哺作用,走城乡互动、工农互促的协调发展道路"[②]。由此可见,科学发展观中的城乡统筹发展思想与马克思、毛泽东、邓小平等的城乡关系理论既一脉相承,又与时俱进。

(六)"习近平新时代中国特色社会主义思想"对城乡统筹发展理论的升华

以习近平同志为核心的党中央英明决策,坚持走中国特色社会主义的共同富裕道路,提出一系列促进城乡统筹发展的大政方针,并提出全方位建设小康社会以及和谐社会的富民强国目标。习近平同志根据社会经济发展和国际国内发展的实际,给城乡统筹发展赋予了时代内涵与使命。这一系列关于城乡协调发展的动

---

① 中共中央文献研究室编. 十六大以来重要文献选编(上)[M]. 北京:中央文献出版社,2011:17.
② 中共中央文献研究室编. 十六大以来重要文献选编(中)[M]. 北京:中央文献出版社,2011:311.

力、原则、路径论述是我们党统筹城乡发展、解决"三农"问题的根本指导思想。第一，推进城乡发展一体化是必须坚持的战略思想。习近平同志指出："推进城乡发展一体化，是工业化、城镇化、农业现代化发展到一定阶段的必然要求，是国家现代化的重要标志"①。第二，推进城乡一体化必须符合中国国情。习近平同志指出："推进城乡发展一体化要坚持从国情出发，从我国城乡发展不平衡、不协调和二元结构的现实出发，从我国的自然禀赋、历史文化传统、制度体制出发，既要遵循普遍规律又不能墨守成规，既要借鉴国际先进经验又不能照抄照搬"②。中国的问题应该结合中国的实际加以解决，在解决问题的过程中不仅要重视农村发展的质量，还要发挥中国的制度优势和特色。第三，要坚持推进农村的制度创新。习近平同志指出，农村发展就要"坚持不懈推进农村改革和制度创新"，"不断解放和发展农村社会生产力，激发农村发展活力"③。多年来，他陆续提出的农村改革措施主要有农村土地改革、农村集体产权制度改革、农村金融制度改革、户籍制度改革等，这些改革措施具有很强的科学性。第四，新农村建设要与城镇化协调发展。习近平同志强调，"要继续推进新农村建设，使之与新型城镇化协调发展、互惠一体，形成双轮驱动"④，推进以人为核心的城镇化，发展县域经济，重视大中小城市和中心城镇的协调发展。

针对城乡发展不协调的问题，党的十八大以来，进一步实施乡村振兴战略，党章修正案也把乡村振兴战略作为新时代七大战略之一写入党章总则，这是党中央着眼于全面建成小康社会做出的重大战略决策。乡村振兴战略总目标是实现农业农村现代化，总要求是"产业兴旺、生态宜居、乡风文明、治理有效、生活富裕"⑤。要坚持乡村全面振兴，抓重点、补短板、强弱项，实现乡村产业振兴、人才振兴、文化振兴、生态振兴、组织振兴。这五个方向互相联动、互相推动，第一，乡村产业振兴是动力。应着力构建现代农业体系、生产体系、经营体系，实现农村产业深度融合发展。要培育壮大特色优势产业，推动乡村产业振兴。习近平同志指出："要做好'特'字文章，加快培育优势特色农业，打造高品质、有口碑的农业'金字招牌'"⑥。只有因地制宜，打造特色优势产业，农村产业才有竞争优势。第二，人才振兴是关键。要吸引一批优秀的农村人才留下，并

①②③④ 习近平：健全城乡发展一体化体制机制让广大农民共享改革发展成果 [J]. 中国党政干部论坛，2015（6）：1.

⑤ 习近平. 决胜全面建成小康社会夺取新时代中国特色社会主义伟大胜利——在中国共产党第十九次全国代表大会上的报告 [N]. 人民日报，2017–10–28（1）.

⑥ 中共中央党史和文献研究院编. 习近平关于"三农"工作论述摘编 [M]. 北京：中央文献出版社，2019：98.

培养本土人才，让他们真正从农业生产中获得良好收益。第三，文化振兴是灵魂。"乡村振兴，既要塑形，也要铸魂，要形成文明乡风、良好家风、淳朴民风，焕发文明新气象"①；充分挖掘优秀的传统文化、乡土文化、红色文化的深厚文化底蕴，满足农民精神文化生活的需求，使村民更好地融入乡村文化振兴。第四，生态振兴是基础。要坚持"绿水青山就是金山银山"的"两山"理论，以绿色发展的理念为指引，实现农业农村与生态环境的和谐发展。第五，组织振兴是保障。必须加强农村基层党组织和党员队伍建设、规范民主选举，健全村民议事、办事和监事等体系，推动乡村组织振兴。由此可见，乡村振兴战略是新时代"三农"工作的总抓手。

第二节　可持续发展理论

因为科技进步和社会生产力的极大提高，人类创造了前所未有的物质财富。与此同时，资源过度消耗、环境污染、生态破坏等问题也日益严重，人们越来越关注经济发展对生态环境造成的问题，认识到"先污染、后治理"的传统发展模式已不符合经济与社会的发展需求。基于此，可持续发展思想在 20 世纪 80 年代逐步形成。现在，可持续发展的观念已经渗透世界各国的发展领域，也已成为世界各国经济、社会发展的共识。

一、可持续发展理论的提出与发展

可持续发展理念由来已久。1980 年，世界多个自然保护组织倡议实施可持续发展。但首次明确提出"可持续发展"的概念是在世界自然保护同盟、野生动物基金协会与联合国环境规划署共同发表的《世界自然保护纲要》一文中。1981年，地球政策研究所所长莱斯特·R. 布朗（1984）在《建设一个持续发展的社会》中论述可持续发展的方法，提出通过保护资源环境、开发可再生能源、控制人口增长三大途径实现可持续发展。对于可持续发展的社会，他描述为"可持续发展社会同我们现今所处的社会在某些方面将有所不同。人口规模将处于稳定状态，能源利用将有效得多，经济则主要依赖可再生能源"②。关于可持续发展的

---

① 习近平. 论坚持全面深化改革［M］. 北京：中央文献出版社，2018：405.
② ［美］莱斯特·R. 布朗. 建设一个持续发展的社会［M］. 北京：科学技术文献出版社，1984：198.

理念，则是从 1987 年被正式接受。担任世界环境和发展主席的挪威首相——布伦特兰，在《我们共享的未来》中就强调"可持续发展"，同时还给出了非常明确的定义：满足现代人的需求一定要建立在能满足后代发展需求的基础之上。这个定义也是第一次得到官方的阐释，为日后多方挖掘这一概念奠定基础。历史证明，许多学者对于"可持续发展"的概念内涵的阐释仍离不开报告的界定。雷德利夫特（M·Redelift, 1991）认为可持续发展是保持经济发展与生态之间的平衡，他指出，当经济活动导致环境污染并使生物种类减少后，经济系统遭受环境恶化影响的恢复性就低；从长期来看，经济系统要保持持续发展就比较困难。[①] 1992 年，有来自 170 多个国家和联合国机构的代表共同出席了联合国环境和发展会议，该会议签署《二十一世纪议程》和《气候变化框架公约》。这次会议也给人类不少的警示，如追求经济利益固然重要，但是必须要将环境红利放在首位。与此同时，会议上提出的可持续发展战略更是在实践上落实可持续发展理念。多个国家开始切实关注环境与经济的均衡发展，可持续发展理论在实践中因此不断得到深化。

与此同时，我国政府于 1994 年第一次将可持续发展战略纳入相关政策性文件。譬如《中国 21 世纪议程——中国 21 世纪人口、环境与发展白皮书》，该议程从我国的国情出发，提出人口、经济、社会、资源和环境相互协调、可持续发展的总体战略、对策和行动方案。1997 年，中国共产党第十五届全国代表大会为社会主义制定可持续的、合理的现代化战略，将可持续发展的重要性延伸至社会、环境和道德等领域。2017 年，党的十九大更是将可持续发展战略与科教兴国战略等其他六项战略置于同等重要的高度，为中国全面建成小康社会提供理论支撑与战略指导。2020 年，党的十九届五中全会强调，"推动绿色发展，促进人与自然和谐共生"，对促进经济社会发展全面绿色转型、加快推动绿色低碳发展等作出重要部署，为深入实施可持续发展战略、推进生态文明建设注入了强大动力。2022 年，党的二十大指出，要打造人与自然和谐共生的可持续发展战略。

二、可持续发展的定义

可持续发展，其词源意义可溯源至中国古代的朴素发展思想。西方经济学说则为可持续发展提供丰富的经济学理论支撑。因此，可持续发展的理念有着丰富

---

① 　M·Redelift. The Multiple Dimensions of Sustainable Development［J］. Geography, 1991（1）: 36 - 42.

的意识形态根源和现实的社会意义，这表明当时全球的经济发展陷入困境，受生态环境的限制较大。目前，学术界对"可持续发展"的特定概念与分设范围因国情与研究视野的局限，基本有各自的解释。数据统计表明，国际上有上百种关于可持续发展的阐述。对各派专家、组织、机构就可持续发展定义进行收集整理后发现，可持续发展可从以下 5 个方面定义。

（一）可持续发展的终极目标是保障人类的生存和发展

该学术观点大致是在培育可持续发展思想的起步阶段产生的，经由经济与生态的跨界交流，这两个领域的专家彼此交换意见，深入探讨后得出这一定论。该流派的代表人物有美国斯坦福大学的格雷琴·C. 戴利、美国的生态学家伯纳德·巴伯以及科斯坦萨。

（二）可持续发展的本质是在经济发展与环境生态间寻求一个动态平衡点

该学术观点的支持者大部分是由生态学家组成的。他们重点从生态可持续性角度，即环境保护与经济运行并举的角度，通过解决自然资源及其发展之间的动态平衡问题来解释可持续发展的问题。该学派的研究从可持续的自然本性出发，重点是更新系统以保护现有环境以及增强生产能力和可持续发展的能力等。为实现环境保护与经济运行并举的目标，将优化一种不断延伸至人类生存环境的最佳生态系统，以便从生物圈的角度实现人类的需求和生态的完善，从而实现人类的可持续发展。该观点的代表人物有康威、巴比尔、伯恩斯坦等。另外，1991 年11 月，国际生态学和生物学的联合协会共同举办相关会议，将可持续发展作为主题进行讨论，会议上对可持续发展的阐述也属于该学术流派。

（三）可持续发展的社会意义在于为人类提供优质的生存环境

该学术观点秉持将人类社会视为可持续发展研究极点的态度，将重点置于需要整合各种改善人类身体健康、提高人们的生活质量和人类资源获取途径的方法上，以此实现对平等、自由和人权等合法权益的保护，在事物螺旋式发展的进程中保障可持续性发展的需求。1991 年刊发的《保护地球：可持续生存战略》一文将可持续发展的定义为"在维持生态系统承载能力的同时，提高人类生活质量"①。

---

① SUCN，UNEP，WWF. Caring for the Earth. Second report on World Conservation and Development［M］. UK：Earthscan Publications Ltd Press，1991：3.

（四）可持续发展是在保障公平性的前提下寻求经济最大限度的发展

该学术观点强调代际平等。该观点认为，现代经济发展一定不能影响子孙后代的可能性生存和持续性发展。这种观点已得到广泛认可，并具有国际应用的现实意义。《我们共同的未来》这一里程碑式的报告便是该学派强有力的"发声筒"。此报告将可持续发展明确定义为，"既满足当代人的需要，又不对后代人满足其需要的能力构成危害的发展"①，该观点主张每个人都充分发展，满足人口的多样化需求，不侵害后代儿女的生存和发展的余地，同时保持自然资源和生态环境的平稳运行。这一学派比较关注经济活动中的环境问题，建议实施有利于平衡资源和环境的经济项目，并抵制浪费资源和破坏生态运行的经济活动。在制定衡量经济运行机制及发展水平的标准时，建议综合文明、经济、社会和生态等多因素来评估经济的动态趋势，而不是将 GDP 作为衡量经济发展的唯一评价标准。

（五）可持续发展的实现依赖于绿色高效的技术

该学术观点不是从伦理道德角度解决争论，其主要是从科学技术角度寻求解决问题的方法，并延伸可持续发展的内涵。通过进行深度的研究与实验，借助更低成本、更环保、更具效度的全封闭式技术可以实现"零污染"，进而最大限度地利用能源和资源，并削减不必要的浪费。

综上所述，国内学者和海外专家对于可持续发展的定义有多种不同侧重点的解释，其中，《我们共同的未来》这一报告对可持续发展概念的界定享誉世界。所以，本书基于《我们共同的未来》关于可持续发展的定义，将文中的"可持续发展"外延扩大化。作为共同的未来，"可持续发展"不仅是学理教育的概念，也是关于代际（时间）和区域或国家或地区（空间）的更宏大的概念，在广泛的包容性中，协调经济、自然、文化、政治以及社会的整体运行，更加注重人的全方位发展。

三、可持续发展的内涵

可持续发展作为一个注重经济可持续发展的增长方法，不但有利于当代社会

---

① World Commission on Environment and Development. Our Common Future ［M］. Oxford：Oxford University Press，1987：43.

的发展，而且对后辈人的生存余地给予了最大限度的保障。这一概念的具体内涵主要是物质效益、环境生态和社会运行三个方向上的持久和谐，并致力于实现经济利益的最大化，关注生态效益和体现社会发展的平等正义，并最终提升全人类的生存水平。

21世纪的可持续发展已经趋于更高的程度。因此，人类发展的理论基础也需要进一步夯实，"可持续发展"这个理念备受关注。虽然"可持续发展"一词最初出现在生态学领域，但因其外延可无限扩大、多重交叉，因此其内涵已经不只包括生态平衡或者环境保护。生态平衡或环境保护与社会、经济、文化等相互融合，它们共同成为各个国家经济社会发展领域的指导方针。首先，社会与可持续发展相融合。社会的可持续发展，社会发展和社会正义机制的体现就是社会拥有良好的生态保护机制，这样才能获得良好的可持续发展态势。因此，针对可持续的社会经济发展目标，人类必须保持对可持续经济的高度重视。其次，经济与可持续发展相融合。经济的可持续发展必须以经济平稳健康的增长作为基础，与此同时，可持续发展旨在发掘如何在新的理论背景下令经济发展的性质向良好态势转变。在经济领域援引可持续发展的概念主要是为改变以往的粗放式经济理念，以实现效率的提高、资源的节约并减少经济螺旋式发展中的浪费，达到环保式产出与文明式输入。最后，生态与可持续发展相融合。要保持好陆地、水体生态系统，农业生态系统的动态平衡。显而易见，可持续发展理论已经成为一种自然、和谐、可持续和持久的多层次型政治经济理论。

四、可持续发展理论的新发展

可持续发展理论形成于20世纪80年代，20世纪90年代得到重视并不断丰富。到21世纪，各国政府纷纷将可持续发展理论纳入经济社会发展的各项规划。可持续发展的大致思想是在不影响子孙后代的可能性生存和持续性发展的前提下，满足当代社会发展的必需品供给，但一定不能影响子孙后代的可能性生存和持续性发展。在此基础上，衍生出诸多可持续发展的相关理论，比如有关增长的极限理论、生态学可持续发展理论和人口承载力理论等。这些理论的产生也丰富了可持续理论的体系化发展。

增长的极限理论认为，生产的增长存在着一定的极限；随着经济的增长、人口的增加，对资源的消耗和环境的污染是不断加剧的，因而限制生产的增长。可持续发展的生态学理论认为人类社会经济的发展理应遵循生态学发展规律，坚持能源资源的高效理论以及废弃物的再利用，坚持经济发展等各个系统的协同发展，坚持自我调节，进而实现可持续发展。人口承载力理论认为，在社会经济发展的过程中，人口的增长速度与人口的活动范围必须控制在一定的范围内，而这一范围必须经过严密的测验与计算；否则，将大大损害自然承载能力，从而影响人类的可持续发展。

在科学发展观的指导下，在保障乡村经济有效增长的同时，确保不破坏资源与环境，此外，还要调控好乡村经济、环境、资源、社会等系统关系，在此认知基础上建立乡村相关经济发展模型。当代乡村人口和其子孙后代是这一模型的主观对象，资源、环境、经济、文明、生态则是模型中的客观对象。由于涉及多个对象，因而全面协调可持续就是此模型的运行实质。模型的多种对象在面对问题时找到结构与功能的最优解，乡村经济的可持续发展才有实现的可能性。所以，这必然要求乡村经济在动态运行中秉持"命运共同体"的态度，秉持资源与环境的同续性态度，秉承后代子孙能同样获得有利资源的平等态度。因此，可持续发展理论在一定层面对于乡村经济转型发展具有积极的理论指导作用。

五、乡村可持续发展理论

2011 年 8 月，国际地理学联合会农村系统可持续性专业委员会在爱尔兰高威大学召开第十九届年会，年会将"农村系统的可持续性——地方和全球的机遇与挑战"作为主题讨论，对土地资源开发、旅游与环境、乡村文化与自然遗产、现代经济冲击下的传统农业文明社会、农村管理与发展目标以及可持续能源等展开深入的探讨。由此可见，年会中可持续农业与农村发展概念的提出对乡村发展理论的完善具有极大的启发作用。

可持续、效益化和公平平等是乡村可持续发展理论的关键。该理论认为，在合理利用资源和环境时，注意进行农业体制改革和体制创新，保障丰富的蔬菜和谷物的供应，以满足现代人及子孙后代的可能性生存和可持续性发展。扩大农产品的有效供给将切实推动农村地区的总体性平稳发展。乡村可持续性理论本质上是各种理论的综合和汇聚，例如，人地关系理论、可持续发展理论和传统农业转型理论。这些理论可以更好地指导农村经济发展，助力农村经济的时代转型，切实指导农村发展和其相关研究的扩展与深入。

第三节　二元经济结构理论

二元经济结构，是指第三世界国家在经济社会发展过程中所具有的生产与体系上的众多不均衡性。城乡二元经济结构是城市现代工业部门和农村传统农业部门并存的经济结构，是第三世界国家从传统的农业社会往现代社会变化必经时期。二元经济结构理论在发展经济学中占据十分重要的位置，成为第三世界国家从传统的农业社会向现代社会发展的引导性思想，显然也将成为乡村经济升级的理论参考。

一、二元经济结构的含义和构成

（一）二元经济结构的含义

二元经济结构能够从两个层面进行分析。第一，从一般作用上而言，即每个社会均需经历的一种经济社会情况。第二，从特殊的角度，即我国二元经济结构的特殊含义。

1. 普遍意义的二元经济结构

美国经济学家刘易斯最早系统阐述二元经济结构理论并提出二元经济模型。他指出："在从古代社会向当代社会变更的环节中，传统的部门如农业部门技术能力差、劳动效率低以及收益不高，而现代部门的技术能力、劳动效率以及收益却很高，这就势必在相同的社会中具有两个存在差异的经济形态，也就是城市将工业作为重点的现代经济形态与以农村的传统农业为重点的落后经济形态"。在传统往现代升级的过程中，现代工业部门与传统的农业部门势必出现一些客观方面的不同，恰恰此类不同形成二元经济结构①。而该结构是每个社会均经历过或正在、将要经历的一个阶段。

2. 我国二元经济结构的特殊性

首先，国家产业发展规划与相关经济方针的实行使二元经济结构转型缓慢。第一阶段，实施重工业优先发展战略。因为要积极发展重工业，在资源不足的状况下，唯有忽略农业与服务业，重工业才能获得发展，这就导致二元经济结构的存在。第二阶段，乡镇企业开始出现。其实国家推出乡镇企业规划是为使二元经济结构减弱，却没有获得应有的效果。第三阶段，20 世纪 80 年代后，经济改革在不断深入。经济结构的二元性出现先减弱，经历一段时间波动后，经济结构的二元性又增强的现象。

其次，二元经济结构属于经济问题和社会问题。主要有以下两个原因。第

---

① ［美］刘易斯. 劳动无限供给条件下的经济发展［M］. 北京：商务印书馆，1983：101 - 106.

一，从最开始的形式来看，二元经济实际上是经济问题。二元经济结构使城市与农村居民在收入和消费方面均存在较大的差距。另外，二元经济结构也在城乡之间筑起一道道壁垒，阻碍生产要素和产品供求在城乡之间流通，也影响整个国民经济的协调发展。第二，这一问题还是一个社会问题。因为城乡收入状况与消费能力的不同将产生各种严峻的社会问题，包括地区发展不平衡、城市文化素质差距扩大与环境污染等问题。

（二）二元经济结构的构成

二元经济结构的构成是非常复杂的，从具体表现上来看，其构成主要包括以下五部分。

1. 社会结构的二元结构

我国计划经济导致社会结构二元性的出现，城市人口与农村人口分别在各自所在地区生活，最终变为较为独立的社会群体，且其差异反映在各个领域，尤其是在收入、消费意识以及所受教育程度和生活状况方面。但随着规模较大的城市积极推进基建项目的开发，县域经济也开始进入发展的重要阶段，我们经常看到的农民工进城状况，不断改变着农村居民固有的思想，让社会结构的二元性持续变化。

2. 城乡工业化的二元结构

我国的农村乡镇企业和城市工业企业在一些国家固化二元经济结构制度的政策影响下，逐渐演变成现阶段城乡工业化的二元结构。在此类城乡工业化共同推进的形势下，一元是将国有企业作为核心而发展的城市工业化，在其内部还具有另一种二元体系，也就是传统工业和现代工业共同存在；二元是将乡镇企业建设作为核心的农村工业化，农村工业化的发展主要通过民间投资而发展。

3. 劳动力市场的二元结构

因为城市工业化与农村工业化对人力的供需均有其自身的属性，又由于人力的回报方面也存在一定的不同，所以城乡工业化发展的二元性将城市与乡村的人力市场分离，派生出城市人力市场与乡村人力市场，从而使我国的劳动力市场系统也开始出现二元性。由于人力市场之间的关联性不显著，城市人力市场和乡村人力市场未能进行有效结合，导致人力的流动性不佳，同时让城乡居民收入状况与消费能力的差异不断增加，进而导致经济结构二元性的属性持续增加。而城乡人力市场的关联性不显著以及就业体系二元性的形成，对人力资源的有效安排产生较大的影响，导致资源应用效率受到限制，同时也不利于经济价值的提高，制约二部门经济的持续发展，阻碍乡村经济竞争力的提升。

4. 城乡市场体系的二元结构

城市与农村市场体系二元结构形成的原因，一是收入实力决定人的需求等级，城乡居民收入实力的不同就决定了其消费实力也存在一定的不同，所以形成对产品需求的差异，从而易让城乡的经济市场体系形成分割的形式；二是由于国内户籍机制与城乡各种福利保障体系的出现，给城乡市场体系二元结构提供制度前提。

5. 区域经济的二元结构

在地区经济的建设中，因受方针体系、历史环境、自然环境等要素的影响，地区经济差异的状况是相对常见的。譬如，我国东部地区比较发达，但是中西部的发展却不是很理想，乃至在东部、中部与西部地区的内部也有发达和落后共同出现的情况。这就在区域方面产生经济二元结构的形式，不利于我国经济与社会的深入发展。

综上所述，我国经济结构的二元性不但拥有社会性属性，还拥有工业化、劳动力市场体系等经济性属性，同时还有地区经济不同的区域反映。这表明，经济影响和社会影响所产生的问题主要因为经济结构的二元性。

二、西方理论界对二元经济结构的理论分析

20 世纪 60 年代，荷兰经济学家伯克提出"二元经济"的概念，他指出，"印尼的经济社会具有两种差异较大的经济形态：一是由荷兰殖民者运营的发达的当代资本主义工业；二是由本地印尼人推行的固有的小农业经济，此类发达的当代工业与陈旧的传统农业共同出现的经济形态，即二元经济结构，此类经济结构较多地出现在第三世界国家"。二战后，许多国家的经济学家为了向第三世界国家的经济方针提供指导，提出一系列解决二元经济结构问题的思想。此类理论为许多第三世界国家制定经济方针奠定理论基础。

（一）刘易斯模式

刘易斯模式将第三世界国家的经济进行划分，分为资本主义生产部门和非资本主义生产部门。这两者组成二元经济体系，同时两个生产部门的生产形式是遵循各自的经济发展原理的。非资本主义生产部门的主体是以传统农业经济为主，而资本主义生产部门的主体是将资本主义工业作为基础①。

---

① 许经勇．刘易斯二元经济结构理论与我国现实［J］．吉首大学学报（社会科学版），2012，33（1）：105－108，156.

刘易斯的二元经济结构理论，也称为无限过剩劳动力发展模式。他指出，农业部门存在过剩劳动力，使之向生产部门转移；因为这一转移不仅有利于提高农业劳动生产率，而且使工业部门也得到发展所需的劳动力；当农村的剩余劳动力均转移至现代工业部门时，城乡之间的差距就可以缩小①。刘易斯模式的意义是第一次从经济结构探讨发展中国家经济发展的理论模型，同时运用结构研究法将经济发展经过、工业化经过和人口流动加以研究，为后续的二元经济结构理论提供理论条件。在经济发展环节中，将工业化与城市化加以融合，将人力职业转移与人口的地区转换相结合，防止城乡差异问题对发展中国家经济发展产生影响。

（二）拉尼斯—费模式

古斯塔夫·拉尼斯与费景汉（1961）在《经济发展的一种理论》一文中提出的二元经济发展模式，被称为拉尼斯—费模式（以下简称拉—费模式）②。文中指出，第三世界国家的二元经济结构要经过类似刘易斯模式、存在隐蔽性失业、农业商业化三个阶段的转变。具体来说，类似刘易斯模式为第一阶段，社会经济只要工业部门的薪资状况稳定且能让他负担得起在城市生活的费用，那么，劳动力将源源不断地从农业部门流向工业部门；隐蔽性失业阶段为第二阶段，此阶段平均农业剩余下降、农产品价格上升、工业工资补偿性上涨；农业商业化是第三阶段，有一些农业剩余劳动力逐步向其他行业转移，同时农业劳动边际生产率不断地提升，其收益要高于工业部门的薪酬，因此工业部门的人力市场也在不断缩小。

拉—费模式的核心思想是发展中国家经济进步的重点取决于前两个时期。此类模式的达成有两个前提：第一，要确保两个部门生产率方面呈现均衡增加的态势；第二，确保人口增长率要低于非农业部门的劳动增长率。拉—费模式的演变是建立在刘易斯模式的基础之上，其重要作用是提升可行性。其表现为拉—费模式注重农业部门的成长、注重技术发展的意义、给出临界最小努力准则。显然，拉—费模式也有其不足，即对农业部门有多余的假设以及以工业部门无失业状况的假设作为基础是不现实的；农业部门的收入状况对工业部门的薪资起着决定性的影响也不现实；农业部门的薪资状况和该部门的劳动生产率没有关联，这也与

①　Lewis W A. Eeonomic Development with Unlimited Supply of Labor [J]. The Manchester School of Economic and SocialStudies，1954（5）：139 – 191.

②　Fei C. H，Rains G. A Theory of Economics Development [J]. American Economic Review，1961（9）：533 – 565.

第三世界国家的客观状况无关。

(三) 乔根森模式

20世纪60年代，知名度很高的乔根森理论应运而生，这是由美国人戴尔·乔根森提出的。该理论在新古典主义的基础上深入研究农业部门所产生的影响，尤其是对非农业部门的影响。该理论认为，劳动生产率出现零或者负的状态是完全不可能的，人力转移并非由于农业部门有过多的人力资源，同时人口上升率和国家经济的增长率是相同的[①]。新古典主义中的二元经济论的一致属性均是将乔根森模型作为前提的。

相较于拉—费模式，乔根森模型中的劳动力是在农业部门与工业部门中自由流动的，而不是仅仅从农业部门流向工业部门；同时，乔根森模型注重技术发展与农业剩余在现代农业的主要作用。可以说，乔根森模型对农业与技术部门更加关注，但是这一模型也存在问题，如在农业物质投资方面比较容易被忽视。

(四) 托达罗模式

经济学家托达罗（1970）结合失业问题，提出托达罗二元经济模型[②]。对于第三世界的国家来说，农业生产的边际效率始终是大于零的，人口规模持续扩大的同时，农业产出也会随之增加，因此农村最终也会没有剩余劳动力。人力往城市迁移，不仅和城乡收入的差异有着较大的关系，同时还与城市失业率有着较大的关系。托达罗同时还表明，刘易斯模式未曾明确指出在发展中国家城市失业极度严峻的情况下农村剩余人口向城市工业部门转移的情况。所以在他看来，这是城乡间的预期收入差距导致人口迁移。经对失业问题的研究并得出结论，城市真实的收入增加或人们认为在城市找到工作的可能性相对更大时，农村过多的人力便会往城市转移。

托达罗模式从大小和速度两个方面对农业剩余人力的转移做出解释，对第三世界国家而言，只是简单通过工业部门以及城市经济的共同进步来促进国家的经济发展是无法达成的。

---

① Jorgenson DW. The Development of a Dual Economy [J]. Economic Journal, 1961 (11)：309 - 334.

② Harris J R, Todaro M P. Migration Unemployment and Development a Two - Sector Analysis [J]. American Economic Review, 1970 (3)：126.

第四节　农业经济理论

农业经济理论的主要研究对象为农业产业布局和农业产业结构理论，其学科理论可追溯至 19 世纪初，现对农业经济的含义及其理论的发展脉络进行梳理。

一、农业经济的含义

农业经济是农业发展中有关生产、交换、分配、消费等方面的经济关系和经济活动的总称。在研究农业生产力与生产关系时，生产者在农业经济的生产力部分，需要在探索自然界、获取物质成果的生产过程中正确处理生产参与者的主次地位和产品分配的主次矛盾，最大限度地调动农业生产力。在农业生产关系部分，由于这是人们在农业生产过程中各生产要素组织成的生产关系，因此需要生产者合理组织生产关系中的各个要素，以实现农业经济结构的最优化①。显然，农业经济生产和社会物质生产的每个地方均是相互交织的模式，譬如，交换、产出、分配等环节。也就是说，"农业经济"是一个比较宽泛的概念，既包含农业生产力方面的内容，也包含农业生产关系方面的内容。农业经济发展的问题，尤其是对乡村经济转型发展的研究，应该将两者有机地结合进行探讨。

二、传统农业经济理论

从农业的区位理论、比较优势理论和产业结构理论对传统农业经济理论进行学科历史探讨的研究。

（一）农业区位理论

19 世纪初，开始对区位选择与区域经济发展进行研究，并于历史沿袭中逐渐发展为西方经济学的两大重要内容。德国著名经济学家杜能（1826）倡导的农业区位理论更是在此时成为农业区域化经济的重要学理基础。这一理论从地区差异化以及经营成本差异入手，得出农业区位布局中最重要的要素是距离和交通运

---

① 吴传钧. 经济大辞典（国土经济·地理卷）[M]. 上海：上海辞书出版社，1988：180.

输。他认为，合理的农业布局必须从区位地租出发，以追求最大利润①。他的研究表明，农产品的生产与销售的各个环节深受交通运输这一要素影响。细究发现，农产品的自然属性与社会属性的不同极易造成运输时间和运输环节的不同。所以，根据杜能的农业区位理论，生产后不宜长久囤积的短时效性产品或运输成本较高的产品，应当将产品生产地安排在离消费市场较近的地方，以便减少市场投入成本。而相对长时效性的产品或运输成本较低的产品，可在综合考虑地租、仓储、运输等成本后，将生产基地选于远郊或乡村，从而实现经营成本的最小化。

（二）农业比较优势理论

农业比较优势理论的早期发展主要以亚当·斯密的绝对优势理论为支撑。亚当·斯密认为，根据农业生产中各环节的最低成本对比，将流程细化、每一环节进行分工，继而也能最大限度地提高劳动生产率，在最大限度地达到累积财富的目的。值得注意的是，亚当·斯密在其理论中提出，国际分工是分工形式发展到最高阶段的结果，现在的经济全球化趋势也证实了这一点。在亚当·斯密的研究基础上，大卫·李嘉图提出"相对优势理论"。李嘉图表示，国家之间的商贸往来要建立在优势互补的基础上。也就是说，生产产品的时候如果出现劳动生产率差别很明显，采取生产相对优势的产品也能实现利益最大化。国家可以根据自己最大的优势来生产优势比较大的产品，这样双方在进行产品互换的时候就可以从中获得最大的经济收益。此后，约翰·穆勒的"相互需求论"，迈克尔·波特的"竞争优势论"均是对这一观点的进一步阐述。总而言之，农业比较优势理论建立在农业区域化的基础之上，其生产过程中涉及方方面面的影响因素，譬如，劳动力生产特点、市场形势、自然环境等。将这些影响因素纳入计算模型后共同比对成本，对于成本最小且效益最大的优势因素应当合理利用。基于这种优势比对的区域分工是农业行业扬长避短、获得经济效益最优解的关键方法。

（三）农业产业结构理论

农业产业结构理论主要有两类。第一类理论认为受各国经济发展水平的影响，各国城乡居民收入存在较大差异，农业产业结构的配比，应当根据国家行业的实际收入做相应调整，其代表人物有威廉·配第（1672）。从各个国家的产业结构来看，该理论在对农业收入、工业收入、商业收入的分析中，认为相较于其

---

① ［德］约翰·杜能. 孤立国同农业和国民经济的关系［M］. 北京：商务印书馆，2010：88.

他收入来说，农民依靠农业获取的收入比较少。所以，根据农业、工业、商业的收入排序，三行业中产品附加值的增长率是商业第一、工业第二、农业第三①。此后，经济理论专家费夏在此基础上对三大主要产业进行详细划分，这是历史上首次清晰表明产业划分的具体范围。自此，产业结构理论逐渐系统化。第二类理论不再以产业为分类对象，而是对经济部门进行划分，其代表人物是刘易斯（1954），代表作品是他的《劳动无限供给条件下的经济发展》。在这本书中，刘易斯认为经济行业应当是由现代工业和传统农业组成的二元经济，而在二者之中，后者在发展中国家相对强大。这是因为发展中国家和发达国家相比具有天然的人力成本优势，凭借廉价劳动力在国际经济交流中获得一席之位。② 此后，该理论的另一代表人物罗斯托（1962）在《经济成长的阶段》这本书中提出"主导部门"的理念，同时还表明：需要根据部门总量分析法，对相关问题进行分析，发现经济增长与部门地位相关，主导部门的存在对其他次要部门有促进、拉动作用③。

三、现代农业经济理论

现代农业经济理论由美国经济学家舒尔茨提出。20 世纪 60 年代，舒尔茨提出将农村经济发展问题与人力资本理论相结合，以人力资本作为理论核心，拓展、演化出农业经济理论。该理论所对应的实际问题就是农村人力资源经济的延伸问题。为进一步阐述该理论，舒尔茨在 20 世纪发表相关的专著，如《论人力资本投资》《改造传统农业》《教育经济价值》等作品。

20 世纪中叶，受工业社会产业发展的影响，部分经济学专家陷入极端主义窠臼，他们认为农业对经济生产的体量扩大影响极其有限，农业在产业结构中的比重不宜过大。但舒尔茨坚决反对这一观点，他认为，农业应当是经济生产体量扩大的第一助力。在他看来，土地的存在并不是贫穷的原罪，生产者不具备与时俱进的生存技能和高素质的修养才是贫穷的关键所在。传统粗放型农业沿用世袭千年的生产方法而不做任何创新，生产力低下导致农业经济低效率运行，其对经济增长的助力必然微小，继而对农民的人居环境改善影响甚微。时代在飞速发展，社会催生了更加科学高效的生产手段；然而生产者跟不上社会的步伐，难以适应并使用新兴技术。农民不会使用这些新的生产要素必然限制农民对物质资本

---

① ［英］威廉·配第. 政治算数［M］. 北京：商务印书馆，1978：19 - 20.
② ［美］刘易斯. 劳动无限供给条件下的经济发展［M］. 北京：商务印书馆，1983：101 - 106.
③ ［美］罗斯托. 经济成长的阶段［M］. 北京：商务印书馆，1962：52 - 51.

的适应。因此，帮助农民应用新的生产要素才是改造传统农业的关键。

舒尔茨的农业经济理论要求每个时代的生产者要顺应时代变化，学会并掌握新兴的生产技能。舒尔茨坚持认为，人力资本是农业经济体量增长的决定因素，对农业生产者的投资就是人力资本的投资，并且这一投资具有代际传承的可能性。同样地，如果落后的生产观念在农业生产者之间代代相传，传统农业的困境便难以得到改善，因为物质资源与人力资本严重失衡，农业经济的巨大潜力无法得到挖掘，也就无法促进经济发展。舒尔茨乐观地认为，政府的适当引导对农业生产者的素质提升有积极的促进作用。但如今发达国家与发展中国家对欠发达地区的农业援助似乎无法力证这一点。

舒尔茨的农业经济理论为乡村经济转型的研究奠定理论基础。刘易斯认为，农村劳动生产力已达到饱和状态是农村发展过缓的关键。舒尔茨对此则持批判态度，他表示，劳动生产力质量的低下和其他生产要素的缺位才是农村发展缓慢的关键，比如科技手段、资本运行、信息反馈机制等在农村地区均处于缺位或劣势状态[①]。基于此，舒尔茨提出农业改造建议，他建议提高农村劳动力人口素质、推广科技手段、细化生产分工等，同时提高劳动力的就业市场，推动农村经济发展。

根据舒尔茨的理论，改造传统农业的途径主要有以下几个方面。

（一）农业进行管理应更多地采用市场性管理方法

农村管理机制主要包括命令性管理方法和市场性管理方法两类。命令性管理方法以政治机器号令为纲领，较为机械地进行农业经济的生产等环节。而市场性管理方法以市场自发性为纲领，及时了解市场运行趋势，在此基础上自发调节农业生产要素。舒尔茨在他的书中更倾向于选择市场性管理办法作为传统农业转型的主要管理方式。其要点包括以农产品的市场价格引导农民生产，将小型家庭农场的经营作为主要的模式；注重实现农民居住所有制，以便日后区域化合作式经营。

（二）以供给和需求为基础，将现代的生产要素引入改造传统农业的过程中

舒尔茨通过分析现代生产要素的供求主体，指出生产供给者应当涵盖政府与企业等非营利性机构。因为这类机构既是生产要素的发现者，也是生产要素的消

---

① ［美］西奥多·舒尔茨. 改造传统农业［M］. 北京：商务印书馆，1987：24.

费者。一方面，它们在内发掘生产的成长空间；另一方面，它们在外提供生产要素的消费空间。此外，因为机构是非营利性的，它们对于农业生产者的帮助是长期有力的稳固型扶持。换言之，供给者不但能直接提供消费空间，而且更容易让思想守旧的农民接受新观念，有利于提高生产力。此外，营利性企业与非营利性机构可以交互合作。比如，我国政府目前对非洲欠发达地区的农业援助，就是政府和营利性企业互相合作的典范。营利性企业如部分机械制造业可以借助政府宣传，有效推广新的生产技术；某些龙头养殖企业也可以在适宜本企业生产要素养殖的地区，大力推广新的生产要素，从而帮助农民增收增产。当然，农民是否愿意接受新的生产要素，不是由政府机构强制的；只有新的生产要素价格与产量具有明显优势、成本回收利用率高，农业生产者才会愿意接受新的生产要素。

（三）新生产要素的构成和价格必须合理

与此同时，新生产要素的结构比应当合情合理。首先，生产要素的配置必须考虑与科学技术发展的同步，在高科技迅速发展的当下，高水平的生产技术是农业资源要素再分配的重要前提。此外，因为农业生产者的风险承担能力较低，生产要素的投入一旦不合理，容易对农业生产者产生冲击。如此一来，不仅容易导致浪费资源、消耗资本，还会对传统农业的转型造成新的思想阻碍。

其次，农业生产要素的性价比也应合理化。过高或过低的农业生产要素价格均会影响农业生产与农产品销售。所以不合理的农业生产要素配置将对农产品的市场销售造成严重影响，不利于市场的稳定。

（四）增加农业科研投入

对于发展中国家而言，如果想改变传统农业生产的过程，可以引进先进国家的农业技术；但是一定要根据本国的国情引进农业技术，才能根据实际的情况生产产品，从而也能提供价格合理、品质较高的新型产品。反之，如果完全依赖他国的技术，则是无法从根本上解决本国的发展问题。

（五）应该对农民进行人力资本投资

通过各方渠道获取新要素之后，更重要的是要让农业生产者学会使用新的生产要素。舒尔茨理论曾提及对农民增加人力资本的投资。在他看来，新的生产要素既包括物的要素，也包括人的要素。所以引进新要素时，既要注重农业产物种类的多项引进和生产机械的引进，也要注重引进先进的生产观念。比如，向农民传授新型农业机器使用的方法，并且给农民提供一对一的课程培训，以便提升农民生产技术和生产知识的能力，通过技术和观念的改进提升耕作生产率。

（六）农业部门必须得到其他部门的支持

农业生产关系国民经济生产的各个部门，对传统农业进行改造，必须获得政府相关农业部门的支持，比如畜牧局、水产局、兽医站等。落实相关部门在农业发展方面的优惠政策，以帮助农民减少技术成本和其他交易成本，将大大提升农业可持续发展的可能性，尽快实现农业现代化的目标。

（七）建立多方面的监督、管理和认证部门

与农业经济相关的所有政策及市场规范，必须要有多元的监督管理体系以及合法的认证体系。在政府和市场的双重合作下，打造农产品多元销售的便民平台，提供准确的信息和统一的标准，切实保障农业信息的正常交流，提高农业销售效率，将实现现代农业的可持续健康发展。

第五节　现代农业发展理论

19 世纪中期，农业开始向现代农业发展。第二次世界大战后，现代农业蓬勃发展，尤其是资本主义国家基本上实现了农业现代化，农业发展成一国的主要支柱产业。现代农业发展的一个核心是全方位在科学技术方面进行应用及普及，将科技与高效管理方式相结合。现代农业发展和演变过程，是全方位更新传统农业、促进农业经济全面发展的过程，是更新农业生产模式，促使农业品质高质量发展的过程。

一、现代农业的概念

现代学界对现代农业的定义有多种，其中美国经济学家舒尔茨认为，发展中国家只有依赖农业的迅猛发展才能实现经济的发展；但传统农业不具备这种能力，要获得突破就要把传统农业改造为现代农业[1]。我国学者张晓山（2008）认为，现代农业是处于一定范围和一个时期具有现代先进水平的农业形态[2]。这种

① 邓启明. 基于循环经济的现代农业研究 [M]. 杭州：浙江大学出版社，2007：225.
② 张晓山. 关于走中国特色农业现代化道路的几点思考 [J]. 经济纵横，2008（1）：58 – 61.

现代先进水平的农业形态包括具备现代科学技术、有现代管理方法经营的及生产效率高的现代农业。刘燕华（2007）认为，与原始农业、传统农业相比，现代农业具有发展目标、产业结构体系、发展驱动力、农业政策的制定、产业功能、生产方式、经营队伍等方面转变的七个特点①。

综上所述，现代农业的概念内涵丰富，仅从某个角度或某些方面分析和把握均有失偏颇。一般而言，现代农业应从全局掌握其认可的条件与能力，也就是共性的问题。而在实际操作中，现代农业的形式又是富于变化的，各个阶段与各个方面，区域的显性也有所不同，即个性的问题。因此，在综合已有相关观点的基础上，本书对"现代农业"作如下界定。

（一）现代农业是将创新作为重点的现代产业

现代农业生产，涵盖科技、体系、管理与人才等方面的创新。现代农业的创新发展应聚焦于对生产要素的科学配置以及农业技术人才的积极应用。

（二）现代农业将食品安全作为产业发展的根本目的

现代农业的食品安全涵盖农业产品生产的数量安全与品质安全两大要素。数量安全，是指现代农业始终是以供应充分数量的农产品来达成大众的基本生活需求；而品质安全则是指现代农业生产的产品必须是生态、环保、自然的，供应高质量的农业产品，能够符合大众健康、养生、环保、稳定的生活发展需求。

（三）现代农业发展需要有政府的积极扶持

农业发展离不开政府政策的扶持与指导，如基本设备的建设、体系的改进、农民的培训、农业技术的普及等领域均需有政府政策的积极扶持。正如上文所述，现代农业的重点为创新农业，而创新需要农户具备多元农业生产知识与技术，这也需要政府增加对农业人才的教育、提高农业科技人才的培训投入。

（四）现代农业是全新的农业产业方式

现代农业是将现代产业发展作为思想，将现代产业组织方式作为中介的全新农业产业方式。与传统农业生产不同的是，现代农业组织形式变更了之前小农生产的分割形式，是利用新型农业生产合作方式、现代化操作、合理化管理的现代生产机制。

---

① 刘燕华. 依靠科技创新发展现代农业 [J]. 求是，2007（12）：38－40.

二、现代农业发展的演变及特征

现代农业发展的演变及特征有如下四点。第一，现代农业是从传统的高支出、高耗费、高污染、低收成的传统农业演变到现代的自然、和谐、生态、环保的精细化农业。农业技术改革与新型农业工具的应用，在某种层面变更了传统农业落后的工具和技术形式。第二，农业中运用新技术使得生产力获得较大提高，农业管理体系与运营体系持续革新。第三，打破传统农业受限于传统种植业、畜牧业、养殖业，甚至渔业等产业的限制，慢慢将传统农业发展向食品、医药、材料等行业拓宽，并与现代工业、金融业等加以结合。第四，不再受传统农业生态环境的限制，现代农业将利用现代技术与设施的应用等技术，在防范自然灾害等领域的水平有大幅提升。因此，发展现代农业，注重量与质的提高是十分有必要的。

现代农业的发展是与社会经济发展相吻合、持续协调的过程，也是与改革和科技创新相互磨合、持续协调的过程，还是市场、政府、社会持续竞争与协作的过程。基于政治发展层面，国家应对过去农业的体系与方针加以改革与调整，开展农业新体系的科学供给，注重农业、扶持农业、发展农业，进而达成以工促农、工农结合、城乡共同进步的目标。政府积极促进农业进步，使农业基础变得更牢固，重点保障农业立法维护、方针倾向性支持与配套帮扶等领域，并激励、指导整个社会力量对"三农"发展给予关注与扶持。

三、现代农业发展理论的代表性观点

（一）改造传统农业论

西奥多·舒尔茨在《改造传统农业》中指出，"有必要通过变更传统农业来促进现代农业发展"[①]。他认为，改造传统农业的重点是引进新型现代农业生产要素，同时予以科学安排；引进现代农业生产要素必须建立一系列符合传统农业改造的体系与技术保障机制，充分展现农业资源安排中的经济性能，建立可以协助传统农业改造的市场机制，并扩大农场规模，从供需领域为引进现代生产要素提供有利时机。其中最重要的是对农民开展人力资本投资，在教育、培训、健

---

① 邓启明. 基于循环经济的现代农业研究 [M]. 杭州：浙江大学出版社，2007：225.

康、医疗等领域增加对农民的人力资本投资，促进农民拥有现代农业生产要素的水平，以协助农业获得更大的发展。

（二）农业发展三阶段论

20世纪60年代，约翰·W.梅尔根据农业技术的特征，就第三世界国家的农业发展状况将传统农业往现代农业的演变过程概括为传统农业、低资本技术农业与高资本技术农业三个阶段[①]。梅尔的观点是，农业发展的三个阶段排序是根据特征而非历史决定的，同时并非所有国家的农业发展均需经历这三个阶段，大部分国家从第一阶段直接进入第三阶段；而许多农业比较落后的国家根据三个阶段的排序来发展农业则是相对科学的，尤其第二阶段更加关键。

（三）农业发展四阶段论

彼得·C.蒂默指出，农业发展具有四阶段的属性。第一时期是农业开始时期，该时期农业为国家经济的主要力量，产值在GDP中的比例最大，政府收益的最大来源为农业税收。第二时期是农业变为总增长环节中核心付出方的时期，该时期，第二、三产业均有较快的发展。第三时期是农业部门和宏观经济慢慢融合的时期，即在农业被融入宏观经济时，它就更容易被整体经济变化与贸易状况影响。此类脆弱性与复杂性形成农业发展的第四个时期，即在工业化经济中政府怎样看待农业。蒂默认为，农业人力在综合人力中的比例低于20%以及恩格尔系数低于30%的情况下，国家就不能使用过度维护农业的方针，否则易会导致资源的不科学应用[②]。

（四）诱致技术变革理论

20世纪70年代，速水佑次郎等人给出诱致技术变革理论，该理论将技术当作内生变量，诠释在自然资源给出的状况下技术形成和变更的方向问题，同时将制度当作资源变更与技术发展的一种经济反映[③]。其观点是，传统农业发展为现代农业，而现代农业经济进步的核心理由是传统农业技术和要素安排往现代农业技术和要素安排方面而变化；农业技术发展的主要原因是土地和人力当前的存量和相对量间的冲突；直接原因是土地和人力市场供求和价格间的冲突。20世纪

①　［美］尤吉诺·海亚密，弗农·拉坦. 农业发展国际前景［M］. 北京：商务印书馆，1993：16.

②　何君，冯剑. 中国农业发展阶段特征及政策选择——国际农业发展“四阶段论”视角下的比较分析［J］. 中国农学通报，2010，26（19）：439-444.

③　郭熙保，苏甫. 速水佑次郎对农业与发展经济学的贡献［J］. 经济学动态，2013（3）：101-108.

80 年代中期，速水佑次郎等提出以技术为重点的涵盖自然资源、文化情况、技术与体系四个部分共同影响而协助农业发展的完整理论。在诱致技术变革论中，最关键的两大要素是技术与体系，农业技术的发展是农业进步的主要力量，农业技术变化并非技术发展的自发产物；而是对资源禀赋情况与产品需求提升的动态反应物，其不受限于资源影响而成为农业经济进步的来源。

（五）农业与经济增长理论

亚尔·蒙德拉克在《农业与经济增长》中基于理论经济学、计量经济学等视野研究农业与经济增长理论。第一，他以静态一般均衡框架来分析农业的比较静态模型，介绍在封闭与开放经济状况下影响农业的综合方针，包括补贴、关税等内容。第二，研究经济均衡状况下资源产生的影响，将禀赋变化当作外生变量，将规模边际与集约边际视为经济系统中决定李嘉图式的贸易模式，将耕地面积及其品质视为内生变量。第三，探讨经济对科技变化的反应及要素累积和跨部门安排问题与跨时间决策的内涵，介绍经济环境对技术的变化产生的影响，指出均衡的要素市场是形成经济进步的一个核心来源。第四，分析经济环境变化对经济产生的影响。亚尔·蒙德拉克（2004）的农业增长理论指出"在一个经济体中，农业并非单独经营的，其发展和经济的其他方面密切相关，农业对经济环境具有较大的依赖性，尤其是中立的宏观经济方针与固定的行业方针相比，对行业增长将产生更大的影响力"①。

第六节　农业多功能性理论

经济的迅猛发展使农业面临着生态环境恶化、耕地面积减少、自然灾害频发等问题。针对农业经济发展中出现的边缘化现象，农业多功能性理论应时而生。运用农业多功能性理论和方法，挖掘农业多种功能和价值已成为实现农业整体效益最大化的重要途径之一。

一、农业多功能性理论的兴起

农业多功能性理论是建立在历史与现实的基础上，并逐步形成的理论。从思

---

① ［美］亚尔·蒙德拉克. 农业与经济增长 ［M］. 北京：经济科学出版社，2004：11－15.

想层面来说，此理论的形成也是因为人本主义思想已经非常成熟，而且人本主义思想不仅能给农民群体带来更大的利益，还能让其感受到更深的人文关怀。从历史视角来看，过于追逐从农业获取的经济利益，必然会带来一定的影响，像环境遭到破坏、食品安全无法保障等诸多问题。针对出现的问题，应重新思考过去的发展模式所带来的各种不利影响，更好地挖掘农业在解决能源问题、环境问题和促进经济发展等方面的潜力。从现实生活来看，随着社会的进步和经济的发展，人们的生活越来越便捷，生活质量也越来越高，对农业发展的要求自然也越来越多。对农业功能越是了解，便越能挖掘农业功能的潜力。

二、农业多功能性的具体内涵

发展农业可以提供一定的物质基础以支撑国民经济发展，而且在促进生态平衡、提高就业率、发展和谐社会和文化教育、传承技能等社会发展层面发挥作用。因此，农业多功能性所包含的内容就涉及多个方面。总体来说，可从食品安全、经济、社会、生态、文化五大功能进行阐述[①]。

（一）食品安全功能

保障农产品的持续供给是农业最重要的作用，农产品对人类的影响是重大的，其数量安全和质量安全是人们生存生产需要和保障身体健康的基础；同时，农业也给社会提供优质、卫生、多元化的产品，并保障国家在食品安全层面的责任。

（二）经济功能

农业的经济功能就是为其他生产行业提供原材料、劳动力，从而发挥农产品的实际作用，以此让农民群体获得收益；同时还可以进行外贸交易。

（三）社会功能

农业的社会功能强大，尤其是就业、社会稳定、政治稳定等方面的作用更大。农业能吸纳较多的劳动力，能给第二、三产业的失业人员提供就业机会，以缓解就业压力。同时，农业和土地还是农业退休人员的生存保障，对整个社会的

---

① 李铜山，李璐洋. 河南农业多功能性的评价分析及对策建议［J］. 区域经济评论，2019（4）：97 –102.

发展和稳定均具有重要保障。

（四）生态功能

众所周知，大自然已经受到严重的破坏，而农业则能修复大自然受到的损害。其具体是指土地和土地上的各种生物共同组合而成的复杂的生态系统，可以更有效地调节大自然的环境，修复大自然的生态问题；还能更好地保护环境和调节气候，以便实现自然资源的可持续利用。

（五）文化功能

文化功能所包含的方面也是多维的，像农村环境、人文景观等，同时也包括娱乐活动、审美情趣、生产活动、宏观布局和教育制度等方面的功能，以及保护古村落文化遗产和物质遗产，传承传统文化，维护和延续各个少数民族自有文化等方面的功能。

由此可见，农业与环境、经济、社会以及文化领域等均有紧密的联系。农业的每一种功能均是互相联系和制约的，同时还将随着时间和空间发生改变；但是由于地域和时空的不同，也会造成农业多功能性的不同。当各个方面可以协调的时候，就能充分地展现农业的整体价值，从而使农业获得可持续发展。农业也有其特定的范围，如果其中的功能超过其自身的承载能力，那么农业功能就会出现问题，造成农业不良发展的现象。譬如，以前一直强调农业的高产值，所以就易出现开发过度、放牧等现象，这实际上是无视其生态功能的作用，严重影响农业的可持续发展。

三、农业多功能性的内在特征

（一）联合生产特征

联合生产是农业的常态，这种模式就是同时生产多种产品。譬如，养殖蜜蜂的同时还可以提高水果的产量。在种植农作物的时候也会产生正、反两个方面的影响，即维护环境和破坏环境。在生产和生活的区域容易产生重叠，在进行农业产品生产的时候，易对农业资源、自然环境和农村文化生活产生经济价值和非经济价值等方面的影响。从农耕文化的角度来看，这既有可能获得更好的农业环境效果，也有可能造成一定的破坏。

（二）外部经济特征

农业生产需要提供原材料，然而这个过程也会出现诸多问题。譬如，农业资源、环境和农村社会文化等，然而这些层面的影响不是生产者所能掌控的，会影响到整个农村乃至全国经济[①]。从农业外部经济的形式来看，其影响有正、反两个方面。农业生产方面，在生态环境和农耕文明呈现正面的收益；反面的表现则是损害性。想要处理好农业外部性，就需要在运营模式、资源品质和资源利用等方面进行深入的研究。

（三）公共产品特征

公共产品的具体释义就是，为社会提供公共需要，但是市场无法供给或者无法全部供应，并且在社会上没有竞争功能和排他性的产品。在农业多功能方面，其公共产品的特性很直观，通过农业多功能定位的产品在市场上非常受欢迎，甚至还可以使其他国家和地区的居民因此受益。农业产品具有公共产品的特性，会出现类似环境保护的非经济产出的供应，而这也会导致出现以下两个问题：一是自愿供应，这种供应方式往往造成供应不充分；二是其实际的价值无法通过价格来表现，从而导致供应不符合社会的需求。因此，为更好地实现在供给与需求方面公共产品的非经济产出的平衡，需要实现并发挥农业的多功能性作用。

第七节　农业区位理论

为了探索农业生产方式的地域配置原则，1826 年，农业经济学家杜能发表《孤立国同农业和国民经济的关系》一书，由此奠定农业区位论的基础。研究农业区位理论有助于调控农村土地的利用状况，从而指导我国的农业规划，其"孤立化"的研究方法也广泛应用于现代农业发展理论。

一、区位的概念界定

区位有广义和狭义两种，从广义来看，它是指多种空间布局的结合体，包括

---

① 彭建，刘志聪，刘焱序. 农业多功能性评价研究进展 [J]. 中国农业资源与区划，2014，35 (6)：1-8.

经济、政治、文化等，这些因素相互融合、相互作用；从狭义来看，它主要指特定位置之间存在的一些联系。"区位"作为一个地域名称，代表着一个无法被割裂的地点，在空间关系之中，它可以作为焦点而存在，代表着特殊地域单位从空间上划定的位置。

目前，学术界关于区位的概念并不统一。有的学者认为，它是指某种事物存在的地点及所在位置；有的学者认为，除空间位置外，它还隐藏标定位置的含义；还有学者认为，它的含义和"空间布局""空间分布"类似，均是划定某样事物的活动范围和置身于某种场所的状态；还有的学者从概率的角度阐释区位的含义，认为它表示某样事物出现的概率大于一定水平的空间等。

在对诸多国内学者关于区位下的定义进行分析后，本书对区位的定义归纳为：从整体上看，区位指的是人所在的、开展行为活动的空间，其可分为自然区位、经济地域区位和交通区位。

二、农业区位优势

农业区位由诸多因素构成，其中包括政策导向因素、种植优势、科技因素、土壤因素等。从某一方面来说，它研究的是发展农业的最佳区位配比和区位适应情况。在寻找最优区位的过程中，可以对整个农业的发展形式及发展历史有所了解。区位的划定不是由单一元素所决定的，而是受政策、资源、文化等多元因素共同影响。哪怕某个区位被评为次级最优区位，也不意味着这个地区就缺乏发展某种产业的条件。若在内部条件、外部条件均适宜的环境下，这一产业依然有存在的必要性及发展的潜力。

三、区位理论

区位理论，也称区位经济学理论，研究的是人在某个空间中的经济行为、经济活动等综合性行为。目前，农业、工业、商业等领域在开展区域空间优化时，均会应用到这一理论。由于理论的核心观念有所不同，可以将它分为三种学派，这些学派的具体理论如下。

（一）成本学派

成本学派作为首先出现的关于区位理论的学派，其核心思想是确立公司生产成本的最低标准，再据此计算出公司最适宜的区位。龙赫德是这一理论的代表人物，他的最突出贡献是确立了"区位三角形"理论。之后，阿尔弗雷德·韦伯继承并发扬了这一理论，他提出运输费用、劳动力成本和聚集成本是影响工业区位的主要因素的观点。他认为，只有地段适宜且运输费用、劳动力成本和聚集成本这三项因素的综合费用实现最低值的位置，才是布局合理的工业区位[①]。

（二）市场学派

市场学派是指在节约成本的基础之上对市场区域划分和市场网络的分布、所占地域如何扩大化进行研究的一门学说，其理论基础是半宏观区位理论和公关区位理论，代表人物是勒施（2010），他的突出贡献是著有《经济空间秩序：经济财货与地理间的关系》一书，并在书中对原有的区位理论进行总结，形成较为完善、独具特色的理论体系。该理论改变原有单一的工业区位论、农业区位论为立体化、动态性、多层次的空间经济学说，并进一步扩大研究对象，使之进入市场经济区、劳动分工区、国际经贸区等诸多领域，甚至还涉及一些领域的方法论，如城市规划等[②]。他率先把需求视为一种空间变量，将成本、需求这两个元素纳入其中，他的杰出贡献是"用最简单的方式使一般均衡这一学说在空间上得到应用"。

（三）行为学派

按照传统区位学说的观点，"经纪人"在经济活动中发挥着主体作用；在经济活动中，活动的经营者和参与者所掌握的信息通常比较全面，他们的最终目的是投入最小的成本来实现最大的利润。然而，在具体实践中，这种完全意义上的"经纪人"是不可能存在的。遵循行为学派理论的学者在对工厂的区位划定进行研究时，往往会加入一些主观因素，比如考虑到环境对人的影响，重点分析一些主观因素对区位产生的波动和管理者的决策施行情况。

从20世纪六七十年代以来，行为科学、行为地理学发展较快，许多学者将行为论的理念应用于区位理论的研究中，行为区位理论因此发展良好。根据研究内容可得行为学派划分为三类：决策人的行为状况、被雇用人的行为状况和消费者的行为状况。

---

① 季谦. 当前西方经济学界关于工业区位理论的研究［J］. 经济学动态，1980（11）：48-52.

② ［德］奥古斯特·勒施著. 经济空间秩序：经济财货与地理间的关系［M］. 北京：商务印书馆，2010：69-70.

四、农业区位论的主要内容

1826 年，农业经济学家杜能发表《孤立国同农业和国民经济的关系》一书，首次提出农业区位论，杜能也因此成为农业区位论的奠基人。杜能农业区位论的产生同欧洲的生产力水平及社会历史背景是密不可分的。当时有近九成的人均集中居住在面积较小的农村，其生产结构主要为粮食作物与牧业。当时的生产力落后，既没有肥料，也没有先进的交通工具，因而粮食作物的产量不高。德国很多封建领主将土地以优惠的价格租赁给农民经营，推动了农村生产制度的发展，进而导致以下几个方面内容的变动，且直接推动了农业区位论的产生[①]。

其一，就土地资源性质而言，土地已不再是归属不明的封建财产，而是成为明确的私有财产。在拥有丰富土地资源的情况下，能够获得丰厚的土地收益；而通过肥沃的土地，可以提高农作物产量并增加收益。为此，土地投资对土地归属者和使用者的利益有着最为直接的影响。

其二，就土地制度而言，农奴制度被废除，这在一定程度上解放了生产力，调动了耕种者参与土地耕种的热情，使得生产规模相应扩大，农产品更加丰富；促进农村商品市场逐步建立，经济也获得相应的发展。

其三，市场调节功能获得有效发挥。在市场持续发展的过程中，农业品种、规模、产量均获得一定程度的提升，农产品在进入市场之后，其价格的波动将对农民的生活产生相应的影响。为此，选择何类农产品对土地的利用而言非常关键。

其四，随着户籍限制条件的放宽，城市人口出现聚集，这将促进城市的发展；工农商贸之间的联系日益密切，将促进农业生产效率的提升，有效降低农业生产的运作费用。

其五，随着生产力的发展，人们的生活品质追求也有大幅提升。在土地资源有限的前提条件下，增加的人口基数所带来的压力是非常大的。为此，推动农业的集约化、规模化发展成为当务之急。

其六，农村地理位置偏远以及交通运输落后等，使农产品产地到消费市场的距离成为农产品作物品类分布的关键影响因素。

在《孤立国同农业和国民经济的关系》一书中，杜能提出"孤立国理论"：假设存在这样一个孤立的国家，全部为平原且土壤肥沃，没有河流通船与其他任

---

① ［德］冯·杜能. 孤立国同农业和国民经济的关系［M］. 北京：商务印书馆，1986：189 – 195.

何一个国家有所联系；在这个国家有一座城市，离城市较远，平原区域的土地均是荒废的；乡村是主要出产农产品的地方，而加工品的主要来源则是城市。在此种条件下，杜能对各类产业的分布格局进行分析。其根据区域离城市距离的大小划分出了六个环带，又称六个杜能环。第一个环带是城市周边地区，也称自由生产区，主要生产牛奶、新鲜蔬菜等。如果自由生产区离城市太远，运费增加，一些新鲜农产品由于路途较远，在输送至城市前便因无法保鲜而变质以致丧失价值。因而，在圆形空间带中，生产其他产业远比生产新鲜农产品要有所保障，所以此环带易转化为其他的农作物生产区。第二个环带是林业带，主要生产木材，城市中的能源消费在很大程度上由第二环带提供。之所以在第一环带发展新鲜农产品而不是林业，主要是由于前者的利润会更高，林业发展在这一环带中受到排挤。依此类推，谷物轮作区、谷草轮作区、牧业区分别是第三、第四、第五环带的主要发展内容，而荒芜土地则是第六环带的发展对象。土地同城市距离的大小决定着土地租金的高低，通常离城市越远，租金越便宜；而离城市越近，租金则会越贵。

杜能以地租区位为立足点，提出农产品品种主要是以市场为中心呈环状分布的看法，之后的区位论中空间相互作用原理、距离衰减法则也是由此衍生而来。所以，理论界在探究区位理论问题时均视杜能为区位理论的先驱。由于农业是杜能当时的最大研究对象，因而该理论又称作"农业区位论"。在具体实践中，该理论不仅适用于农业，且市场呈点状分布及资源连续分布的情况也适用于该理论。

杜能的区位论具有如下显著特征：损失与运费由开发资源的主体承担，他们可进行自由竞争并追求利益的最大化；地域是封闭的；地域是各向同性的、匀质的；资源分布于整个区域中，而点市场只有一人且处于区域中心位置；开发资源的各主体是相互独立的，且能够对局部区域中干扰自己产业发展的要素进行排除。从杜能"孤立国"的假设模式来看，生产利润是决定作物在哪个地方生产的关键因素。农产品利润（P）与市场价格（V）、生产成本（E）和运费（T）有关，可以用公式表示为：$P = V - (E + T)$。

从农业区位论可知，杜能的核心思想是区域经济发展水平及土地的特性均会对农业集约化程度、农用土地利用类型产生影响，尤其是农产品产地与目标消费市场间的距离产生的影响更大。由此，杜能以农用土地利用为切入点，对如何选择农业区位进行细致的介绍。为更好地论述观点，杜能不仅借助英国古典经济学中比较流行的地租理论，还借助价值法则来丰富自己的理论研究内容。其主要运用主抽象法，又称孤立法来进行相关探究。后来很多区位理论，如都市地域结构、空间相互作用等理论研究均是以杜能的区位学说为基础而展开的。

杜能在区位经济理论当中的贡献是，其提出的"孤立化"分析方式为后来的研究者提供研究方法与方向；杜能以极差地租为大前提，构建合理的农业集约化运作模型，在工业、农业、区域分布等领域获得重视及应用；杜能还构建农业生产的空间差异模型，该模型主要是以生产地至目标市场间的运费差异为基础的。

随着技术的不断革新与社会的持续向前发展，杜能的理论模型渐渐同实际的农业区位不相符。譬如，不断完善的交通极大地缩短产品生产同目标市场的时间距离与经济距离；通过制定特殊运价率、经济政策等手段，使一些低价值的产品能够在离消费市场较远的区域中得以生产。所以，随着运输业的高速发展，在农产品市场价格结构中运费所占的比例也越来越低。新的农业布局区位论指出，所有的农业模式均是多种要素综合作用的结果，在不同的发展时期，各个要素的作用程度也各不相同。

第八节　珠江—西江经济带特色小镇高质量建设与乡村振兴融合发展研究的理论应用

本章主要对乡村经济转型发展的理论基础进行介绍和分析，以为后续珠江—西江经济带特色小镇高质量建设与乡村振兴融合发展模式分析、融合度评价、问题及原因的识别、发展路径的设计提供理论支持。本章介绍了包括城乡统筹发展理论、可持续发展理论、农业经济理论等在内的大量乡村经济转型发展理论。乡村经济转型发展的重点在于农业发展，而针对农业发展，还介绍了现代农业发展理论、农业多功能理论以及农业区位论等，从理论角度来研究特色小镇建设与乡村振兴融合发展。相关理论的阐述对珠江—西江经济带特色小镇高质量建设与乡村振兴融合发展的剖析具有借鉴意义，具体如下。

要解决城乡发展不均衡的问题就要注重城乡统筹。城乡统筹就是城乡之间的生产要素可以自由流动、城乡之间的经济与社会得到融合发展，城乡之间的资源获得高效利用。这样的城乡关系才会得到合理、健康的发展，因此在特色小镇建设中要解决城乡关系存在的问题，并积极推进农村的制度创新，实施乡村振兴战略等措施促进城乡融合。只有用城乡统筹发展理论作指导，珠江—西江经济带特色小镇高质量建设和发展才会有明确的方向。

可持续发展理论认为，经济有效增长的同时也要确保不破坏资源与环境，还要调控好经济、环境、资源、社会等关系，达到生态与社会、经济、文化等相互融合。在建设珠江—西江经济带特色小镇时，应该在特色小镇的生态资源保护、生态环境治理、开发模式等方面对可持续发展理论加以运用，如此才可以实现珠江—西江经济带特色小镇的生态宜居建设。

二元经济结构理论逐渐成为第三世界国家从传统的农业社会往现代社会发展的指导性思想，该理论解释二元经济现象产生的原因，为破解二元结构提出思路和方向。我国城乡二元经济结构使城乡之间要素流动受限，"三农"问题变得突出，而特色小镇是城乡之间沟通的桥梁，能有效地促进城乡融合。二元经济结构理论为探寻珠江—西江经济带特色小镇建设与乡村振兴融合发展中存在的主要问题与原因提供理论依据。

农业经济理论的主要研究对象为农业产业布局和农业产业结构理论，该理论从区域空间的角度探讨区域农业发展存在的问题。随后，舒尔茨进一步将农村经济发展问题与人力资本理论相结合，以人力资本作为理论的核心，进一步拓展农业经济理论的内容。舒尔茨提出的提高农村劳动力人口素质、推广科技手段、细化生产分工等农业改造建议，为珠江—西江经济带特色小镇高质量建设与乡村振兴融合发展制度与实际操作层面的顶层设计提供理论指导。

现代农业发展理论的演变过程，是全方位更新传统农业、促进农业经济全面发展的过程，是更新农业生产模式、促使农业品质高质量发展的过程。现代农业发展理论着眼点在技术创新、制度创新、体制创新及组织创新，该理论的分析方法、理论内涵及研究内容对于分析珠江—西江经济带特色小镇建设取得成功经验提供了有益帮助。

农业多功能性理论认为，发展农业不仅要有提供一定的物质资料基础的基本功能，还要有食品安全、经济、社会、生态、文化等方面的功能，农业多功能是一个相互依赖、促进和制约的有机统一体。珠江—西江经济带特色小镇高质量建设要充分吸收农业多功能理论的内涵，充分挖掘特色小镇多功能性的优势，使得特色小镇的整体功能战略布局更加合理，规划更加科学，内容更加丰富。

农业区位理论认为，区域经济发展水平及土地自身特性均会对农业集约化程度、农用土地利用类型产生影响，如何选择发展农业的最优区位是该理论主要的研究内容。杜能以农用土地利用为切入点，对如何选择农业区位进行细致的介绍。农业区位理论的应用可以更加合理、有效地对珠江—西江经济带特色小镇的产业布局进行规划，将农业区位理论作为理论支撑，可以获得更加合理的产业选择策略。

第三章

特色小镇高质量建设与乡村
振兴融合发展的路径依赖

党的十九届五中全会指出，要强化以工补农、以城带乡，推动形成工农互促、城乡互补、协调发展、共同繁荣的新型工农城乡关系，加快农业农村的现代化发展。城乡融合发展与乡村振兴是"十四五"时期的重要任务。推进县域城镇化，发展县域经济，促进特色小镇发展壮大，打造小城镇产业集群，实现县城、乡镇与农村紧密联动，对实现城乡融合发展、破解城乡二元结构以及全面推进乡村振兴具有重大的意义。本章拟从特色小镇建设的理论逻辑与形成机制分析出发，总结乡村振兴视角下特色小镇发展模式，并按产业兴旺、生态宜居、乡风文明、治理有效、生活富裕的总体要求，分别讨论特色小镇高质量建设与乡村振兴融合发展的路径，为特色小镇的高质量建设厘清思路。

第一节 特色小镇高质量建设理论逻辑与机制分析

为贯彻落实创新、协调、绿色、开放、共享的发展理念，国家决定开展全国性特色小镇的培育工作。2016 年 7 月，《关于开展特色小镇培育工作的通知》指出，特色小镇建设要独具特色并且与乡村振兴战略紧密融合，坚持市场主导与深化改革的基本原则，促进经济转型升级与推动新型城镇化和新农村建设。《关于加快美丽特色小（城）镇建设的指导意见》与《关于规范推进特色小镇和特色小城镇建设的若干意见》等建设文件均指出，特色小（城）镇的主要功能是聚焦特色产业和新兴产业。特色小镇和特色小城镇是新型城镇化与乡村振兴的重要结合点，也是促进经济高质量发展的重要载体。特色小镇建设要坚持以人民为中心，坚持并贯彻新发展理念，坚持因地制宜、产业建镇、以人为本、市场主导的原则。发展美丽特色小（城）镇有利于推进供给侧结构性改革，促进大中小城市和小城镇协调发展。

特色小镇以特色产业为发展主体,以带动当地的经济社会发展实现现代化为目标,是对周边产生辐射作用的特色产业生态系统的创新载体①。在有限的空间范围内,特色小镇依靠其产业特色和资源条件,凭借其特有的形态建设、独特的文化底蕴形成具有准确自身定位的综合开发区域。培育特色小镇主要是为了促进有条件的小镇发展得更好。某些小镇由于自身发展限制以及体制机制不够完善无法参与市场竞争,但如果可以挖掘其产业发展特点并形成特色小镇,不仅可以促进小镇发展,也可以缓解小镇的就业压力。

一、特色小镇高质量建设的理论逻辑

特色小镇通过实现集聚效应与规模经济促进产业融合,通过"共建、共营、共治、共享"加快农业农村多功能与多元价值的开发,助推乡村振兴。以县域城镇化、发展特色小镇为重要抓手,打造新型工农城乡关系,不仅要打破二元体制下城市偏好的外生性制度障碍,还要化解农村内生性制度的约束。在城乡融合发展中推进乡村振兴,挖掘农村潜在优势,拓展乡村发展空间,激活农村发展潜能。推进以县城、特色小镇为载体的新型城镇化,加快形成具有扩散效应的经济增长极,打造"城—镇—村"的振兴架构,优化城、镇、村一体化的功能布局与产业分工,构建具有区域比较优势的县域城乡融合发展机制。乡村振兴的关键在于产业振兴,发挥比较优势突出的主导产业的辐射带动作用并打造产业集群,依托多主体参与、多要素聚集、多业态拓展,推动农业农村高质量发展,全面推进乡村振兴。县城、小城镇以及特色小镇是农村人口城镇化的重要目标地,将促使城镇成为人口聚集的中心、要素流动的枢纽、产业连接的高地和农业园区的平台,充分发挥城镇连接城乡的纽带作用,建设宜居、宜闲、宜商、宜业的"四宜"城镇,实现乡村振兴与城镇化发展的有机融合。

特色小镇不是一个"镇",它不是一个行政区划,它的实质是在某个区域内以经济目标和资源禀赋为基础构建的一个相对独立且具有明确定位的平台。这是一种将区域经济体各部门模块化的发展理念,强化各经济模块的特点,从而突出每个模块的比较优势,达到加强局部突出总体的目标。在培育现有经济模块的过程中,通过特色小镇的合理布局,可以避免重复建设与同质化竞争。通过对特色小镇每个企业进行明确定位,可以提高资源配置效率,使资源合理分配,实现效

---

① 卫龙宝,史新杰. 浙江特色小镇建设的若干思考与建议 [J]. 浙江社会科学, 2016 (3): 28–32.

用最大化。特色小镇的周边辐射作用将使产业加强集聚状态，进而提高小镇内部的公共基础设施利用率。这既能推动公共设施为支持产业而定向发展，也能避免基础设施过度建设造成资源浪费。此外，特色小镇内部的产业具有比较优势，而不具有优势的产业会被市场淘汰，这能有效优化小镇内的产业布局，增强产业正的外部性，促进产业转型升级。同理，产业基于比较优势形成的产业集聚必然导致区域内经济部门的专业化。高度专业化会更加明确小镇自身的定位，明确自身的发展需要，也为其他的区块发展提供明确的资料来源，从而促进跨区域的合作与发展。这种基于自身资源条件与明确的发展定位，在提高资源利用的同时，也使得公共设施合理建设，促进小镇内部经济部门的专业化和促进区域合作的小镇；既符合乡村振兴发展战略的要求，也能更好地推进供给侧结构性改革进程。

二、特色小镇形成的机制分析

特色小镇是由地区发展的内生动力与外部动力共同推动发展形成的。内生动力主要由小镇居民挖掘地区特色资源，结合地区文化使小镇形成独特性、可持续发展性的特点。外生动力主要是在党的领导下各级政府做出培育特色小镇建设的规划。内生动力是发展基础，外生动力为内生动力提供政策的支持与保障。特色小镇的形成机制可以从经济视角、资源视角、社会视角三方面进行探讨。

（一）经济视角

特色小镇形成机制的经济视角主要包括特色小镇自身的基础经济条件与小镇内部的产业经济发展。基础经济条件与特色小镇的地理位置、政策导向有紧密的联系。特色小镇如果处在较为发达的省份，且自身地理位置又比较优越，交通便捷、资源丰富，或者有较多的政府政策扶持，其自身的建设就有相对优势。基础经济条件包括小镇的经济密度、年度地区生产总值、商业及工业用地交易价格等。基础经济条件影响着特色小镇的长期发展状况。小镇内部基础经济条件越好，小镇发展越迅速，稳定发展持续的时间越长。而产业经济发展情况与小镇是否有明确定位、产业是否具有比较优势有关。产业具有比较优势，形成的产业集聚就能避免同质化竞争，进而促进经济部门专业化，扩大产业发展规模，使小镇经济有持续的增长力。

（二）资源视角

特色小镇的资源条件受地理位置、创新水平、旅游发展情况等因素影响。从资源视角研究特色小镇的形成机制主要是特色小镇的资源与所处地理环境的空间关系与经济关系。特色小镇的资源禀赋包括自然资源与人文资源。影响因素包括交通便捷程度与经济发展程度，比如特色小镇与市中心、高速公路、车站、高铁站、机场的距离以及产业的技术创新水平是否能吸引高技术型人才等。特色小镇的创新需要有政府的创新型投入，比如需要投入大量的人力、财力等，这就要求小镇需具备一定的经济基础。此外，小镇的自然景观和人文资源是小镇发展旅游业的重要前提，这也要求小镇需具备自然风光及人文名胜古迹资源。

（三）社会视角

从社会视角看特色小镇，其是城市化特定发展阶段逆城市化的产物。一般的城市化规律是先有市场，然后发展工业；随着工业化的发展，第三产业逐渐取代第二产业，最后工业逐渐搬离城市，出现逆城市化现象，这是一种产业发展寻求低成本的现象。逆城市化现象，是指城市人口自然向郊区、小城镇移动，城乡差距减小，其是伴随着经济的发展而出现的。西方发达国家的城市在大规模工业化后便出现城市化。大城市由于资源集中、公共基础设施完善、就业机会多等优势承载了区域内大部分人口。但城市发展受资源环境承载力的限制，不可能无限扩张。人口在向大城市集聚的过程中会出现城市承载力的饱和，郊区化和小城镇化的趋势日益增强。而大城市的"空心化"又会促使城市内部优化、更新。特色小镇在发展过程中迎合逆城市化的趋势，需要缩小城乡差距，需要具备完善的基础设施建设、便捷的交通、持续的经济发展、优美的自然环境等条件，这既要满足原著居民的需求也要满足迁入居民的要求。

第二节　乡村振兴视域下特色小镇高质量发展模式

乡村振兴战略使特色小镇成为城乡重要的连接点，将小镇优美的环境、人文历史风俗以及特色资源等在空间集聚起来，并推动特色产业发展；构建承载产业和人口的特色小镇，同时加速当地产业升级并提供高层次的消费市场①。这既符合国家对特色小镇建设的要求，也能增强特色小镇的内生发展能力。中国产业发展的多样性、历史文化的多样性、资源禀赋的多样性以及地理环境的差异性使特色小镇呈现多元发展模式。

---

① 李国英. 乡村振兴战略视角下现代乡村产业体系构建路径［J］. 当代经济管理, 2019, 41（10）：34－40.

一、产业融合型特色小镇高质量发展模式

以产业融合为特点的特色小镇发展模式是以产业驱动为基础，促进区域现代化的增长模式。它是基于集群理论，以某个主导产业为发展载体，通过特色产业优势聚集生产要素，实现产业集聚与集群，促进区域经济社会发展的过程。产业发展是此类型特色小镇建设的核心内容，通过产业集聚、产业创新和产业升级增加特色小镇的发展动力。产业对于促进区域经济发展至关重要，如美国"硅谷"是科技集聚的典型代表，它成功的根本原因是市场化的运作机制以及自身的创新演变能力。此外，良好的产业生产、基础设施的配套建设也是它稳定发展的保障。士朗根塔尔小镇历史上是亚麻生产中心，作为全球纺织品企业的总部，它凭借优越的劳动力资源在政府的支持下延伸产业链，成为高度专业化和集群化的高端纺织产业小镇。再如我国的西湖云栖小镇是一个云计算产业区，其主要产业是大数据与智能硬件。义乌陆港电商小镇是我国电商产业集群生态商圈，是国内领先的全产业链电商服务综合体。这些小镇的成功经验对乡村产业的选择、经营与转型升级均有很好的借鉴意义。基于乡村振兴的角度，要改善乡村发展不平衡，就需要新的发展动能，通过产业振兴有效解决乡村经济的发展问题。

二、文化再造型特色小镇高质量发展模式

文化再造既有传承、借鉴，也有融合、创新。以文化再造模式作为自身定位的特色小镇的核心与灵魂是文化特色。特色小镇的文化特色是由自然景观、社会景观和人文景观共同构成的。这些景观附带的各种新兴产业和历史经典，是文化沉淀、生产生活方式、民俗风情、建筑风格等多方面的综合体现。许多特色小镇发展青瓷、茶叶、丝绸、中药等具有地域传统文化的特色产业。例如龙泉青瓷小镇的核心是青瓷文化园，它凭借丰富的瓷土资源，依托小镇浓厚的青瓷文化底蕴和依山傍水的秀丽风景，逐步发展成一个世界青瓷技艺传承地。茧丝绸业在湖州已有五千年的悠久历史，是我国"丝绸"的源头和起点。湖州丝绸小镇不仅延续了湖州丝绸五千年历史的辉煌，更重要的是，它主动承担起推动丝绸业复兴及可持续、稳定发展的重任。乡风文明是乡村振兴之魂，乡风文明建设既要传承乡土的优秀传统文化、富有特色的民间习俗、优秀的家风村风等，还要实现乡村文化与城市文化的交流融合，进而让乡村居民享受到经济社会的发展成果，提升居民的生产生活质量，体会到获得感和幸福感。这就要求以文化再造模式作为自身定

位的特色小镇要因地制宜，既要立足乡土，传承历史，发挥传统文化特色和优势；又要使地方文化特色与现代社会相协调。从乡村振兴的角度来看，文化传承与区域产业之间有着密不可分的关系。在特色小镇建设的过程中，营造良好的文化环境，着力于优化体制环境、法治环境和人文环境，以培育壮大历史经典产业为目标的文化特色小镇。

三、生态宜居型特色小镇高质量发展模式

生态宜居的特色小镇是以良好的生态环境和完善的公共服务设施建设为发展前提，与旅游、健康、养老等产业融合的人与自然协调发展的聚居地[①]。绿色发展、可持续发展是以生态宜居作为特色小镇建设的基本要求。建设生态宜居的特色小镇应以环境容量和资源承载力为约束条件，协调人与自然的关系，把社会和环境的可持续发展作为首要考虑因素。生态产业是基于生态承载力和生态环境容量考虑的，科学运用生态技术实现资源高效、循环利用，模拟仿生态过程，实现和谐生态功能的产业[②]。与传统特色小镇单纯强调产业主导作用不同，生态宜居的特色小镇是凭借优越的生态环境吸引高新技术产业以及创新型人才进行集聚并促进生态与产业相结合，达到发展绿色生态产业的目的。生态化城镇是地域环境的综合评价，是社会、经济以及环境效益的最优化。例如，仙居神仙氧吧小镇依托自身的资源优势，以绿色生态为主题，将氧吧小镇建成以山水田园、滩林溪流、古村古镇为基底，包含旅游度假、健康养生、文化创意、宜居宜游等功能的国内知名小镇。氧吧小镇建设将与景区协调发展，实现产业功能叠加，目标是成为国际旅游目的地和旅游产业转型升级的大平台。厦门市同安区汀溪镇凭借丰富的旅游资源，明确自身生态型旅游产业和生态观光农业的定位，将生态作为新的经济增长点，全力打造乡村旅游、生态农业和绿色工业三大产业。根据乡村振兴战略的要求，生态宜居特色小镇建设不仅要关注现在是否能够产生正面效益，也要关注这些正面效应的可持续性。

---

①　王振坡，张安琪，王丽艳. 生态宜居特色小镇：概念、内涵与评价体系［J］. 管理学刊，2019，32（2）：45–53.

②　冯莉，曹霞. 破题生态文明建设，促进经济高质量发展［J］. 江西师范大学学报（哲学社会科学版），2018，51（4）：74–80.

四、社区治理型特色小镇高质量发展模式

城市化的快速发展使农村人口快速涌向城市，不仅给承载力有限的城市带来治理压力，同时也加速了农村的衰落。特色小镇的规划建设极大地改善了农村衰落的情况，既能保障资金与人才回流，也能促进产业的发展与人文精神的提升，并助力基层治理转型升级。城乡治理的困境在于如何公平、正义地实现资源配置。随着农村土地流转政策的实施，城市的吸引力逐渐下降，特色小镇建设面临的一个难题是在不改变土地属性的前提下，推进城乡资源的有效共享，进而实现边缘性城市的治理合流①。特色小镇的创建是一种多元参与、体制开放、协同共享的社区或社会治理模式②。城乡社区是社会治理的基本单位，这种模式有两个发展方向。第一，创建城乡社区。随着发达城市土地资源的紧缺，在城市周边与郊区建设具有社区功能的小城镇逐渐成为城市发展的刚性需求。例如中山市古镇在创建社会治理体系现代化的进程中，注重社区治理机制的创新，并探索出一条自上而下以及自下而上相结合的社区发展模式。自上而下的发展路径，指的是发挥专业团队的作用，以科学理论和技术为指引做好各项工作。自下而上的发展路径，指的是充分发挥群众的力量和智慧，广泛进行社会动员，使他们参与社区治理。第二，打造城乡社区。我国农村布局分散且村落多、面积广，若能将单个的自然村连成一个大村并形成大社区，能够有效地整合区域资源，实现资源共享。例如馆陶县粮画小镇，将一批贫困村作为农村新型社区试点。粮画小镇以产兴镇，将产业、文化、生态高度融合，率先打造特色小镇。在乡村治理方面，馆陶县粮画小镇采用创新的管理方式，打破传统行政区划限制，形成"一镇多社区"的发展模式，构建各具特色、相互支撑、协调发展的"一镇多社区（村）"式"小镇群"，最终实现城乡融合发展。"治理有效"是乡村振兴的基础。实现乡村"治理有效"，不仅是国家有效治理的基石，也是我国社会建设的基石。实施乡村振兴战略，必须坚持自治、德治与法治相结合，确保广大居民安居乐业、农村社会安定有序。

---

① 姚尚建. 城乡一体中的治理合流——基于"特色小镇"的政策议题 [J]. 社会科学研究，2017（1）：45 – 50.

② 周晓虹. 产业转型与文化再造：特色小镇的创建路径 [J]. 南京社会科学，2017（4）：12 – 19.

第三节 特色小镇高质量建设与"产业兴旺"的融合路径

特色小镇是乡村振兴战略大背景下完善城乡布局的新构思，也是推进农村产业融合发展的新平台。《关于加快美丽特色小（城）镇建设的指导意见》指出，产业是小城镇发展的生命力，特色是产业发展的竞争力。促进产业跨界融合发展，就要在差异定位和领域细分中构建小城镇大产业，增加就业机会，集聚人口，实现特色产业立镇、强镇、富镇。"产业兴旺"是乡村振兴战略实施的重中之重，也是实现农村繁荣、农业发展以及农民增收的基础和保障。产业兴旺是党的基本路线的内在要求，将产业兴旺放在首位体现了以经济建设为中心的发展原则，更好地落实党的基本路线。

乡村振兴战略是城乡关系的重大战略性转折，是从依赖外生增长到建立可持续的乡村内生增长模式的巨大转变[①]。特色小镇以特色产业与产业文化为核心，是多种经济元素聚合的新形态，其作为地域文化、特色产业和优美环境的综合体，是一种全产业链融合发展、各种创新要素集聚的经济转型平台[②]。因此，在特色小镇形成和发展的过程中，"产业兴旺"有着不可替代的定位与举足轻重的作用。

一、特色小镇通过产业和人才集聚增强特色产业核心竞争力

特色小镇是介于城市和农村之间脱颖而出的一个新的空间载体，它是在具有一定的发展潜力和比较优势的小城镇基础上发展的。特色小镇作为城市和农村的缓冲区域，通过充分发挥辐射效应，集聚产业和资源并逐步形成优势区位，进而有效推进新型城镇化建设和城乡一体化进程。城市依赖于地理位置以及资源优势，通过早期发展的积累并形成核心功能区，各方面的发展均具有优势。但与此同时，由于各方面均处于较高的水平，各方面边际增长效应较低，发展出现"瓶颈"难以继续发展。随着农村剩余劳动力不断地有序向城镇转移，公共资源和城市的承载力面临着考验。相对而言，农村存在地理位置相对偏僻，离城市较远，

---

① 李国英. 乡村振兴战略视角下现代乡村产业体系构建路径 [J]. 当代经济管理, 2019, 41（10）: 34 – 40.

② 张吉福. 特色小镇建设路径与模式——以山西省大同市为例 [J]. 中国农业资源与区划, 2017, 38（1）: 145 – 151.

资源较少，生产力较为落后，产业发展能力欠缺以及公共设施不完善等多方面问题。要解决发展不平衡与不充分的问题并提高农民的收入水平与生活水平，就必须促进城乡融合发展。特色小镇在这种客观背景下应运而生，其既能满足农村居民美好生活的愿望，也能减轻城市的承载负担。

特色小镇是城乡融合发展的产物，特色小镇能为产业集聚提供一个空间载体，产业集聚能够促进特色小镇的现代化发展，从而吸收更多的资源，使产业集聚达到更高的水平。特色小镇基于自身的资源条件能给产业集聚提供充足的要素，为产业集聚提供越来越便利的基础设施，为产业的空间集聚提供良好的外部条件。特色小镇现代化过程意味着基础设施的完善，通过加强交通网络、通信设备等基础设施建设，促进资源、人口、企业向特色小镇集聚，增强小镇的凝聚力和承载力。

特色小镇在专业化区位与特色之间优势互补，是城市高端专业化要素扩散并重新集聚而成的高产空间①。特色小镇的优势是发展自身的特色，即生产专业化，就是特色产业的聚焦。特色小镇的发展动力是其特色产业，是决定特色小镇发展方向与构建发展模式的重要因素。产业的独特性是特色小镇发展的灵魂，小镇要借助区位优势和资源优势为产业的发展创造要素集聚的条件，吸引各种高端要素，尤其是高技术产业的信息、知识和人才。特色小镇产业定位核心竞争力包括两个方面：一是产业定位是否明确；二是产业创新能力②。特色小镇发展是否以主导产业为核心，明确具体的发展方向并进行合理的产业规划，充分利用小镇自身区位与资源优势，是衡量特色小镇优势产业竞争力的主要因素。在大数据背景下，特色小镇需要在发展建设过程中融合新的理念与科学技能，借助"互联网＋"、物联网等先进技术进行创新，构建新的产业发展空间载体，实现特色产业集聚，并进一步促进产业协同发展。因此，特色小镇是融合多种功能的一种新型空间载体，具有较强的产业聚集功能。

特色小镇除了是产业集聚的新型空间载体，也同样具有人才会聚的功能以及优势。特色小镇的建设以其特色产业的发展为核心基础，在发展特色产业的同时对人才需求也随之增加。随着特色小镇发展逐渐发展为新的经济增长极，对当地经济的发展起到明显的推动作用，同时本地区的公共服务水平也得到相应提升，

---

① 白小虎，陈海盛，王松. 特色小镇与生产力空间布局［J］. 中共浙江省委党校学报，2016，32（5）：21－27.

② 张亚明，杜翠翠，何旭. 特色小镇 IFIC 核心竞争力提升路径研究——基于河北实践的思考［J］. 商业经济研究，2019（1）：156－159.

使得特色小镇更加宜居、宜业①。而随着城市的不断发展，空间承载力逐渐下降，越来越多的高技术人才更愿意生活在具有优质的生活环境和居住条件的地方。特色小镇这一平台，不仅满足了高技术人才对生活条件的追求，也能使他们更好地发挥自身的才能与价值。特色小镇的发展吸引产业集聚的同时也能吸引人才集聚，是产业与人才集聚的新空间载体。

二、特色小镇以发展特色产业带动农村经济振兴

特色小镇在城市与农村融合发展中的角色定位，使特色小镇明确自身是吸引、集聚高端要素的空间载体，同时也意味着特色小镇是要成为带动城乡发展的主体。许多小镇曾经是发展较为落后的农村，后经挖掘出区域内部的优势产业以及凭借环境资源优势成为一个特色发展平台。从产业兴旺的角度来看，特色小镇的发展主要聚焦这两个方面：一是寻找带动乡村发展的动力源，二是将农业打造为更加具有效率的产业。从经济角度来看，特色小镇的辐射作用必然能促进农村周边地区经济的发展，成为农村经济增长的"助推器"。同时，特色小镇位于农村，发展主题必然是以农业为主，通过特色小镇吸引资金人才，解决传统农业效率低下的问题，改变农业产业竞争力并使其成为农村发展的内生动力。

位于农村的特色小镇也并不全是以农业为发展核心，农业是其他产业的基础，但对特色小镇能起到发展带动作用的是小镇的特色产业。特色产业的蓬勃发展能促进农村经济振兴。特色产业发展需要三个战略步骤。第一，产业选择以市场需求为导向，以技术创新为驱动，保持产业的独特优势并促进产业形成规模。培育新兴产业是特色小镇发展具有持久活力的突破点，在发展继承传统产业的同时优化升级，结合"互联网＋"及物联网等新技术拓宽研发渠道、创新营销策略并延长产业链。第二，好的产业规划是特色小镇长久发展的基础条件。做好产业的空间分布以及产业发展的阶段规划，为特色产业发展奠定充足的前期准备。第三，发展并壮大以主导产业为核心的产业群，充分利用政府税收、土地、财政等方面的优惠政策，积极推动特色产业发展，明确小镇建设的方向以及核心功能，提升其核心竞争力。

另外，特色小镇对人才与资源的吸引也是农村经济振兴的有利条件。特色小镇作为连接城乡发展的新增长点，将显著地辐射并带动小镇附近的农村经济发

---

① 刘国斌，高英杰，王福林. 中国特色小镇发展现状及未来发展路径研究［J］. 哈尔滨商业大学学报（社会科学版），2017（6）：98－107.

展，其所构建和发展的产业链也将创建新的经济发展与就业机会，甚至能开拓农村的市场需求空间，吸引许多进城务工的农民返乡进行就业创业，为农村经济发展与特色小镇的建设注入新的活力。特色小镇吸收城市和乡村两个方面的资源，它的建设极大程度地促进"三农"的发展。建设特色小镇离不开资源优势和环境禀赋，在市场经济效益的带动下充分利用城镇资源，实现土地空间和资源的有效利用；通过自身优势集聚相关产业和技术型人才，建立品牌效应并以促进特色产业的发展进而促进农村经济增长。

三、特色小镇通过推动产业融合为知乡爱乡返乡人士提供创业平台

特色小镇的发展会促使农村多元产业的融合，为知乡爱乡返乡人士提供创业平台。农村产业多元发展是实现产业兴旺的必经之路。实现产业多元发展要发挥特色产业优势，充分利用特色文化创造品牌效应并构建产业融合机制，引领产业多元融合，在稳固特色产业发展的基础上积极探索特色产业与其他产业融合的多元方式，利用特色产业的辐射作用积极提高当地产业的核心竞争力以及产品的质量。发展特色小镇的优势产业并不是单一聚焦某一类型的产业，产业融合是特色小镇持久发展的保障。特色小镇会促使农业转型升级，深化发展过程中新的技术与发展概念，与物联网、"互联网＋"以及大数据等新信息技术灵活融合，降低农业生产成本，提高农业生产效率，与农业生产性服务业相结合，推进农村电子商务的普及和发展，增加农产品配送与外部生产要素向农村集聚的途径；从单纯的生产与销售环节向产业链两端延伸，从单一的农产品种植向产业链上游的农产品良种研发培育、产业链下游的中间产品与副产品加工、营销与品牌树立拓展，实现三产紧密融合，推广并定制农产品的服务，开发农业新的发展点，提高农产品的附加值，进而增加农民的收入，逐步形成品牌效应，扩大市场份额并增强核心竞争力。

特色小镇的发展需要农业拓展出多种功能，其不再仅仅局限在农产品的销售与定制，而是着力于促进农业与其他产业的协调发展。例如，形成生态农业旅游，通过生态农业旅游释放农业的社会效益。农业可以与文化或教育产业相结合，助力农业文化的普及与传承；农业也可以与养老产业相结合，发展银色产业或现代休闲产业等。小镇内产业生态链构建以及产业融合既可以充分整合小镇内部各行业的要素与资源，降低各行各业的生产成本，实现小镇产业发展的整体效益最大化；同时也可以构建稳定的产业集群形成产业联合效应，充分吸附小镇外的新投资与新资源，有利于各类企业在特色小镇内聚集，以实现特色小镇经济发

展的良性循环①。产业链的延伸以及产业的融合所创造的市场空间为知乡爱乡返乡人士提供创业思路与平台。

城市的发展吸引大量农民进城务工，许多农村人才选择在城市发展，农村的劳动力大量流失。特色小镇建设将吸引进城务工的农民回乡创业。特色小镇的优势产业在产业链补充与延伸的过程中会衍生出一系列新的商机和创业机会，知乡爱乡返乡人士能充分利用自己城市务工积累的技能和经验，回乡进行特色产业的创新发展，有效推动特色小镇的建设。

四、特色小镇通过转变生产方式推动产业转型升级

产业培育是小城镇的立镇之本。我国大部分小城镇多是处于产业链末端，成本高而效率低，且发展造成严重的环境污染。② 而特色小镇建设使其发展必须转换资源要素配置的方式，发展特色产业的同时也要构建高端的产业体系，推动经济增长方式从粗放型向集约型转变。特色小镇作为具有良好自然环境和良好特色产业的空间载体，具有产业集聚和产业升级的内生动力，为小镇人口及知乡爱乡返乡人士提供了大量的就业机会，从而吸引人口集聚。

特色小镇的发展是城乡转型的根本动力，特色小镇具备良好的资源条件和独特的区位优势。通过特色产业的辐射作用，打造产业定位明确、文化内涵丰富的空间平台，摒弃以往经济发展、城镇化建设的固定模式化，通过区域空间差异来打造经济发展的平台，是实现经济发展与区域空间均衡化和体系化的有效途径。特色小镇建设要求在保护自然环境、人文景观的基础上，充分利用环境保护和生态资源发展绿色生态特色小镇，这既是小镇可持续发展的内在要求，也是实现小镇产业转型升级的必然结果。特色小镇基于良好的区位优势和环境优势，具有乡村生态旅游、文化旅游的资源优势。这使得特色小镇在发展中不仅能完善基础设施建设，同时能创造干净、卫生的环境。特色小镇可以充分发挥旅游作用带动旅游业发展从而增加居民的收入，小镇居民也会自发保护环境，提高保护生态资源的积极性。特色小镇绿色生态产业的发展能对向往乡村恬适生活的旅客产生吸引力，旅客对农产品的消费能力可以促进小镇居民生产方式的转变，从而推动产业升级，促进绿色农业发展。

---

① 邓想，曾绍伦，焦露等．特色小镇产业生态链构建研究——以贵安新区 VR 小镇为例［J］．现代城市研究，2019（5）：30－36.

② 张蔚文，卓何佳，麻玉琦．特色小镇融入城市群发展的路径探讨［J］．浙江大学学报（人文社会科学版），2018，48（5）：177－187.

第四节　特色小镇高质量建设与"生态宜居"的融合路径

建设生态宜居新农村是乡村振兴的重要内容。2016 年，《国家发展和改革委员会关于加快美丽特色小（城）镇建设的指导意见》指出要牢固树立和贯彻落实"创新、协调、绿色、开放、共享"的发展理念，优化城镇生态环境，建设美丽特色新型小（城）镇，有机对接美丽乡村建设，促进城乡发展一体化。保护城镇特色景观资源，加强环境综合整治，构建生态网络是实现人民群众对优美宜居的城镇生活期待的重要途径。推动生态保护与旅游发展互促共融、新型城镇化与旅游业有机结合，打造宜居宜业宜游的优美环境，转变发展观念、发展方式、发展模式，将小镇的发展建立在绿色低碳环保、可持续发展的基础之上，优先发展绿色生态新农业、新产业，培育新的产业形态，建设环境整洁、生态良好的绿色宜居的特色小镇。

新时代特色小镇建设不同于传统粗放型、高污染型发展模式，其融入绿色发展理念，充分彰显绿色生态的资源禀赋与后发优势[1]。特色小镇的概念孕育生态环保内涵，高质量、内涵式的发展理念将成为治疗"大城市病"、改善农村环境质量、推进产业结构的优化升级、统筹城乡生态要素流动的有效保障。良好的自然环境是特色小镇人居环境的基础，是特色小镇存在与发展的基本保障。建设特色小镇是推进新型城镇化建设的重要举措，也是加强生态文明建设的有效探索。

一、特色小镇可缓解"大城市病"，促进生态宜居

生态城市广义的核心概念是人与自然的关系，它是以生态学原理为基础，协调社会、经济、自然发展的一种新型社会关系。有效利用环境资源实现可持续发展，也是一种新的生产和生活方式。狭义上的生态城市是城市设计应遵循生态学原则，营造高效、和谐、健康、可持续的人居环境[2]。生态城市这一概念充分融合技术和自然，利用科学技术来协调城市与生物之间的关系，合理、高效地利用自然资源，形成一个良好的生态循环系统。生态城市与传统城市的区别是"生

---

① 李清文，陆小成，资武成. 新时代特色小镇建设的绿色金融模式研究 ［J］. 生态经济，2018，34（10）：114 – 118.

② 石梦娇. 基于生态宜居导向下的九台城市设计研究 ［D］. 长春：长春工程学院，2019：4.

态"，它是一个全新的蕴含社会、经济、环境的综合概念。生态城市是城市与自然的交融，主要包括环境污染防治、生态保护与建设、生态产业、生态文化等方面。生态城市的建设是国家可持续发展的一个重要组成部分，生态城市建设可以改善居民的生活质量，提高城市居民的生活水平，满足人民对美好生活的需求。生态宜居城市相比生态城市新增了"宜居"的要求，从人的角度来看，强调人居环境的舒适性和便捷性。生态宜居一方面指着重生态宜居建设，重点改善生态环境，提升环境承载力；另一方面指生态宜居环境对人的影响，良好的环境能够在潜移默化中影响居住的人群，提升人们的精神境界。生态宜居城市可以理解为，在科学发展观的指导下，以城市的全面和可持续发展为宗旨，在生态系统承载能力范围内运用生态经济学原理和系统工程的方法建立的人性化、个性化、宜居的城市。生态宜居城市的发展目标是建设经济发达、生态高效的城市产业和自然与社会相和谐、物质文明与精神文明协调发展的城市文化以及生态健康、景观适宜的居住环境[①]。

　　生态宜居城市是生态城市和宜居城市的结合体，其中生态是基础，宜居是目标。生态宜居城市建设的重点是宜居，但生态不可或缺，因为城市不是一个孤立的系统，没有良好的生态作为基础，城市的宜居水平将难以为继[②]。生态宜居城市能充分、高效地利用资源、技术和信息，实现自然、社会与经济协调且持续发展的目标。生态宜居的特点是在改变传统城市的生产和消费方式、生产模式以及城市的管理模式的基础上，以宜居和保护环境为前提，充分发掘城市内部可利用的环境资源，建设绿色、高效的城市产业，构建自然环境与社会和谐发展、物质与精神文明相协调的居住环境，实现市场经济条件下经济增长与环境保护以及自然环境与人类需求和谐发展的目标。

　　城镇化和工业化促进我国经济的发展，同时"大城市病"的环境问题也日渐突出。"大城市病"体现在人口数量陡增、自然资源枯竭与交通拥挤等问题。城市人口剧增逐渐超过城市的环境可承载力。由于城市环境整治成本过高，大城市陷入环境污染的恶性循环。生态宜居的特色小镇的建设理念吸引了大批的城市人口流入小镇，一定程度上缓解了城市的人口压力与环境恶化等问题，缓解了城市环境承载力超负荷问题。另外，城市居民收入增加对居住环境提出更高的要求，特色小镇的绿色生态理念也能满足城市居民的宜居需求。

---

　　① 刘语潇. 建设生态宜居城市的思考 [J]. 宏观经济管理，2010（6）：51 - 52.
　　② 郑春东，马珂，苏敬瑞. 基于居民满意度的生态宜居城市评价 [J]. 统计与决策，2014（5）：64 - 66.

二、特色小镇以改善农村环境促进生态宜居

生态宜居的任务是创造良好的生产和居住环境，提升居民的生活质量，增加居民的幸福感。生态宜居具以下特点：第一，优美的自然环境。乡村的自然景观是乡村环境的重要组成部分，人们对乡村环境的印象在很大程度上取决于自然景观的保护程度。保护自然景观、创造良好的自然环境，是乡村生态宜居建设的重要内容。生态是否适宜，居住的环境是否良好，均能从居民对生态环境质量的满意与否层面表现出来。第二，完善的基础设施。基础设施是乡村生态宜居的保障。无论是垃圾污水的清理情况，还是公共基础设施的建设情况，均是判断生态是否宜居的重要依据。如城市交通状况能反映自然环境与社会的和谐发展程度。生态宜居城市的理想交通状况是在能满足居民出行需求的基础上，能合理利用土地资源，且能有效减少尾气排放，并减少对环境污染。第三，整洁的村容村貌。村容村貌的整洁能为居民创造舒适的生产生活环境，有助于改善居民的精神面貌，提高居民的生活质量。

农村环境污染涉及水源、耕地、田野、山坡等方方面面，这些污染导致农村环境恶化、经济发展缓慢。特色小镇的建设重心是发展特色产业，以大大缓解农村人口的就业问题，同时也吸引许多城市劳动力进入小镇就业。特色小镇地理位置与农村相近，这让更多住房有困难的城市居民有机会迁移至小镇，通过人口要素的流动改善农村与城市的环境质量。

三、特色小镇构建绿色生产系统促进生态宜居

生态宜居的特色小镇是以优良的生态环境和完善的公共服务设施供给为前提，集聚产业发展要素，创新产业发展，使其与第二、三产业融合发展、创新创业的发展平台、人与自然和谐共存的聚居地。生态宜居特色小镇作为生产空间集约高效、生活空间宜居适度、生态空间山清水秀的创新空间载体，其最终目标是实现经济效益、社会效益和环境效益的协调统一①。生态宜居特色小镇与传统特色小镇建设不同，它更着重生态、人才和职能的协调发展。

生态与产业结合形成新兴产业是小镇经济提质增效的动力来源。生态宜居特

---

① 王振坡，张安琪，王丽艳. 生态宜居特色小镇：概念、内涵与评价体系 [J]. 管理学刊，2019，32（2）：45-53.

色小镇与传统特色小镇不同，生态宜居特色小镇旨在凭借优良的生态环境吸引高技术产业与人才集聚，推进生态与其他产业相结合。生态产业就是基于生态承载力和生态环境容量，科学运用生态技术实现资源高效、循环利用，模拟仿生态过程并实现和谐生态功能的产业。生态宜居特色小镇应着力建设便捷的交通网络，打造绿色的生态环境，构建生态宜居的镇域生产系统。特色城镇建设的关键是特色产业的特别优势，特色产业不仅产品质量要高，而且要形成品牌效应，增强特色产业的辐射能力。在我国工业化进程中，高污染、高消耗的产业不仅导致产品质量低，也造成严重的环境污染问题。在供给侧改革的背景下，需要落实去产能、去库存、去杠杆、降成本、补短板五大任务。目前产能过剩已成为制约我国经济转型的一大障碍，体现在中低端产品过剩、高端产品供给不足。特色小镇的产业发展就是从供给端出发，调整产业供给结构，真正实现由外需拉动的经济增长变为内需驱动的经济增长。高附加值、绿色低碳的产业是特色小镇产业发展的主导方向，这会进一步推动我国产业转型，提高经济增长的质量。

四、特色小镇通过统筹城乡生态要素促进生态宜居

党的十九大明确强调，高质量发展不仅仅要求发展观念转变，更重要的是转变发展方式，调整经济结构，树立生态经济理念，注重经济与社会、生态的协同发展，实现循环经济、绿色经济和生态经济①。党的二十大进一步强调推动经济社会发展绿色化、低碳化是实现高质量发展的关键。特色产业是特色小镇发展的动力支撑，宜居生态是特色小镇的发展优势，使人们过上高品质的生活是小镇可持续发展的目的。

特色小镇建设是统筹城乡发展，改善城乡二元结构的有效探索。生态宜居特色小镇的发展基础是生态环境。小镇的开发应考虑环境容量和资源承载力，将经济、社会和环境的可持续发展作为首要任务，处理好人与自然的关系，提升小镇的环境质量。人们过去多是注重经济和生产领域的资本创造及再生产价值，而建设生态宜居特色小镇则更需要注重生态环境的再生产效益，形成绿色可持续的发展力。

城乡经济发展水平存在较大的差距，城市生态基础设施相对完善，而农村的基础设施则相对落后。特色小镇作为连接城市和农村的桥梁，能有效统筹城乡之

---

① 冯莉，曹霞. 破题生态文明建设，促进经济高质量发展［J］. 江西师范大学学报（哲学社会科学版），2018，51（4）：74-80.

间的资源要素流动，有效地提高农村的生态建设水平。另外，人才、信息技术和资本等要素也能通过建设特色小镇实现在城乡之间流动。除此之外特色小镇建设将促进城乡公共服务均等化、缓解城乡发展差距导致的资源分配不均等问题，提升可持续发展能力。

第五节 特色小镇高质量建设与"乡风文明"的融合路径

乡风是一个自然的、历史的演进过程，它是因自然条件和社会文化的差异而形成的行为模式或规范，是人们的思想观念、传统风俗、行为习惯的总和。乡风文明反映人们的现代化要求，是特定的物质文明、精神文明和政治文明相互作用的产物。

党的十六届五中全会首次将"乡风"和"文明"作为一个整体概念予以提出。国家"十一五"规划将乡风文明建设纳入国家战略层面，提出打造生活宽裕、乡村文明、建设发展的新农村的发展战略。"十二五"规划强调，要营造良好的社会文化环境，推进农村乡风文明建设。"十三五"规划指出，要深化群众精神文明创建活动，培育良好家风、乡风、校风、行风，营造现代文明风尚。实施乡村振兴是党的十九大的重大决策部署，是决胜全面建成小康社会、建设社会主义现代化国家的重大任务，更是党的二十大的光荣使命与蓝图。以生态宜居、生活富裕、产业兴旺等目标来统筹推进农村经济建设、政治建设、文化建设、社会建设、生态文明建设。其中，乡风文明贯穿于乡村振兴的始终，是实施乡村振兴战略的灵魂。《中共中央、国务院关于实施乡村振兴战略的意见》指出，要注重乡村文明的建设，认为其是乡村振兴的根本保障，并且坚持物质文明与精神文明两手抓，改变农民的精神风貌与乡风、家风、民风，提高文明程度。国家《乡村振兴战略规划（2018—2022 年）》提出，要以社会主义核心价值观为引领，要对乡村独有的优秀传统文化进行传承与发展，培养精神文明、物质文明的乡村。《关于加强和改进乡村治理的指导意见》提出要淳朴民风，开展好家风建设活动，传承优良家训，开展乡风文明培育行动。中共中央印发的《中国共产党农村工作条例》提出要坚决贯彻党的领导，引领乡村精神文明建设，践行社会主义核心价值观；注重乡镇的思想道德建设，传统文化非但不可摒弃还要传承以及弘扬；提高人们的政治觉悟，普及法律教育；提高人们的精神文化程度，丰富文化生活，提高乡村社会文明程度。

新农村建设和乡村振兴均强调乡风文明的发展目标，农村精神文明建设是乡风文明的本质要求。新农村建设时期，乡风文明的内涵侧重"文化供给"层面，它强调农村公共文化及基础设施的供给和传统美德的继承和发展。实施乡村振兴阶段，在崇尚现代价值观念及市场经济逻辑下，传统农耕文化的破坏和日渐式微的背景下，乡风文明强调乡村公共文化供给和思想道德建设的同时，更加重视对优秀传统农耕文化的保护和创造性转化、创新性发展，更加重视人的现代化发展和文明素质的提高，更加重视良好家风的形成以及陈规陋习、腐朽文化的摒弃，着力点在文化保护和时代发展层面①。乡风文明是乡村振兴的灵魂，为产业发展、生态建设、乡村治理提供精神动力和智力支持。

一、特色小镇的文化特色促进精神文明融合与创新

乡风文明是乡村振兴战略的灵魂，乡风文明是乡村社会风气的进步，是乡风摒弃消极成分后的精华，是乡村优秀文化的重要组成部分②。乡村振兴离不开乡风文明的具体建设，乡风文明既是乡村振兴的重要内容，也是乡村振兴的重要推动力量。乡风文明的实质是农村的精神文明。农民主体在传承乡风文明的过程中，能够提升思想觉悟、改进生活习俗、提高道德水准和增长文化知识，从而形成良好的社会风气，进一步为乡村振兴提供强大的精神动力③。现代城市化进程的加快一定程度上侵蚀着传统文化的根基和地域文化的传承，而乡村振兴不仅仅是经济的兴旺，更是文化的振兴。文化是一个国家和民族的灵魂，文化兴则国兴、文化强则国强，推动社会主义精神文明和物质文明协调发展是拓展和走好适合中国国情发展道路的必然要求。

乡风文明反映的既是国家现代化过程中同乡村的产业兴旺、生态宜居、治理有效、生活富裕一样的五项标准之一，也是农民提高素质、增强幸福感的需要。同时，乡风文明既是乡村振兴的重要内容，也是乡村振兴的重要推动力量。首先，农民是乡村振兴的主体，乡村振兴可以提高农民的素质，增加乡村的物质财富。良好的乡风能改变农民落后的思想，帮助他们摒弃陈规陋习，提高科学文化技能，树立发展的信心。其次，乡风文明是完善农村基层民主建设的基础。促进乡风文明，增加农民对公共事务的了解和参与的积极性。最后，乡风文明有利于满足农民对美好生活的需求。乡风文明有利于形成良好的社会风气，构建和谐安

---

① 李长学．"乡村振兴"的本质内涵与逻辑成因［J］．社会科学家，2018（5）：36－41.
② 徐学庆．乡村振兴战略背景下乡风文明建设的意义及其路径［J］．中州学刊，2018（9）：71－76.
③ 陈信凌，范懿．新媒体精准传播下的乡风文明建设研究［J］．江西社会科学，2019，39（11）：216－221.

定、协调有序的社会环境。促进乡风文明既能满足农民的精神需求，也能提高农民的综合素质，进而促进乡村的全面发展。

特色小镇作为连接乡村与城市的桥梁，不仅有特色产业作为经济发展的基础，更有文化元素凸显小镇的内涵，是中国农村改革"小城镇"建设的延续和新形式，是"城乡一体化"的重要节点，更是乡村振兴、农村城镇化和农民市民化的重要载体和平台①。乡村文化是乡风文明的重要源头。包含物质、制度、精神文明在内的乡风文明的乡村文化，包括生产方式、制度规范、风俗习惯、思想观念等。任何文化的延续均必须依托一定的载体。在社会分工与经济发展的过程中衍生出特色小镇，具有一定的文化交融性，因此特色小镇是物质文明、精神文明融合后的产物②。特色小镇是延续传统文化脉络、促进文化创新发展的重要平台。中华民族的优秀传统文化与特色小镇建设互相促进，既有利于继承与创新优秀传统文化，又有利于特色小镇凸显文化特色。

二、特色小镇蕴含的时代精神通过文化再造形成文化凝聚力

特色小镇的文化凝聚力是乡风文明建设的重要基础。乡风文明建设是繁荣乡村文化的保障，能够缩小城乡文化差距，进一步增强乡村居民文化消费潜力③。特色小镇既不属于市区，又不属于农村，需要增强共同的文化凝聚力④。特色小镇建设需要居民的共同参与，这就需要一种引起人们产生共鸣的理念作为精神纽带并激发居民参与小镇的建设，意味着特色小镇需要形成一种以生产和生活为切入点、以历史文化底蕴和时代精神为深沉动力，将小镇发展目标与成员个人生活和创业创新诉求有机结合的发展理念，从而推动特色小镇的创新发展④，增强特色小镇文化凝聚力。通过不断增强特色小镇的凝聚力形成齐心协力的共同体，必将集聚小镇内外资源，促进特色小镇各项事业的发展，为特色小镇经济的发展和居民的致富创建良好的文化氛围与和谐的社会环境，为乡村振兴战略奠定坚实的文化根基。

---

① 王景新，支晓娟. 中国乡村振兴及其地域空间重构——特色小镇与美丽乡村同建振兴乡村的案例、经验及未来 [J]. 南京农业大学学报（社会科学版），2018，18（2）：17 – 26，157 – 158.

② 席丽莎，刘建朝，王明浩."文化源" + "产业丛"——新时代特色小镇发育的动力及其机制 [J]. 城市发展研究，2018，25（10）：151 – 155.

③ 刘盛. 乡风文明与乡村振兴：重要意义、现实难点与关键举措 [J]. 农林经济管理学报，2018，17（5）：629 – 634.

④ 陈立旭. 论特色小镇建设的文化支撑 [J]. 中共浙江省委党校学报，2016，32（5）：14 – 20.

三、传承特色小镇文化遗产是乡风文明建设的重要途径

保护和传承特色小镇的历史文化遗产是乡风文明建设的重要途径。推动乡风文明建设重点是保护好特色小镇的历史物质载体，保留和传承本地实际发展具有历史文化记忆和地域民俗特色的文化遗迹与建筑。优秀的历史文化遗产是特色小镇的财富，这是特色小镇发展的重要推动力，也是潜在动能。历史文化遗产只有通过活态传承，才能够更好地传承与发展①。活态传承让特色小镇的历史文化遗产在市场经济条件下得到继承和发展，在继承和发展中获得的经济效益能够调动居民的积极性，并吸引更多的居民参与文化遗产项目的学习与传承。在特色小镇建设的过程中，要适度挖掘、开发历史文化遗产，使之成为吸引外界投资者、开发者的源泉，同时也要保护历史文化遗产，使其作为激活小镇经济活力的新动能。在继承与利用历史文化遗产时，既要继承优良的文化传统，又要结合当前时代的优势，并深刻理解它的文化内涵，使历史文化遗产在不同的特色小镇具有内含各自竞争优势的内源性要素，对于小镇的乡风文明和可持续发展均具有重要意义。

第六节　特色小镇高质量建设与"治理有效"的融合路径

社会治理的核心是保障群众权利。针对国家治理中的社会问题，发挥政府、社会和公民的作用，保障和改善民生，健全社会福利体系，化解社会矛盾，实现社会公平，促进社会和谐发展。社会治理是国家治理不可或缺的部分。党的十八大提出要加强和创新社会管理，推动社会主义和谐社会建设。2013年，党的十八届三中全会通过的《中共中央关于全面深化改革若干重大问题的决定》首次提出创新社会治理体制。"十三五"规划提出推进社会治理精细化，构建全民共建共享的社会治理格局。实施乡村振兴战略需要良好的治理环境，治理有效是乡村振兴的基础，实现乡村治理有效是国家有效治理与社会建设的基石。党的二十大提出基本实现国家治理体系和治理能力现代化的使命和任务。社会治理是我国城市管理体制改革的必然趋势，"非镇非区"式的特色小镇作为新型城镇化建设的

---

① 李宇军，张继焦. 历史文化遗产与特色小镇的内源型发展——以新古典"结构—功能论"为分析框架［J］. 中南民族大学学报（人文社会科学版），2019，39（6）：44－49.

途径之一，政策设计的创新、较小的空间规模等特点使特色小镇可以作为改革社会治理体制的试点对象。因此，特色小镇可以通过多元主体协同和复合手段，培育特色产业、整合高端要素，缩小城乡差距，促进城乡融合。

一、特色小镇通过创新社会治理体制促进社会和谐有序发展

政府在特色小镇的建设中要承担重要的责任。建设特色小镇，需要协调政府、市场、社会和公民的关系。政府若以自身利益为主，则会违背社会治理的原则，同时边缘化其他三个角色。西方的小镇建设治理模式是政府仅承担有限的责任，负责财务预算、制订计划、协调统筹、提供技术和理念的支持并协调多方意见，而公民和市场及社会组织才是特色小镇建设的主要参与方。在相关治理理论体系进入中国后，我国也开始进入精准治理时代。在我国特色小镇的治理模式中，政府、市场主体、社区主体等共同组成小镇的多元治理主体，政府的角色是引导和服务其他主体；市场应该发挥主导作用，做好特色小镇的投资与建设工作；社区则应该在小镇发展的同时保障居民的需求①。首先，需要小镇居民自治，进行自我管理和自我服务，以自治为核心，有序参与小镇建设发展的事务。其次，小镇的法治型社会治理模式与政策体系营造公平的社会环境。最后，小镇的创新治理机制能有效提升群众的文化水平。这一治理模式体现了特色小镇建设以人为本的社会价值目标，有助于提高小镇居民的获得感，让更多居民在享受经济发展成果的同时也享受到精神文化发展成果②。特色小镇是协调政府与市场关系的改革实践，政府应该发挥好引导作用，发挥市场在特色小镇建设中的主体作用，完善政务服务，简化行政程序并建立健全市场准入机制，减少行政手段对市场的干预，为市场的有序运转保驾护航③。

二、特色小镇通过健全居民自治体制促进基层治理升级

随着城镇化进程的加快，城镇化建设也出现了许多治理问题。人们不再满足于落后的乡村生活，小农收入也无法支撑家庭的收支压力，农村人口迅速流向城市。

---

① 张蔚文，麻玉琦. 社会治理导向下的特色小镇治理机制创新 [J]. 治理研究，2018，34（5）：113 - 119.

② 张跃胜. 生态文明建设与区域经济可持续发展 [J]. 当代经济研究，2016（6）：27 - 34.

③ 成海燕. 特色小镇发展机制探讨——基于中国国情的理论与实践分析 [J]. 学术论坛，2018，41（1）：122 - 127.

城市化快速发展导致农村人口流向城市，这导致农村出现"空心村"，原有的传统乡村文化也逐渐没落，乡村社会治理出现问题，"城市化"的快速发展打破乡土社会原有的平衡，而不断增加的农村人口进一步加大城市治理压力，使农村逐渐衰落①。特色小镇的规划建设极大地改善了城市拥挤、农村"空洞化"问题，增强小城镇的发展能力。加快城镇化进程，既促进资金流转、吸引知乡爱乡返乡人士，又引入现代化的发展理念，这一创新模式有利于中国基层治理转型升级。特色小镇的治理模式有两个途径：第一个途径是创设城乡社区。随着城镇化进程的加快，在城乡接合部或距离城市较近的乡村建设具有社区功能的特色小镇。第二个途径是打造城乡社区。我国分布着许多农村且面积广，这样的格局适合将距离较近的独立村庄打造成大社区，有利于整合区域资源。特色小镇是集人文、产业、生态、社区于一体的集合体，需要建立以多元主体为基础的社会合作管理机制。因此，需把夯实基层治理作为乡村振兴战略的固本之策，加强创新健全小镇居民自治体制机制，注重遵守小镇传统道德规范。

三、特色小镇通过创新乡村治理体系建设现代社会治理格局

城乡融合将乡村的优势资源进行整合、优化，发挥乡村的能动性与积极性。然而在城乡社会发生变迁的同时，社会治理组织体系建设也应得到相应的加强，社会治理体系建设滞后、运行不畅都会影响城乡融合发展的进程与质量②。

党的十九大提出要加强社会治理制度建设，完善党委领导、政府负责、社会协同、公众参与、法治保障的社会治理体制，提高社会治理的社会化、法治化、智能化、专业化水平③。党的二十大进一步阐明扎实推进依法行政，转变政府职能，优化政府职责体系和组织结构，提高行政效率和公信力。政府应适时放权赋权，抓住重点领域与环节，用宏观指导取代微观管理，加快政府角色的转变，建设服务型政府，引导多方共同参与社会治理；扶持引导多元化的社会治理组织，引导社会资源参与城乡社会服务，满足城乡居民的需求。

乡村社会是一个内容丰富且繁杂的系统，特色小镇作为乡村社会发展的一部

---

① 张学军，李丽娜. 特色小镇：当代中国乡村振兴战略的典型实践 [J]. 河北学刊，2018，38（6）：207-211.

② 陈丹，张越. 乡村振兴战略下城乡融合的逻辑、关键与路径 [J]. 宏观经济管理，2019（1）：57-64.

③ 习近平. 决胜全面建成小康社会夺取新时代中国特色社会主义伟大胜利——在中国共产党第十九次全国代表大会上的报告 [J]. 学理论，2017（11）：1-12.

分，从宏观上讲，其功能主要包括乡村治理体系的创新与城乡一体发展的辐射带动①。特色小镇的建设有利于创新乡村治理体系。实行乡村振兴，治理有效是基础，社会治理的基础在基层，薄弱环节在乡村；实施乡村振兴，加强农村基层基础工作，健全乡村治理体系，确保广大农民安居乐业、农村社会安定有序，有利于打造共建共治共享的现代社会治理格局，推进国家治理体系和治理能力现代化②。特色小镇的建设将创新社会治理体系作为重要建设内容，为乡村治理体系的创新提供思路。特色小镇建设贯彻五大新发展理念，在政府的引导下，以创新为驱动，借助"互联网＋"、物联网、大数据等技术拓展特色小镇治理方式，形成特色小镇新兴发展动能。另外，特色小镇以自身的发展前景与政策、资源等优势吸引创业者、高技术人才等共同参与小镇的建设，促进创新思维、高新技术、崭新方式与社会治理的融合与发展。因此，特色小镇能够以产业的智能化、社区服务的智慧化、建设主体的多元化，为特色小镇社会治理体系的创新提供丰富的思路和路径，推动乡村治理体系的持续创新。

第七节　特色小镇高质量建设与"生活富裕"的融合路径

党的十九大指出，特色小镇和特色小城镇建设是深入推进新型城镇化的重要抓手，是推动城乡融合发展和乡村振兴的强大动力。党的二十大强调统筹乡村基础设施和公共服务布局，建设宜居宜业的和美乡村。特色小镇建设可以显著促进社会公平、缩小城乡收入差距，居民收入水平、生活水平大幅度提升。特色小镇可以通过自身的区位优势承接城市产业转移，从而为周边的乡村居民创造更多的就业机会，在增加农民收入渠道和提高农民收入水平的同时，传播城市文明从而开拓农民视野。此外，特色小镇作为新的创新创业平台，政策上对创新创业予以支持，并具有完善的基础设施，可以吸引外出务工人员返乡创业，从而增加农民的收入，提高农民的生活水平③。

一直以来，城市人口密集、经济发达、信息畅通、科技发展迅速，基础设施完善，无论是在发展速度还是发展水平上均高于农村。近年来，随着农业和科技的迅速发展，农村实现了较快的发展；但是农村居民无论是基础设施还是公共服务的享受水平，均远低于城市居民。而特色小镇的建设，可以带动村镇经济发

①　郭庭庭．中国特色小镇问题研究［D］．大连：辽宁师范大学，2019：25－28.

②　《乡村振兴战略规划实施报告（2018－2022年）》［J］．世界农业，2023（3）：2.

③　杨梅，郝华勇．特色小镇引领乡村振兴机理研究［J］．开放导报，2018（2）：72－77.

展，完善村镇基础设施，从而使农村居民的生活水平和质量有所提高。此外，建设特色小镇，给农民提供新的就业平台和提高农民收入水平的同时，使农民学习到新知识、新技术，从而提高农民的素质①。

一、特色小镇借助产业引导促进农民生活富裕

乡村振兴的最终目标是使农民享受到发展成果，最终实现共同富裕。实现乡村振兴，必须首先实现乡村产业振兴。只有实现乡村产业振兴，才能提高农民的收入水平，完善乡村基础设施建设，增强要素集聚能力。而特色小镇建设则是乡村产业振兴的具体实践，发展并创建有区域特色的小镇，促进有条件的乡镇更好更快地发展，通过政府引导的产业优化带动经济发展，对于帮助农村地区居民脱贫致富，最终实现全社会的共同富裕有着现实的意义。

区别于传统的小城镇，特色小镇既不是传统行政区划里的一个单元，也有别于工业产业园区、经济开发区、旅游风景区。特色小镇大部分是处于城区边缘的乡镇或处于城乡接合地区②。特色小镇通过特色产业建设，可以使农村集体经济发展、壮大，为农民提供新的收入渠道，带动区域经济以及社会发展，从而缩小城乡收入差距③。建设特色小镇按照农业产业特色化、园区景区化、农旅一体化等思路，将一个个乡村连在一起并形成链式效应，并依托这个长链条，衍生出各种新业态和新产业，从而带动更多农民致富④。无论是特色小镇主要发展的产业，还是衍生产业，当地农民只要积极参与产业的发展，均能增加收入⑤。

二、特色小镇通过为当地农民创造就业机会开辟增收渠道

特色小镇与其他农村相比，乡村城市化的特点较为突出，无论是基础设施建设还是文化"软环境"建设，均逐渐转向城市化。在特色小镇的建设中，农民不

---

① 罗炳锦. 特色小镇在乡村振兴战略中的积极作用 [J]. 合作经济与科技，2018（21）：23 – 25.

② 朱莹莹. 浙江省特色小镇建设的现状与对策研究——以嘉兴市为例 [J]. 嘉兴学院学报，2016，28（2）：49 – 56.

③ 陈亚红，刘红艳. 福建省发展特色小镇的现状、意义及对策分析 [J]. 内蒙古民族大学学报（社会科学版），2018，44（3）：98 – 102.

④ 唐敏，刘盛. 乡村振兴战略背景下特色小镇建设发展研究 [J]. 湖北理工学院学报（人文社会科学版），2019，36（4）：37 – 42.

⑤ 姜德军. 特色小镇建设助力农牧民增产增收——以新疆克拉玛依市乌尔禾区乌尔禾特色小镇建设为例 [J]. 克拉玛依学刊，2018，8（2）：19 – 23，2.

但获得了更多的就业岗位，而且收入渠道也不再单一。特色小镇不仅拉动地方经济增长，还为创新产业提供更多的发展平台。特色产业的发展，促使市场产品需求增加，促进资金和人才流向乡村，为农民提供新的就业机会。无论是特色小镇的建设阶段还是运营阶段，均需要大量的劳动力，这无疑为农村闲置劳动力的就业提供良好机遇。例如，一些特色农产品的加工、制作和销售环节需要大量的劳动力，特色民宿区域也离不开本地农民对民宿进行日常的运营和保洁。

三、特色小镇推动当地农村和农业发展促进农民增收

特色小镇概念上强调非镇非区，坚持以产业建镇为基础，实现多元、开放、特色、融合、共享和市场化运作。但是，我国的特色小镇大多是由建制镇发展而来的，我国的建制镇有 19000 余个，镇之下还有很多村。因此，可以选择具有特色的建制镇和农村，以特色农业为产业基础，建设农业特色小镇。此外，发挥"高精尖"技术对农村特色产业建设的推动作用，通过先进科技可以为乡村地区的发展注入新活力，使高新技术进入乡村并被应用于当地的特色产业建设中，这些能给当地民众带来可观的收入①。随着特色小镇的兴起，乡村旅游也随之"升温"，越来越多的城市人周末选择到乡村度假旅游②。回归田园的惬意感使人们对采摘农业和观光农业青睐有加，种植户通过种植草莓、蔬菜和瓜果打造采摘园，吸引游客驻足体验采摘和农田摄影的乐趣，农民也能直接享受乡村旅游带来的红利③。

四、特色小镇建设优化公共服务提高农民幸福指数

发展水平低、速度慢的农村，其基础设施建设是远落后于城市的；而特色小镇的建设可以带动村镇经济发展，使农村居民拥有更完善的基础设施，从而提高农村居民的收入，提高农村居民的生活质量，缩小城乡居民收入差距，促进社会公平。特色小镇是城乡融合、实现共同发展的纽带和桥梁，使城乡的发展要素更好地优势互补，成为农村向城镇化过渡的推动载体，促进乡村振兴。特色小镇建设可以促进农村和乡镇"硬环境"的建设，不断完善乡村的基础设施，加强路

① 盛赛赛，朱雨昕，张艺译. PPP 模式下特色小镇建设对城乡收入差距的影响研究——以江苏省特色小镇为例 [J]. 中国集体经济，2019（31）：1-3.

② 王晓兵. 制约农牧民增收的主要原因及相关建议 [J]. 金融经济，2006（24）：144.

③ 姜德军. 特色小镇建设助力农牧民增产增收——以新疆克拉玛依市乌尔禾区乌尔禾特色小镇建设为例 [J]. 克拉玛依学刊，2018，8（2）：19-23，2.

网、水网、电网、互联网、通信网和物流网等基础设施的改造升级，方便居民出行，满足乡村旅游、产品交换和信息沟通的需要①；还可以推动农村的"软环境"建设，建设特色小镇可以促进大规模卫生保健、文化、教育、社会化服务组织以及科技等业务的发展，并在新经济增长点的培育、聚集效应的发挥以及资源优势的集中等方面，着力推动农村地区三大产业的深度融合，从而促进乡村经济的发展以及城乡收入差距的缩小。②

五、特色小镇通过开阔乡村居民视野提高生活质量

特色小镇通常融合产、城、人、文，将产业功能、城市功能、人才集聚功能以及文化旅游功能有机结合。建设特色小镇的过程中，更先进的思想和更高级的技术流入农村，使当地农民转变思想，从而在新思想和技术的学习中提高个人素养，促进人的全面发展。小镇特色产业以及特色旅游产业的发展将带动农村经济的发展，使当地农民学习先进的技术并获取新知识，从而转变固有的思想观念。特色小镇不断发展的同时，当地农民也会拥有更多的新机会，使得生活方式会发生转变，生活质量也会相应得到提高。

总之，乡村不是孤立的乡村，是城乡融合中的乡村。乡村振兴要立足于城乡融合发展的思路，建立健全城乡融合发展政策体系和机制。特色小镇是城乡融合的基本单位之一，对协同推进乡村振兴起到关键的作用。新时期，重塑新型工农城乡关系，全面推进乡村振兴，要着眼于特色小镇，落脚于特色小镇。特色小镇的建设使乡村特色资源在空间、形式和内容上更好地集聚整合和凝集，立足于挖掘农业特色，实现产业链的延长、新型农业经营主体的壮大、三次产业的融合发展，带动城乡一体化，为乡村振兴夯实基础，是城乡融合发展、实现乡村振兴的重要抓手和有效载体。特色小镇与乡村振兴融合发展，需要由过去以大城市发展导向转变为以特色小镇为发展导向，创造新的经济增长极，优化城镇布局与结构，创造新的就业机会；需要以当地资源禀赋与发展基础为根基，立足农业深度开发特色，实现产业高度专业化，实现差异化定位，避免流于同质化；需要激活农民的主体地位，转变特色小镇运转模式，落实"政府引导、企业主体、市场化方式运作"的发展格局；需要调动各方的参与积极性，形成城乡互动机制，推动特色小镇成为城乡融合发展与乡村振兴的新动能。

---

① 王超，吕剑平. 乡村振兴背景下特色小镇与美丽乡村协同共建研究［J］. 农业科技管理，2019，38（5）：55-58.

② 曹勐. 乡村振兴与特色小镇建设产业融合研究［J］. 合作经济与科技，2019（11）：19-21.

第四章

珠江—西江经济带特色小镇建设与
乡村振兴融合发展的现状与成效

本章将从现实背景出发，分别对珠江—西江经济带特色小镇建设和实施乡村振兴的现状进行梳理，总结珠江—西江经济带特色小镇建设的总体成效，并选取珠江—西江经济带的 9 个特色小镇作为典型案例，深入剖析它们与乡村振兴融合发展的情况。通过案例分析发现，珠江—西江经济带的特色小镇建设与乡村振兴融合发展展现出多元发展模式并形成宝贵的经验，这对珠江—西江经济带乃至全国全面推进乡村振兴战略、实现"五个振兴"具有重要的参考价值和意义。

第一节　珠江—西江经济带特色小镇建设与
乡村振兴融合发展的现实背景

一、珠江—西江经济带实施特色小镇建设的现实背景

特色小镇是以创新思维进行镇村联动发展的区域综合体，也是集聚特色和新型产业的创新创业平台。特色小镇的建设及发展突破了行政区划的局限和产业园区的束缚，在乡村经济、文化、生态、社会等方面均发挥着重要作用。特色小镇在 2015~2016 年成为学界关注的热点，但特色小镇由来已久。古时候的人口和商业集聚中心从本质上看就是特色小镇，古代小镇是区域性的产业、商业和文化的中心，因而充分展现着本地的民风民俗和生活方式。20 世纪 80 年代，费孝通先生所作的《小城镇，大问题》报告，是真正探索城市经济以及特色小镇的开端。自 20 世纪 90 年代开始，学界和地方政府逐渐对城市特色有了新的认识，包括文化特色、民族特色、古镇特色、产业特色、空间特色等全方位的内容。产业

界使用的特色小镇，主要是指房地产开发中的特色小区建设和文化旅游业发展。中共昆山市委、市政府于 1996 年最早提出小城镇建设工作方案。之后，特别是"十二五"时期，各具特色的小城镇逐渐被各地政府不断提及，焦点主要是生态城市建设和小城镇建设等方面。

2016 年，《国务院关于深入推进新型城镇化建设的若干意见》明确指出要加快发展中小城市和特色小城镇。2016 年 10 月 13 日，住房和城乡建设部公布中国特色小镇的第一批名单。2018 年 8 月 30 日，国家发展和改革委员会办公厅发布《关于建立特色小镇和特色小城镇高质量发展机制的通知》指出，特色小镇和特色小城镇既是新型城镇化与乡村振兴的重要结合点，也是促进经济高质量发展的重要平台。对此，党中央、国务院高度重视，国家发展和改革委员会等部门先后印发实施《关于加快美丽特色小（城）镇建设的指导意见》《关于规范推进特色小镇和特色小城镇建设的若干意见》，以指导特色小镇和特色小城镇发展取得一定的成果；并且指出要加快建立特色小镇和特色小城镇高质量发展机制，释放城乡融合发展和内需增长的新空间，进而促进经济高质量发展。2020 年，《国务院办公厅转发国家发展和改革委员会关于促进特色小镇规范健康发展意见的通知》指出要坚持"稳中求进"的工作总基调，坚持新发展理念，以准确把握特色小镇发展定位为前提，以培育发展主导产业为重点，促进产城人文融合，突出企业的主体地位，建立健全激励约束机制和规范管理机制，有力、有序、有效推进特色小镇高质量发展，为扎实做好"六稳"工作、全面落实"六保"任务提供抓手，为坚定实施扩大内需战略和新型城镇化战略提供支撑。

自 2016 年起，各地相继将特色小镇建设作为新型城镇化的重要工作，纷纷采取各项措施以期推动特色小镇建设。河北省委、省政府为推动特色小镇建设，出台《关于建设特色小镇的指导意见》，计划力争在 3~5 年实现培育建设 100 个产业特色鲜明、人文气息浓厚、生态环境优美、多功能叠加融合、机制体制灵活的特色小镇的建设目标，并计划为每个小镇投资 20 亿元。北京设立 100 亿元的小城镇发展基金，力争用十年的时间将 42 个重点小城镇打造成集商务会议、旅游休闲、园区经济等功能于一体的五类特色小镇。山东省为实现创建 100 个左右产业上"特而强"、机制上"新而活"、功能上"聚而合"、形态上"精而美"的特色小镇建设目标，推出创建特色小镇实施方案，并计划投资 6 亿元。安徽省为培育发展特色小镇，省住房和城乡建设厅、省财政厅以及省发展改革委员会三部门联合发文，要求加强特色小镇特色风貌的设计和建设。福建省出台的《关于开展特色小镇规划建设的指导意见》指出要在以特色为本、产业为根、精致宜居、"双创"载体、项目带动、企业为主体的基础上，通过提供要素保障、资金支持、人才扶持、改革创新等途径创建一批特色小镇。特色小镇将打造区域经济新的增长极，并成为创新创业"高地"、产业投资"洼地"、休闲养生福地以及观光旅游胜地。由此可见，特色小镇的建设不仅已成为各级政府关注和建设的重点，也已成为新的经济增长点和新型城镇化的实践基地。

自 2014 年《珠江—西江经济带发展规划》上升为国家战略后，华南区域协作迎来难得的发展契机，南方对外开放发展再添战略新支点。广东与广西合力统筹考虑珠江—西江上下游关系，推进西江上游沿江地区的重点领域加快发展，形成流域协调联动发展新格局，着力打造综合交通大通道，建设珠江—西江生态廊道，建立旅游战略联盟。在乡村振兴战略与新型城镇化战略的双轮驱动下，珠江—西江经济带建设特色小镇对我国特色城乡关系有了科学把握，也对统筹城乡发展、城乡发展一体化予以继承与创新。

二、珠江—西江经济带实施乡村振兴战略的现实背景

2017 年 12 月 28 日，中央农村工作会议首次明确乡村振兴战略"三步走"的时间表；2020 年，乡村振兴取得重要进展，制度框架和政策体系基本形成；2035 年，乡村振兴取得决定性进展，农业农村现代化基本实现；2050 年，乡村全面振兴，农业强、农村美、农民富全面实现。2018 年"中央一号"文件发布《关于实施乡村振兴战略的意见》，意见突出乡村振兴的重要地位，将乡村振兴战略作为国家层面和学术界的研究焦点。乡村振兴战略延续以往的"三农"工作，结合社会主义新时期的农村实际，对先前的"三农"工作进行总结和升华。2021年 2 月，《关于加快推进乡村人才振兴的意见》明确提出，到 2025 年，乡村人才振兴制度框架和政策体系要基本形成，乡村振兴各领域的人才规模不断壮大、人才素质有所提升、结构持续优化，各类人才支持服务乡村格局基本形成，乡村人才初步满足实施乡村振兴战略的基本需要。

2020 年，广东省委、省政府出台的《广东省建立健全城乡融合发展体制机制和政策体系的若干措施》提到，加快建立工农互促、城乡互补、全面融合、共同繁荣的新型工农城乡关系，促进城乡融合发展，实现乡村振兴和农业农村现代化。具体措施如下：第一，建立健全有利于城乡空间融合发展的体制机制；第二，建立健全有利于城乡要素合理配置的体制机制；第三，建立健全有利于城乡基本公共服务均等化和基础设施一体化的体制机制；第四，建立健全有利于乡村经济多元化发展的体制机制；第五，建立健全有利于乡村治理的体制机制。

2021 年 5 月，广西出台的《关于全面推进乡村振兴加快农业农村现代化的

实施意见》提出，到 2025 年，农业农村现代化取得重要进展，农村基础设施、公共服务水平明显提升，现代乡村产业体系基本形成，脱贫攻坚成果有效巩固，城乡居民收入差距持续缩小，农村人居环境、乡村风貌发生根本性改观，乡村文明程度有所提升。2021 年 6 月 1 日，我国第一部以"乡村振兴"命名的基础性、综合性法律——《中华人民共和国乡村振兴促进法》生效，这是一部全面指导和促进乡村振兴的法律，对促进乡村产业振兴、人才振兴、文化振兴、生态振兴、组织振兴和推进城乡融合发展具有里程碑意义。

此外，国家各部门也从各贫困地区采购农副产品，巩固拓展交通运输方式，支持脱贫县统筹整合使用财政涉农资金等多途径推动脱贫地区特色产业可持续发展，助力乡村产业振兴。

第二节　珠江—西江经济带特色小镇建设概况与总体成效

2016 年 10 月 11 日，住房和城乡建设部公布第一批国家级特色小镇名单（共 127 个），其中，广东 6 个、广西 4 个，珠江—西江经济带城市的特色小镇就有 3 个，分别是佛山市顺德区北滘镇、肇庆市高要区回龙镇和柳州市鹿寨县中渡镇。2017 年 8 月 22 日，住房和城乡建设部公布第二批中国特色小镇名单（共 276 个），其中，广东 14 个、广西 10 个，珠江—西江经济带城市的特色小镇有 9 个，分别是广州市番禺区沙湾镇、佛山市南海区西樵镇、佛山市顺德区乐从镇、肇庆市鼎湖区凤凰镇、南宁市横县校椅镇、梧州市苍梧县六堡镇、贵港市港南区桥圩镇、贵港市桂平市木乐镇和崇左市江州区新和镇。自此，珠江—西江经济带国家级特色小镇共计 12 个（见表 4-1）。

表 4-1　　　　　　　　珠江—西江经济带国家级特色小镇

省份	第一批	第二批
广东	佛山市顺德区北滘镇 肇庆市高要区回龙镇	广州市番禺区沙湾镇 佛山市南海区西樵镇 佛山市顺德区乐从镇 肇庆市鼎湖区凤凰镇
广西	柳州市鹿寨县中渡镇	南宁市横县校椅镇 梧州市苍梧县六堡镇 贵港市港南区桥圩镇 贵港市桂平市木乐镇 崇左市江州区新和镇

此外，广东、广西均高度重视特色小镇建设，以打造美丽小城镇与培育新兴产业为导向，着力完善城镇功能，全面搭建新型城镇化有效载体，完善产业链、提升价值链，重点打造创新创业发展平台。截至 2021 年 5 月，广东共公布四批省级特色小镇（共 267 个）；广西共公布两批自治区级特色小镇，共 62 个。珠江—西江经济带区域内特色小镇共 133 个，其中，广东 103 个、广西 30 个。

实施乡村振兴，就要提升农村地区农业的总体发展质量，加速推进一、二、三产业交融发展进程。特色产业是特色小镇建设和发挥小乡镇"小、精、特"的优势，延长产业链并增强产业竞争力是重中之重。例如，广州市从化区生态设计小镇是在中瑞低碳城市合作背景下建成的粤港澳大湾区新型产业园区，以打造"全球生态设计策源中心"和"中国生态设计之都"为目标，通过导入生态设计产业、文创科技产业等形成集产业、文化、休闲、旅游、运动、教育、疗养于一体的生态设计产业集聚区。南宁市横县"茉莉小镇"以茉莉花生产加工为特色，引进加工厂并生产系列与茉莉花相关的产品，发展第一、第二产业。建造"中华茉莉园"吸引游客，发展第三产业。特色小镇必须依托乡村腹地，契合乡村振兴战略的核心要求，以巩固特色产业，推动农村产业繁荣发展。产业是小镇发展的动力，特色是产业发展的优势。鉴于此，特色小镇建设和乡村振兴战略是相辅相成、不可分割的。

广东特色小镇建设集产业链、创新链、服务链、资金链、政策链于一体，结合空间地域、交通区位、自然资源、历史文化等特点构筑创新创业生态系统，为新兴产业及企业创新创业搭建新平台，为经济结构调整创造产业空间新形态，围绕产业链部署创新链，围绕创新链完善服务链，围绕服务链完善资金链，围绕资金链强化政策链的统筹支持。广东省特色小镇的中长远目标是建成"宜创、宜业、宜居、宜游、宜享"的创新发展空间，要求每个小镇坚持产业建镇、特色发展，根据区域要素禀赋和比较优势，挖掘本地最有基础、最具潜力、最能成长的特色产业，做精做强主导特色产业，突出"一镇一主业、一镇一风貌"，打造具有持续竞争力和可持续发展的独特产业生态；采用"自上而下"和"自下而上"相结合的方式，根据广东省总体发展战略和区域产业布局，从构建区域长程链的角度出发，培育一批特色小镇，打造高端产业、高端要素集聚平台。每个特色小镇在确立主导产业时，要明确小镇及其主导产业在区域经济及全省现代产业体系的定位，从而使特色小镇成为区域创新体系和全省现代体系的重要组成部分。例如，佛山市顺德区培育特色小镇集群示范区以泛家居产业为主导产业，着力培育北滘智造小镇、龙江智慧家居小镇、陈村花卉小镇、顺德勒流五金创新小镇等各具特色又交互成体系的产业集群。广东特色小镇主要是旅游发展型、历史文化型、工贸服务型、民族聚居型等类型，工贸服务型特色小镇逐步融合制造、建筑等旅游形式，成为综合性特色小镇。广东特色小镇基于良好的自然地理以及产业基础优势，通过打造一定规模的产业集群，吸引人口流入与创造就业机会，从而形成可持续、有竞争力和有生命力的特色宜居产业区域。

广西国家新型城镇化综合试点取得实质性阶段成效，形成"柳州模式"和"来宾样板"，而且北流、平果将新型城镇化经验在全国进行推广。特色小镇培育工作总体进展良好，合浦月饼小镇、北流陶瓷小镇、桂平运动服智造小镇等小镇核心区的建设工作基本完成，为推动县域经济发展、增加就业岗位、提高群众收入以及实施乡村振兴战略提供巨大动力。发展主导产业是小镇发展的首要任务，广西特色小镇建设坚持"产业主导、市场主体"的原则，按照形态"小而美"、产业"特而强"、功能"聚而合"、机制"活而新"的要求，推动小镇高质量建设和发展，合理确定产业发展路径，着力提升产品的附加值，积极引入社会资本，并进一步加大招商引资力度，引进高端人才支撑产业发展。目前，广西绝大部分特色小镇以传统产业为主导，原材料、销售市场基础较好。加快特色小镇建设，能够推动传统产业转型升级，延伸产业链，提供更好、更优质的产品和服务，为加快形成内循环增添动力。截至 2020 年 8 月，广西特色小镇共计开工建设 513 个项目，其中，44 个小镇通过产业策划研究和核心区建设规划审查，17 个小镇由培育阶段评估进入建设阶段，6 个小镇基本完成建设任务①。

第三节　珠江—西江经济带特色小镇建设与乡村振兴融合发展的典型案例剖析

珠江—西江经济带各市根据特色小镇培育的工作要求，结合各市产业特色、文化底蕴、旅游资源的实际，按照分类培育思路，积极开展特色小镇的谋划建设工作，并取得一定的工作成效。以下选取珠江—西江经济带 9 个国家级特色小镇进行案例剖析并总结它们的发展经验，总结珠江—西江经济带特色小镇建设与乡村振兴融合发展的经验。

---

① 黄金玉. 振兴乡村全区特色小镇共计开工建设 513 个项目 [EB/OL]. (2020 - 09 - 19) [2022 - 08 - 25]. https：//v. gxnews. com. cn/a/19829712.

一、百色市百育镇与乡村振兴融合发展模式

百育镇是壮族文化的发祥地，是始祖布洛陀的故乡，位于右江河谷腹地，列入全国发展改革试点镇和全区首批特色生态名镇的名录，百色国家农业科技园区就位于百育镇。2020 年，百育镇总人口 2.3 万人，占田阳县人口的 7.45%①。百育镇下辖 1 个社区、6 个行政村。自 2020 年以来，百育镇不断探索新思路、新方法，聚焦基层党建转型升级、"党建＋"乡村治理的重点攻坚工作，采取"一个支部＋双线管理＋'六民'工程"的工作模式，开辟党建工作载体新格局。百育镇有丰富的煤炭、高岭土、石油、天然气等稀有矿产资源，因此具有重要的开采价值；当地地形以丘陵为主，为亚热带季风气候，有利于发展亚热带农业，有"天然温室"的美誉。近年来，百育镇以特色生态农业名镇建设为契机，以百色现代农业技术研究推广中心和国家现代农业科技园区为主要平台，不断推广和发展小番茄、西瓜、优质稻、芒果、香蕉、甘蔗六大产业，同时推广种植火龙果、葡萄等产业，发展林下养鸡集中区 5 个；全镇已形成集冷链、深加工、科研、种植、物流等为一体的完整产业链，共涉及农业企业 33 家②。百育镇不仅产业种类多，而且拥有丰富的旅游资源，如有"全区首批民族风情旅游示范点"的敢壮山旅游景区、4A 级景区聚之乐休闲农庄、风俗文化等旅游地点，它们对市场均具有吸引力。

百育镇有两大优势资源：一是独特的气候条件和土地资源特别适合种植高经济作物芒果，二是壮族始祖布洛陀的圣地以及探索珠江流域文明起源的发祥地位于百育镇六联村的敢壮山。百色市田阳区是中国"芒果之乡"，芒果已成为田阳农业的支柱经济作物。2022 年，田阳区芒果种植面积超过 43.3 万亩，年产量约 36 万吨，产值超过 19 亿元③。田阳县重视芒果的资金投入、品种改良、科技引进等工作，并将这命名为"优果"工程；大力推广芒果种植业，引进新技术和新品种；并通过扦插、高位嫁接、换种等方式更改良种，充分发挥"土坡多、平原宽、林地广"的地区优势，不断改善芒果品质，提高市场竞争力，从而实现乡村振兴。

---

① 百色市田阳区 2020 年第七次全国人口普查主要数据公报［EB/OL］. (2021 - 07 - 02)［2022 - 08 - 25］http：//www. gxty. gov. cn/ztzl/lszt/rkpc/t9362243. shtml.

② 百色市田阳区人民政府百育镇简介［EB/OL］. (2017 - 06 - 29)［2022 - 08 - 25］http：//www. gxty. gov. cn/zjty/tygk/tyxz/t859839. shtml.

③ 林秋颖，黎茜. 地道芒香醉光明田阳芒果深受市民青睐［EB/OL］. (2023 - 07 - 15)［2023 - 07 - 20］https：//cj. sina. com. cn/articles/view/1895096900/70f4e244020011186.

（一）企业创新产业发展模式增加农户就业

百育镇为农户创造了在家门口就业的机会，形成"企业＋车间＋农户"的模式，吸引以农产品加工为主的企业在百育镇建立"帮扶车间"（加工点），当地的农户可以到车间工作，将农民变成工人、"麻将手"变成"加工手"。广西福民食品有限责任公司是广西百色市一家规模以上的农产品加工出口型企业，该公司致力于出口蜜饯，为全球外贸公司提供质量优良的蜜饯。蜜饯的制作材料均来源于广西的绿色生产地，生产标准化，并且符合国家的检测要求。广西福民食品有限责任公司主要通过"企业＋车间＋农户"的产业模式助力乡村振兴。通过这种模式，农户可以进企业获得就业岗位，失去劳动力的农户也可以每年从企业获得分红，进而增加收入。村门口的车间将农村剩余劳动力集中进行劳作，有利于农民收入增加和防止农户返贫，入股的农户也会获得更多的收益，促进农户增收致富。企业从生产源头抓好每一个环节，通过获得安全优质的产品原料，为公司的经营和发展奠定良好的基础。除此之外，百育镇政府还对优先招收建档立卡农户的企业进行鼓励和扶持。

农户与当地企业进行合作的主要方式，除了上述的"企业＋车间＋农户"模式以外，还有以下两种模式：一是农户进入企业工作，每月固定领工资，享受企业提供的食宿和保险待遇；二是农户用资金入股企业，定期拿分红或利息。"企业＋车间＋农户"的发展模式取得不错的成效：唤醒农户的主动意识，使农户获得周围人的尊重；车间离家近，农户实现挣钱和照顾家庭两者均不耽误；壮大乡村产业规模，实现乡村振兴有了新路径；企业通过"企业＋车间＋农户"模式获得相对廉价的厂房和劳动力，降低了生产成本，而且也利于解决企业"招工难"和"用工贵"等现实问题，提高企业的经济效益。

（二）四那村创新组织管理模式助推农业发展

百育镇四那村万亩芒果基地位于百色国家农业科技园核心区域，交通便捷，环境优美，基地建立于1992年，总面积为10000亩，以金穗芒、红象牙等为主要品种。后因技术的落后和管理不当导致收成不理想。近年来，基地的研究人员通过高头换种的方法将原种植的老品种全部嫁接玉文、桂十、金煌芒、贵妃芒等优良品种，采取肥水管理、病虫防治等技术对芒果进行改良，使得芒果的质量因此有了明显的提高，销售价格比老品种高了几倍。与此同时，该基地加大投资力度，实施高效节水灌溉工程，采取节水灌溉和水肥一体化的技术，进行标准化种植。实施标准化生产后的芒果平均单株产量迅速提高，每亩收入显著增加，成为农民增加收入的主要渠道。

四那村主要通过"党建引领+产业发展"的模式助力乡村振兴。通过这种模式，农户将合作社组织起来并统一流转土地、协调资金、引进品种，然后统一技术管理、打造品牌、经营市场、扩大销售渠道等，将优势和潜力发挥最大化。农民专业合作社较好地解决了农户组织程度低、力量薄弱的问题，提高产品档次和知名度，也化解了小生产与大市场之间的矛盾，对农户进行种植技术的培训，提高农民的技术水平，在一定程度上可以减少农民自主生产的盲目性和无序性。

农户加入合作社后，土地所有权、经营权不发生转移，只是种植的土地成为基地的一部分，生产的芒果由合作社包销；合作社为农户统一提供种子、化肥，并对农户进行定期的种植培训，同时通过电商等方式将芒果销往全国各地；农户生产的芒果由合作社负责全部售出；公司与合作社签订收购芒果合同或自主售出。"党建引领+产业发展"的产业发展模式带来积极成效，当地居民感受最深的就是生活条件的改善和收入水平的提高，随着四那村芒果产业的蓬勃发展，当地的经济收益也不断增加。

（三）六联村发展民俗旅游助力农民致富

六联村以"生育文明+产业帮扶"为主题使家庭实现收入和幸福双丰收。一是"民俗文化+生育文化"，依托布洛陀民俗文化旅游节的大舞台，按照"每月一演出"的要求，通过进行山歌、快板、民族舞蹈、文艺晚会等观众喜闻乐见的文艺演出，大力弘扬生育文明，传播文明新风。二是"发展产业+技能培训"促进农户致富发展。村委注重引导和帮扶群众发展产业，协调扶贫办、农业、民政、卫生等部门提供资金和项目，帮助计生家庭发展圣女果和甘蔗种植、林下养殖和旅游产业。同时，政府重视对农户家庭进行种植和养殖技巧培训，提高群众的劳动技能，促进农作物产量的提高，增加群众收入。近年来，六联村立足本地特色，整合壮族刺绣等壮乡民族特色文化资源，开展各具特色的壮乡文化体验旅游活动，向外来游客展示丰富多彩的壮族居住文化，立志打造具有壮乡特色的旅游村。通过政府企业的扶持和农户的努力，本地的经济和收入水平明显提高，就业机会也大大增多。由此可见，文旅产业发展对于带动当地经济的发展以及乡村振兴有着明显的促进作用，同时也是实现全村农户致富的必经之路。

六联村的发展路径就是深入挖掘本地传统文化、历史沉淀，去粗取精，将最有价值的、最能吸引人的产品打造成品牌，通过多种途径宣传。旅游业的发展带动民宿、农家乐的发展，增加了就业机会，也给农户靠自己双手努力实现致富的机会；特色农业发展带来田园风光、舒适的自然环境，传统文化营造的人文氛围、古朴气息吸引来游客，推动旅游业的发展。

二、佛山市北滘镇"智造小镇"与乡村振兴融合发展模式

北滘镇现辖区内设 10 个社区居民委员会，分别是北滘社区、碧江社区、槎涌社区、广教社区、林头社区、三洪奇社区、碧桂园社区、顺江社区、君兰社区和设计城社区。以下通过北滘镇三个比较典型社区的发展模式来剖析特色小镇建设与乡村振兴融合发展的主要路径。

（一）以工业设计为代表的新经济助力产业升级：设计城社区

广东工业设计城，规划面积 2.8 平方公里，是以工业设计为主的服务业集聚区，总投资为 21 亿元[①]，采取"政府推动、省区共建、市场运作"的发展方式，是国家授予的"国家级工业设计示范基地"和"国家级科技企业孵化器"。北滘镇产业特色明显，以机械、家电等制造业为支柱产业，虽然规模比较大，但均属于传统大规模生产企业（其中微波炉、电风扇、空调以及小家电均是世界上最大和配套最完善的生产基地之一）。制造业迅速发展，同时企业也遭遇缺乏原创设计的"瓶颈"。"中国制造"需要升级转型，必须改造传统动能、培育新动能，寻找新的经济增长点，助力产业升级，以此实现"产业振兴、人才振兴"。此外，北滘镇也推出系列吸引人才的优惠政策。例如，成立"人才安居公司"，开展人才特有的专卖房项目，为人才准备的"人才专卖房"均价不到市售商品房价格的一半。与此同时，人才安居公司推出创新的平台为顾客提供智能服务。该平台可以简单快捷地操作，无须等待，一天 24 小时均可以申请，申请人通过平台能及时了解评分情况，获取及时而有效的信息。

设计城社区曾经是一片旧厂房，经过"三旧"改造蜕变成顺德产业转型升级的重要载体，如今已成为广东乃至全国工业设计的高地。设计城社区经过多年的发展，已经历筑巢引凤、产业聚集的历史阶段。2020 年，为加快工业园区发展，发挥园区在全区工业设计产业发展的支撑作用，设计城通过形态大提升、融合顺德区高质量发展、"设计顺德"三年行动计划、轨道站点综合开发等发展思路，整体投入约 5500 万元，着力打造对接粤港澳大湾区的工业设计高地，进一步优化园区的空间环境，以吸引更多的优秀人才落户。随着新一轮园区的"大变身"，

---

① 佛山市顺德区人民政府网．广东工业设计城［EB/OL］．（2018－08－15）［2023－07－20］ht-tp：//www. shunde. gov. cn/sdqfsgxqsdygljsdgxqgwh/zwgk/fdzdgknr/gzdt/content/post_3036425. html.

现将成为一座迎合当下智能时代的发展需求、融入创新设计元素、拥有完善的公共设施和良好的营商环境，尽显科技感和设计感的创新创业之城。设计城社区通过创新聚变，设计赋能，优化园区的创新创业环境，蜕变成国内享有较高知名度的工业设计主题园区，园区将集聚更多具有行业影响力的设计企业和设计人才，为高质量发展赋能。

（二）基层党组织助力建设宜居家园——三洪奇社区

三洪奇社区位于北滘镇南部，社区总面积约2.92平方公里，南邻顺德水道，紧邻北滘镇中心，距广州、佛山20余公里，大良10公里，交通便利，三乐公路、105国道贯穿社区，是一个具有水乡特色的社区。顺德的农村发展中存在的矛盾和问题较多：村党组织涣散、管理制度不健全、经济发展滞后等。虽然问题多，但也存在亮点，如北滘镇创新社会基层治理将基层党建与基层治理相结合，将资源、管理、服务落实到村居一线。

为贯彻党的二十大会议精神，继续深入践行党的群众路线，三洪奇社区结合实际，经党委班子研究决定组织党员队伍中党性意识强、有活力的党员和群众中经过培养考察、政治表现优秀的先进分子成立党群先锋队，以此协助基层党组织发挥领导核心作用，推进服务型党组织建设。三洪奇社区曾经被列为北滘镇社会治安重点整治地区，社会治安和环境卫生等明显跟不上周边发展，甚至一度为外界所诟病，入村道路坑坑洼洼且漫天灰尘。党组织协调各部门共同整治，效果明显，当地治安明显改善。建设社区工作坊，为四五十岁的人提供工作；对社区环境进行优化，铺设道路，还设立了自行车专用车道；加强基础设施建设，改造翻新旧学校，不定期地开展社区舞台活动、乒乓球赛。如今，三洪奇社区无论是社区环境，还是群众精神面貌都焕然一新。

多年来，在镇政府的大力帮助下，社区得到全面的发展。现代化道路网络贯穿全社区、公园绿化覆盖面积增加，区内有学校、幼儿园、市场、卫生院、老人活动中心、室外篮球场等公共服务设施，并且配套设施完善。2020年，三洪奇社区凭借村改机遇建设美好家园共享发展成果，借村改项目顺利通过的契机，全面实施乡村振兴战略，全面提升党的影响力和凝聚力，改善陈规陋俗，让群众充分享受物质文明和精神文明的双成果，享受村改带来的红利；牢记为人民谋幸福的初心，紧紧围绕人民对美好生活的向往，积极营造和谐、稳定的社会大环境；深化党建引领社区治理创新，着力解决人民群众最关心、最直接、最现实的问题，不断增强人民群众的幸福感、安全感。根据村改方案，除文化教育等配套设施有所完善外，三洪奇社区未来将获得6.7万平方米的工业物业、6500平方米的商业物业，以及 5000 万元的乡村振兴扶持经费①。这样的村改收益和发展保障，让所有的股东、居民实实在在地享受到村改带来的红利，也获得了看得见、摸得着的幸福感。村改为三洪奇的发展注入"强心针"，为促进村民增收添砖加瓦。村改是产业转型升级、政府行政效率提升、凝聚全社会共识的过程，是一场可持续发展与不可持续发展的决战，也是一场绿水青山与废弃污水的决战。三洪奇社区借力村改大幅改善村容村貌，并引入现代产业，增加集体和村民收入，保障村集体长远收益，解决土地违法建设等历史遗留问题，着力打造现代产业园 + 现代新农村，探索乡村振兴的北滘路径。

（三）旅游开发推动文化发掘与文化传承：碧江社区

碧江社区于南宋初年大规模建村，古称"迫岗"，明清时期属顺德四大圩镇之一。从古至今，碧江村一直都人才辈出，根据古书记载，碧江村曾经出现过进士 12 人以上，文化底蕴深厚，非物质文化有彩扎龙、南狮等。这些仕人进士遍布全国各地，告老还乡后，致力于建造宅第园林和祠堂，因此碧江村拥有特色十足的古建筑。碧江的古建筑至今保存得比较完好，金楼以及古建筑群包括泥楼、金楼、见龙门、砖雕大照壁、慕堂苏公祠、苏三兴大宅等成为广东省的文物保护单位。除此之外，泰兴大街祠堂群、德云桥、村心祠堂群等古建筑成为顺德区文物保护单位。然而随着现代社会的发展，古村落遭到破坏，加上村民文化保护意识不足，还有这些非物质文化自身的传承问题等，导致民间艺术和文化的未来堪忧。

在乡村振兴战略的指导下，村委会构建新的乡村规划与乡村治理体制，根据治理的系统性和时序性可以规划行为的轻重缓急、标本关系，包含源头治理、综合治理、文化治理三个要点，其中，文化治理是重中之重。民族风俗体现着一个村落的价值内涵，是村落内部具备强大内生性治理功能的宝贵资源。将复活村落的民族文化作为文化治理的目标，推动产业转型升级，促进农村经济发展，实现农村经济自治。文化治理仍然处于乡村社会治理和改善的复兴阶段，因此采用以内生性治理为主、外生性治理为辅的治理机制。文化治理的治理主体包括政府、村民和游客。近年来，碧江村的文化治理效果逐渐显现并小有名气，不少人慕名而来；其在发展旅游经济的同时，也有了更充足的资金保护和传承乡村传统文化。

---

① 佛山市顺德区北滘镇政务网. 北滘三洪奇：村改让落后社区华丽蝶变 [EB/OL]. （2021 - 01 - 08）[2023 - 07 - 20] http://www.shunde.gov.cn/sdbjz/gzdt/content/post_4664849.html.

碧江社区参与营造的德胜基金会资助项目被视为 2020 年顺德党建引领社会治理创新的优秀案例。碧江参与式社区营造项目由碧江社区居委会、广州象城建筑联合实施，通过社区营造和参与式空间规划调动社区居民参与，旨在提升历史古村的文化内生动力。该项目通过社区营造和空间参与深入梳理和培育碧江的文化环境和社区整体实力，推动村居公共空间和环境的提升和优化，鼓励居民积极参与公共事务。项目以碧江文化的口述历史为基础，通过模型展示、展板、驻地日常沟通等方式开展"碧江记忆与社区愿景"展览，同步收集大家关心的社区公共议题。项目完美诠释了多元主体参与社区建设，调动居委会、社会组织、社区自组织、学校、交通部门等共同参与社区公共事务。项目为居民群众有序参与社区公共事务提供有效范式，利用网络、访谈、问卷等方式多渠道地广泛咨询居民意见，奠定深厚的群众基础。项目通过学校调动志愿者参与政策方案实践，经过多方联动以及居民参与，有效收集大量优化方案的意见和建议，最终有效改善碧江社区的交通拥堵状况，有效推动居民参与社区公共事务。

三、柳州市丹洲镇"柚香小镇"与乡村振兴融合发展模式

三江作为广西唯一的侗族自治县，居住着多个民族，曾是三江县的古县城。丹洲建立的年代久远，是三江侗族自治县的南大门，也是古夜郎属地。丹洲南靠融安县城，西邻融水，西有枝柳铁路线和融江航线，北上 55 公里到达三江县城，而往南 140 公里则到达柳州，东接和平乡，西邻融水县大浪乡，南邻融安县长安镇，北连古宜镇和老堡乡。丹洲镇先后获得"全国安全社区""全国一村一品示范村镇""自治区生态乡镇""柳州市特色小镇"以及柳州市"百年丹洲柚"农业核心示范区等荣誉称号。三江于 2018 年被列入广西首批特色小镇培育的名单，命名为"柚香小镇"，以"柚子＋"为主导产业。三江交通发达，209 国道穿越全镇，距三江南站 15 公里，距三柳高速出口 13 公里，地理区位优越，资源丰富。丹洲是中国唯一的水上古城，是全国的旅游重镇。联合境内的一个 4A 级景区和一个 3A 级景区，打造以历史文化与生态休闲为主的休闲旅游产业，是三江县"一轴两翼"旅游格局的一翼。作为全镇重要旅游景区的丹洲景区，四面环水，文化源远流长，是三江古县所在地。

（一）大力发展乡村休闲旅游产业

"柚香小镇"的核心区域是丹洲村，也就是国家的 4A 级景区丹洲景区所在地，位于融江河之上，四周环水，1591～1934 年是三江县的古县城，时称怀远

县。如今尚存的明代丹洲书院、北门城楼、东门城楼、古县衙礼堂、古城墙等多处古迹具有深厚文化底蕴，是侗族、闽粤文化相互碰撞的集中体现，楼阁错落有致，闽粤文化痕迹明显，被誉为"世界唯一的水上古城"，也是自治区文物保护单位。该镇依据文史资源大力发展旅游业，旅游业的加速发展带动商务流通、百货、餐饮等服务行业的繁荣发展，旅游规模不断壮大，逐渐形成集吃、行、住、娱、游、购于一体的综合体系。旅游业对第三产业的拉动作用、带头作用显著提高。与此同时，丹洲镇农业生态旅游带建设成效显著，各类种植基地相互联系并构建形成 209 国道的绿色生态旅游带。

"柚香小镇"充分发挥当地的特色民族文化和丰富的自然资源，打造"生态＋""旅游＋"等模式，进而推进农村的产业结构优化升级，充分将文化和旅游相融合。发展农村旅游产业也使得农村产业多样化，不断改善农村的环境、增加农户收入。小镇发展注意尊重乡村特有的民族特色风貌，适当地开发培育宜居宜业特色村镇。"柚香小镇"结合当地的产业特色，以特色和潜力创业作为主导产业，建设集旅游、农村、文化于一体的，以及生活水平和生态环境同步提高的三大产业相融合的特色小镇。通过对农村进行综合开发，融合特色民族文化以农村的实际情况进行改革创新。丹洲镇通过完善软、硬件基础设施，利用"世界唯一水上古城"的名片吸引游客，通过旅游增加当地群众的收入。

（二）创新推广"一帮二带三"发展模式

丹洲村创办沙田柚种植合作社，进行统一种植管理并实现资源的有效配置与共享，以此带动沙田柚产品全面上市。三江县鼎冠柚专业合作社通过种植柚子成为乡村振兴的带头人，并在发展中带领农户致富；推行供给侧结构性改革，提高产品质量。以精耕细作代替粗放的发展模式，通过高品质、高价格的方式弥补差额并形成产业优势，满足村民对美好生活的追求；细化加工，增加价值链的内生价值。当地政府通过吸引外资对产业进行升级，打造特色产业链，扩大生产规模；丰富品类引进，推出多元化系列产品，满足消费者对不同柚子口味的需求；给予产业一定的优惠和保护措施，如通过完善道路等基础设施、设置最低进入价格等促进当地产业的发展，进一步提高产品在市场上的竞争力。柚子的科学种植和管理使丹洲村的村民实现持续增收，也增加乡村旅游发展的种类，让更多的农户分享到旅游发展的红利。

丹洲鼎冠柚合作社实行的乡村振兴模式为"一帮二带三"。所谓"一帮二带三"，指的是每个专业的党员领导帮助两个沙田柚种植人员后带领三家农户的发展策略。丹洲村直接送资金、送项目、送技术到农户家里。"一帮二带三"模式的推广得到村民的广泛认同，在村上开展相应的培训课程，指导沙田柚种植户对当地的特色产业进行科学的管理与规划，实现乡村振兴与可持续发展。"一帮二带三"的发展模式促进丹洲村产业链的可持续发展，为沙田柚的种植提供人才支持和技术保障。乡村振兴离不开政策的扶持。第一，产业振兴。三江县鼎冠柚专业合作社对农户进行精准帮扶，通过增加就业机会、扩大产业链条、先富带动后富等帮助农村和农户致富奔小康。第二，发放小额贷款。各级团组织合作的农村信用社向 40 周岁以下的村民发放用于生产经营等创业活动所需的小额贷款，帮助农户缓解资金压力，增强农户生产的积极性。第三，健全机制。建立健全的保障机制和结对帮扶机制是对农户的兜底保障，能有效引领农户实现就业，增加农民收入。随着全国乡村旅游产业的发展和繁荣，丹洲村逐步开辟出"因地制宜、政府引导、农民主体、农旅结合"的乡村发展旅游道路。丹洲村现在已成为广大游客向往的旅游胜地。

四、百色市田东县"农业金融小镇"与乡村振兴融合发展模式

广西百色市田东县平马镇近年来先后获得"自治区文明乡镇""自治区乡镇之星""自治区重点镇""自治区体育先进乡镇""全国群众体育活动先进镇""自治区社会综合治理模范乡镇"等殊荣。该镇被定为重点镇之后，建立平马工业园，吸引大批不同产业的客商前来投资建设。全镇形成 8 个特色区域经济：河谷香蕉经济区、南北区域养殖草食动物经济区、北部芒果经济区、南北糖蔗经济区、右江河谷蔬菜经济区、北部林业经济区、河谷畜牧水产立体养殖经济区以及南北板栗经济区。田东县林逢镇以盛产优质香米著称，是百色市有名的"鱼米之乡"。林逢镇作为农业大镇一直立足全镇实际，以农民增收为目标，发挥地区优势打造 6 个特色农产品基地，分别是高糖甘蔗生产基地、香蕉标准化生产基地、无公害蔬菜种植示范基地、畜牧生产基地、优质芒果生产基地、香米种植基地。林逢镇除了重点扶持甘蔗、香米等产业外，还积极发展乡镇企业，推动非公有制经济发展。全镇的乡镇企业，采煤、饮食、商业等行业协同发展，乡镇企业年均生产总值不断提高，人均收入也在增加，城镇化进程不断加快。

（一）"农业金融小镇"创新发展农村金融新模式

平马镇位于右江河谷平原，是县人民政府和田东县委的驻地，同时也是全县的政治、经济、文化中心。田东金融充分发挥"农金村办"模式的"乡土"优势，建立精准帮扶信用体系，将非信用农村纳入信用村建设，实施金融帮扶"百

千万工程"，引导农户抱团发展，推动村集体和农户的收入都增加，初步形成"信用评级＋互助社（合作社）＋特色产业＋信贷＋保险＋财政投入"的农村金融模式。

平马镇梅桑村蓝鹏休闲农庄是一个产旅融合的农庄，是田东县十佳产旅融合发展和特色种养项目。该农庄在加强自身产业发展的同时，热心社会事业，投入产业帮扶资金 30 万元，免费发放果苗和化肥，帮助周边农户发展种植沃柑产业，也为农庄人员提供就业岗位。蓝鹏休闲农庄在发展的过程中也解决社会问题，帮助周边的农户，支持政府的工作，带动周边经济的发展，为平马镇的乡村振兴工作作出积极贡献。

（二）大力发展特色农业实现产业融合

早期的林逢镇那王屯主要生产水稻，随着芒果的引入以及政府的扶持，那王屯的芒果种植开始规模化。目前，那王屯是"田东芒果第一屯"。那王屯四面群山环绕，多山的地形导致昼夜温差大，有利于芒果糖分的积累，著名桂七芒果的种植正是得益于这种独特的自然条件。优越的自然条件以及规模化生产使那王屯生产出大量高品质的芒果，满足消费者对芒果的需求。该屯村民主要通过新农芒果种植专业合作社、微信及淘宝等方式销售芒果。新农芒果种植专业合作社组织收购新鲜芒果，打造统一品牌并对外销售。那王屯通过将芒果产业作为主导产业实现收入的可持续增长，成为田东县名副其实的"富裕屯"，该屯依靠芒果产业带动旅游业发展，进而实现村貌建设得焕然一新。那王屯通过芒果产业带动旅游业发展，致力于产旅融合，打造生态芒果屯，坚持走产旅融合发展道路，加快乡村振兴步伐，将旅游与产业融合起来，通过开展"芒果文化月"等活动吸引众多游客前来旅游。该屯大力拥护和支持建设旅游产业，通过申报"生态乡村"财政奖补贴项目，建起包括芒果文化馆、芒果山步道等设施在内的芒果庄园；先后实施绿化美化、立面改造、庭院改造、屯内道路硬化等公共服务设施工程。前往那王屯参观旅游的游客多数集中在七月至八月，此时正值芒果盛产季节，许多游客慕名而来参观芒果种植地基。

五、崇左市城中"民族文化特色镇"与乡村产业融合发展模式

宁明县，附属广西崇左市，地处西南边境，西邻凭祥、龙州，东邻防城港，南与越南共和国接壤，北邻崇左、扶绥。宁明是广西的林业大县，主要生产木材、八角、中药材等，被国家林业部誉为"中国八角之乡"；全县县域总面积为

3698 平方公里，人口 42 万，壮族占总人口的 77.1%；耕地面积 127.75 万亩，林地 201.97 万亩；矿产资源丰富，有世界最大的膨润土矿床；旅游资源丰富，花山名胜景区是广西三大国家级风景名胜区之一，陇瑞国家级自然保护区是中国保存最好的喀斯特热带季雨林保护区，被国家文化部授予"全国文化先进县"的称号①。

（一）因地制宜，打造多种帮扶车间模式

自 2017 年以来，宁明县依托本县区位优势，结合产业特点，围绕"群众增收、企业增效"的目标，帮助农户在家门口实现稳定就业和持续增收，加快乡村振兴步伐。从凭祥—宁明贸易加工区到农家作坊，再从首家建立的德润服装有限公司"帮扶车间"，到近年建成的城中镇馗塘村甘蔗"帮扶车间"，从肉牛养殖、坚果种植到服装生产、电子加工、光伏发电……如今，宁明县"帮扶车间"四处开花，遍布城乡。经过一段时间的发展，形成"厂房式"帮扶车间、"居家式"帮扶车间、"田间式"帮扶车间、"混合式"帮扶车间 4 种模式。"厂房式"帮扶车间模式紧抓凭祥—宁明贸易加工区和爱店口岸加工区建设的发展机遇，引进龙头企业入驻加工区、创建劳动密集型企业或者加工车间，实现贫困户在自己的家门口直接就业。"居家式"帮扶车间模式依托花山景区、温泉度假区、民族山寨等知名景点，引导景点附近的农户充分规划和整合好农家庭院、民宅等独立的、分散的"帮扶车间"，开发、完善以及推动乡村旅游产业发展。"田间式"帮扶车间模式采用"公司＋基地＋合作社＋农户"的链带方式带动贫困户群体大力开展肉牛养殖、牧草种植等特色产业。"混合式"帮扶车间模式是通过盘活城乡闲置办公场所等资源，引进企业在县城建立"母车间"；在乡镇建立"子车间"，合作社让农户从企业领取原材料在家里进行加工，实现农户不出门就可以有收入，实现多方共赢。

（二）打造产业振兴"五大战区"，发展特色种养殖产业

宁明县结合县域经济发展规划和产业布局，以蔗区、林区、景区、边贸区、现代农业区"五大战区"为主战场，采取有力措施，着力发展"5＋2"特色种养殖产业（"5"为糖料蔗、优质稻、桐棉松、中药材种植和肉牛养殖五个主导产业，"2"为生猪、肉鸡养殖两个主要自选产业），拓宽农民增收渠道，促进农

① 宁明县人民政府. 宁明概况［EB/OL］.（2023 - 06 - 06）［2023 - 07 - 20］http：//www. ning-ming. gov. cn/zjnm/nmgk/t5253579. shtml.

户增收致富。宁明县始终坚持以乡村振兴统揽经济社会的发展全局，积极组建合作社，促进产业项目落地发展、实现农民增收。该县通过采取政策鼓励、资金扶持等措施，按照"资源组合、抱团成社、互利共赢"的发展方针，积极培育产业经营主体，引导和激励种养大户、致富带头人、经济能人等组建各类农民专业合作社发展产业，并积极引进龙头企业经营管理。该县通过建立"公司＋基地＋贫困户""公司＋合作社＋贫困户"等模式，实施"光伏产业"、规模种养殖业等多元产业项目，让农户在家门口实现就业，有效带动农户增收，也促进村集体经济的发展与壮大。

六、梧州市蒙山县"丝绸小镇"与乡村振兴融合发展模式

近年来，继"东桑西移"和"东丝西移"两个历史发展机遇之后，蒙山县又成功抓住"东绸西移"这个良好的发展机遇，发挥其在桑蚕传统产业上的显著优势，利用当地和周边地区盛产白厂丝的地理资源优势，建立特色丝绸产业园区，主要生产茧丝绸、真丝家纺和真丝服装等产品。现在，丝绸、绢纺、家纺生产企业以及茧丝绸贸易、仓储、织机设备营销等纷纷进驻蒙山县丝绸产业园区，初步建设成集桑蚕饲养、蚕丝生产、丝绸加工、真丝服装、丝绸家纺为一体的丝绸综合产业基地。蒙山县丝绸产业园区生产和包装的丝绸产品质量佳，畅销国内，甚至开拓出欧美、日本、韩国、东南亚地区等国际市场。近年来，依托丝绸产业园区的创建，蒙山县以重点龙头企业为依托，着力培育丝绸及相关产业集群，聚力打造集丝绸工业旅游、丝绸文化体验等功能于一体的特色小镇。

（一）促进产业融合，建设旅游景区

蒙山县是广西梧州市辖县，位于自治区东部大瑶山之东。县内共有河流159条，均发源于金秀大瑶山山脉和鸡冠山山脉等山系，其中较大的江河有24条。湄江是蒙山江河的主流，属西江水系，是西江支流蒙江的上游。近年来，依靠开发得天独厚的自然资源，蒙山县的休闲旅游产业发展势头比较强劲，永安王城、梁羽生公园等一系列国家4A级、3A级旅游景区陆续成功创建。长坪"水韵瑶寨"旅游区更是被评为广西4A级乡村旅游区，实现蒙山县A级景区数量为0的突破。蒙山县连续获得"全国最美生态旅游示范县""中国长寿之乡"等荣誉称号。2016年9月，成功纳入国家重点生态功能区；2017年，成功建设首批"自治区级生态县"；2018年，获批成为"广西特色旅游名县"。全县城镇化率达38%，先后获得"广西园林城市（县级）""自治区文明县城""广西森林县城

（县级）"等称号。

（二）坚持绿色发展，建立生态小镇

近年来，蒙山县紧紧围绕"生态立县、特色兴县"的发展战略，围绕"绿色农业、优势工业、特色旅游、品质城镇、福祉民生"的工作思路，助力乡村振兴和旅游"创特"两大战役，巩固并抓牢稳增长、促改革、调结构、惠民生、防风险等多项举措，大力推动经济社会持续、平稳、健康发展；大力发扬攻坚克难、敢做善成的蒙山精神，经济社会实现持续健康发展。2022 年，蒙山县全年地区生产总值增长 3.2%，增速高于全区平均水平，全县经济社会大局持续稳定向好；建设生态茶园 1 万亩、高标准化桑园 1 万亩、标准化养蚕大棚 9000 平方米，桑蚕产业产值达 1.75 亿元，蜂产值达 1.3 亿元①。

（三）小镇建设与金融创新模式协同发展

由于农户自身经营成本过高、风险应对能力较差，梧州市蒙山县采取"企业 + 农户"金融创新模式。蒙山县小额信贷托管的企业通过与蒙山县乡下商业银行的合作，与农户签订三方合作协议，即农户在农商行申请小额信贷资金，委托公司经营；公司用这部分资金发展农业产业项目，不论盈亏，每年均按照委托经营金额 8% 的收益付给农户作为回报，并约定贷款期满后由公司负责归还本金给农商行。另外，通过现金收益的方式，直接增加群众的年收入，达到增收的目的。根据公司授信总额度 3000 万元计算，每户 5 万元委托经营金额（根据农户实际情况，银行放贷额度 2 万~5 万元），即能帮扶 600 户以上的农户。每户每年可得公司应付 4000 元投资收益，三年即 12000 元，公司需累计支付投资收益 720 万元。参与委托经营的农户 3 年内获取 12000 元投资回报便基本能改变贫困现状，同时也大力地支持蒙山县的乡村振兴工作。

（四）小镇建设与创新旅游模式协同发展

蒙山县有"全国最美生态旅游示范县""中国中老年养生基地""国家重点生态功能区""广西园林城市""森林县城"等多张名片，旅游资源非常丰富。近年来，蒙山县以建设"广西特色旅游名县"为契机，以"养生休闲"旅游模式推动乡村振兴取得显著成效。以长寿桥为代表的"养生旅游"模式助力乡村振

---

① 蒙山县人民政府办公室 . 2023 年蒙山县政府工作报告［EB/OL］.（2023 – 03 – 14）［2023 – 09 – 05］. http://www. gxms. gov. cn/xxgk/zfxxgkzl/fdzdgknr/ghjh/zfgzbg/t16005365. shtml.

兴：长寿桥位于县城内，是蒙山县最古老的桥梁之一。此桥原名"西关桥"，始建于明代，随后几百年间，一次次被洪水冲毁，蒙山人不屈不挠，一次次重修。伴随"品质城镇"三年提升工程的实施，湄江一河两岸的建设逐步完善，湄江南北延长线完成投资 6300 万元；23 项城市重点建设项目，完成投资 3.65 亿元，其中，湄江沿岸综合整治工程完成年度投资 2250 万元，棚户区改造、保障性住房建设超额完成年度投资任务；长寿桥得以重新修缮，长寿文化特色街、历史文化园等项目全面竣工①。经历几百年风风雨雨后，长寿桥以新的面貌迎接世人。现在的长寿桥是一座风雨桥，造型美观，虽是桥梁，却更像亭台，顶上盖着碧绿的琉璃瓦。远望大桥，如长虹卧波，与岸边的古榕相映成趣。近看可以看到雕梁画栋，每一角飞檐都堪称精美，红红的灯笼，在桥檐下随风摆动。桥头有武侠大师梁羽生题写的对联，启功、王光英、潘琦、吴善茂等大家也留下墨宝，其他描写长寿桥的诗文，更是不计其数。

以长坪瑶族乡为代表的"休闲旅游"助力乡村振兴：长坪瑶族乡位于蒙山县北部山区，境内崇山峻岭，距县城 18 公里。长坪瑶族乡地理位置特殊，远居蒙山县一隅，四面环山，境内峰峦起伏，坡高路陡，交通十分不便，闭塞的交通制约了长坪瑶族乡的经济发展。随着山区公路和机耕路 83 公里先后竣工，交通条件有了较大的改善。山湖秀色的"水韵瑶寨"，是蒙山县八大自然景观之一，加上"水韵瑶寨"4A 级景区的设立使长坪瑶族乡景区的建设逐步完善。夏天，湖区草木茂盛，鸟语花香，湖中波光粼粼，鱼翔浅底，山光水色，相映成趣，是旅游避暑的好去处。此外，传统的节日"三月三"节庆活动也会吸引八方的游客，《瑶乡春早》《砍田乐》《剪禾把》传神演绎瑶乡人民辛勤奋进的精神风貌，再现淳朴民风、古老民俗；瑶族同胞还向游客展示大象拔河、踩高跷、竹竿舞等系列少数民族体育竞技活动。长桌宴、全猪宴、春白糍、磨豆腐、艾糍粑、豆腐酿等各种美食令人垂涎欲滴。系列传统体育活动及原汁原味的美食，无不让游客酣畅淋漓、食欲大开。长坪瑶族乡的风景优美、民风淳朴的特色景区成为附近城市居民周末自驾休闲旅游的好去处。

蒙山县政府根据《广西特色旅游名县评定标准与评分细则》，在发展地区"养生休闲"旅游景点的同时，引导农户参与旅游产业开发，以旅游促增收。利用当地生态资源，生产如有机蔬菜、富硒米、无核黄皮果、阿养木瓜、洪联有机柿子等系列独具特色的农产品，创建"旅行社＋游客＋基地"旅游模式，发挥党

---

① 蒙山县人民政府办公室．2018 年蒙山县政府工作报告［EB/OL］．（2018－02－06）［2022－09－05］．http：//www．gxms．gov．cn/xxgk/zfxxgkzl/fdzdgknr/ghjh/zfgzbg/t11245763．shtml．

员先锋模范作用，带动周边农户发展农家民宿、葡萄自摘、乌梅自摘等产业，每户间接或直接地带动其他农户就业创业，以增加农户收入。

（五）小镇建设与文化创新模式协同发展

蒙山县具有深厚的文化底蕴，是武侠作家梁羽生的出生地。为了将地区"武侠风情"文化融入旅游，促进地区乡村振兴，蒙山县利用武侠文化、太平天国历史文化、瑶族文化等特色文化资源，打造梁羽生公园、永安王城、"水韵瑶寨"等一系列景点，以梁羽生公园、太平天国封王建制遗址公园、韦竹平故居作为文化与旅游相结合的实践载体，发展"武侠风情"文化创新模式；全力打造"新派武侠风·醉美蒙山情"旅游品牌，开展"三月三""武侠文化节"等系列旅游节日庆典，加快旅游市场产业化运营，吸引众多区内外游客，并在中央电视台中文国际频道宣传，提升蒙山旅游的知名度；发展文化旅游时，优先招聘农户到景区工作。

七、南宁市校椅镇"茉莉小镇"与乡村振兴融合发展模式

校椅镇坐落于横县中北部，镇域面积 236.6 平方公里，村（居）委会 22 个，经联社 112 个；2022 年全镇粮食种植面积 10.91 万亩，优质稻产业种植面积 6 万亩（其中早稻 2.6 万亩，晚稻 3.4 万亩）；蔬菜（含甜玉米）种植 18.1 万亩，总产 29.84 万吨，其中甜玉米 14.8 万吨，水果 4.35 万吨[①]。校椅镇农业发展不只局限于茉莉花。近年来，农业规模以"一乡一业""数村一品""一村一品"等形式在不断扩大，充分结合各村独特的自然资源环境，形成以石井村为主种植茉莉花，以青桐村为主种植甜玉米的产业基地。当地依靠这些特色产业已全面实现脱贫。校椅镇作为国家级特色小镇，在茉莉产业上别具一格，已经形成高度完备的茉莉产业链，取得良好的生态效益和经济效益。立足特色小镇，校椅镇未来设想是基于茉莉花和甜玉米，打造"一香一甜"的校椅品牌，通过产业发展带动乡村振兴，从而实现乡村振兴。

（一）创新茉莉花产业发展模式

校椅镇石井村近年来已经打造成茉莉小镇最出彩的一张名片。石井村占地达

---

① 广西南宁横州市人民政府.2022 年乡镇概况校椅镇［EB/OL］.（2023－05－19）［2023－09－08］http：//www.gxhx.gov.cn/gk/xzgk/t5585751.html.

2000 余亩，种植规模大，是区域内知名的茉莉花种植示范基地，并且引进北京张一元、台湾隆泰、浙江华茗园等茉莉花（茶）加工企业。石井村形成茉莉花专业合作社、茉莉花集散中心等全产业链，具备完善的配套基础设施和服务，从而保障生产的产供销一体化，并进一步保障种植的花农能够持续、稳定地获得增收，提高生活的质量和水平。另外，石井村境内的 4A 级景区——中华茉莉园，也聚焦于茉莉种植生产基地，创新性地探索出一条文化旅游发展的道路，吸引越来越多的游客。得益于茉莉三产融合的高质量发展，石井村已经形成"公司＋专业合作社＋基地＋农户"的茉莉产业助力乡村振兴模式，并取得显著成效。农民不再是"单独作战"，大家抱团发展，共同分担风险、共享利益，农户能够在合作社取得就业岗位并获得工资，缺乏劳动力的农户也可以通过以土地经营权入股农民专业合作社获得分红，最终实现增收；合作社盘活了乡村土地的流转，将分散的大量土地集中进行规模种植，有利于农业产业标准化、规模化，而且合作社会发展得更好，入股的农户也会获得更多的收益，促进农户增收致富；公司与合作社合作，从生产源头注重每一个环节，以获得安全、优质的产品原料，为公司的经营发展提供良好保障。除此之外，石井村鼓励当地加工企业优先招收建档立卡的农户进厂工作，在茉莉花采摘期，农户可以白天在家摘花，晚上到工厂加班，拓宽农户的收入渠道。

石井村通过茉莉产业实现乡村振兴，农户以土地经营权入股农民专业合作社，可以每年从合作社获得分红；专业合作社成立生产基地，实现规模化种植，解决原材料供应、销售等问题，并组织农户进行技术培训；生产基地聘用入股的农户到基地工作，同时付给农户报酬；公司为生产基地提供技术指导或与其合作研发新产品，并签订好收购合同，收购基地所生产的各种农产品；公司优先招聘农户工作，并按时支付工资。政府在整个发展中不仅只对一个主体发挥作用，而是作用于所有的主体，政府积极号召农户参与合作社生产、推动合作社壮大、促成合作社和公司合作并对合作社的后续发展进行监督；专业合作社成立初期的资金可通过向入股的农户筹措，也可以向金融机构申请贷款，金融机构对符合要求的农民专业合作社可以提供低息甚至免息贷款。

（二）构建玉米产业多元主体经营模式

校椅镇青桐村被誉为"中国甜玉米之乡"，是整个西南地区规模最大的甜玉米种植基地。通过甜玉米协会和专业合作社两个重要平台，青桐村所种植的甜玉米能够热销到全国各地。村党支部有力地号召全村村民，努力开拓甜玉米产业，并成功构建"公司＋专业合作社＋基地＋农户"的生产经营模式，助推国家的乡村振兴事业。甜玉米加工企业、甜玉米协会和甜玉米专业合作社三位一体，尽力为村民提供就业岗位，从而实现农户就业创收，对种植甜玉米的村民提供种植补贴。甜玉米产业让这个小村庄不仅实现全面脱贫，而且向着美丽富饶、安居乐业的美好生活出发。

青桐村主要通过"公司＋专业合作社＋基地＋农户"的产业模式助力乡村振兴。农户参与到农民专业合作社之后，土地经营权和所有权均不发生转移，只是种植的土地成为基地的一部分，生产出来的玉米由合作社进行统一销售；专业合作社统一为合作社的农户配备种子和化肥等材料，并且定期对农户进行种植培训，同时培养经纪人通过电商将玉米销往全国各地；基地由专业合作社成立，生产出的玉米由专业合作社负责全部售出；公司与专业合作社签订收购玉米的合同。这种专业合作社较好地解决农户组织化程度低、势单力薄的问题，能提高产品档次和知名度，化解家家户户小生产与大市场之间的矛盾，对农户进行种植技术的培训有利于培养一批懂技术的新型农民，一定程度上也可以增强农户进行自主生产的针对性和有序性。

（三）建立独树一帜的文旅品牌

校椅镇礬僧村是我国第三批"中国少数民族特色村寨"。这个古村落具有五色糯米饭、特色黑米大粽、糍粑、簸箕粉、糍粑、壮族服饰、村史展览馆、青砖灰瓦等民族特色。不同于石井村的茉莉产业与青桐村的甜玉米产业，礬僧村走出具有自己特色的文旅之路。经过几年的建设，礬僧村每年都吸引成千上万的游客到当地品尝美食，居住特色居民楼，体验手工艺品的制作，显著提升村民的收入水平。礬僧村文化旅游产业的规划与发展为乡村振兴注入新的活力，村民通过多样化渠道助力乡村振兴。

礬僧村主要通过"农业＋文化＋旅游"融合发展的模式推动乡村振兴。这种模式是在"一村一品"的基础上发展起来的，依托本地的自然资源、传统习俗文化等，不拘泥于发展当地的特殊农业产品，创建集美丽田园风光、当地民俗、特色文化为一体的农文旅产业。礬僧村在发展特色农业的同时，根据本地的地理环境与自然条件采取合适的措施，以农业发展为支撑，深入挖掘本地传统文化与历史沉淀，将最有价值的、最能吸引人的内容打造成品牌并多途径进行宣传。田园风光、舒适的自然环境，传统文化营造的人文氛围、古朴气息吸引来众多游客，推动旅游业的发展。此外，旅游业的发展又带动了民宿、农家乐等的发展，拓宽农户就业渠道，给农户以更多勤劳致富的机会。

八、柳州市"喀斯特山水古韵小镇"与乡村振兴融合发展模式

柳州市鹿寨县中渡镇是"旅游＋农业＋文化"一体化发展模式的特色小镇，也是成功入选第一批广西特色小镇的小镇，以"喀斯特山水古韵特色"为主旨发掘并建设香桥喀斯特国家地质公园、中渡镇古城遗迹、武庙等人文旅行游览景观。以旅游振兴为导向的小城镇在重点发展具有标志性作用的旅游服务、生态休闲农业、信息物流，打造特色产业发展新型空间载体的同时，也对特色产业的空间集聚、资源利用、布局调整提出新的要求。

祥荷乡韵位于鹿寨县中渡镇石祥屯，以石祥屯荷花园区为中心点，西起603县道，南至响水河支流，东达山脚地，北接响水瀑布，其中核心规划区3000亩，以核心区往南方向（中渡古镇方向），以东北方向（山脚村、拉练方向）联动发展。重点规划区北以响水瀑布景区为界，南至洛江支流，西以603县道为界，东至塘藕村山脚下。与鹿寨县城区相距28公里，与桂林市永福县百寿镇相距54公里，距离柳州市融安县城区67公里，无论南北均可由306县道直达。石祥屯形成鹿寨县中渡镇祥荷太空莲专业合作社，大力发展农业观光旅游。在种植和加工各种花的基础上，发掘以花为关键内容的系列保健、美容、养生食品，建立农产品销售电子商务平台，扶持发展农家乐、民宿等旅游服务业，培育新型的农业经营主体，促进第一、二、三产业的高度融合，逐渐发展为"生产发展、生活富裕、生态良好"的美丽乡村。

（一）立足乡村发展基础打造观光农业

"喀斯特山水古韵小镇"是一座历史悠久的小镇，坐落于广西鹿寨县西北部，是鹿寨、融安、永福三县接合的经济重镇，也是一座具有文明历史、文化底蕴、亮丽风景、民风淳朴的千年古镇，具有"四十八明珠"的荣誉称号。中渡镇地处低纬度，属南亚热带向中亚带过渡带，受季风环境影响较明显，是夏季避暑纳凉的佳地。首先，中渡镇"量体裁衣"，以现代农业为主体地位，依照"一村一品"要求调整农业产业结构。中渡镇按照发展目标制订计划，确定农业的主体地位，并且因地制宜根据不同的村重点种植不同的农产品以实现环境资源的最高效利用。中渡镇目标是打造自治区级生态农业观光示范区，将大兆石祥、大桥、糖藕等打造成重点发展项目，打造以古镇保护为核心的新型旅游城市，促进城乡一体化发展。如今已初步形成以长盛、黄村为代表的水果片区，以大兆、石墨为代表的蔬菜片区，以马安、贝塘为代表的高产水稻片区，以黄腊、寨上为代表的桑

蚕区域，推动特色农业发展。其次，中渡镇利用其得天独厚的喀斯特地貌打造具有鲜明特色的小镇旅游品牌。小镇拥有香桥岩、水石林、响水瀑布、峰林、天生桥等景点，具有小镇特色的洛江文化、武庙以及摩崖、香桥石刻等，具有农业与旅游相结合的"祥荷乡韵"旅游景区、岩溶主题酒店、梅花鹿山庄等，具有当地小镇特色的旅游产品英山米粉、大乐岭有机茶等，吸引了众多游客。与此同时，还吸引了诸如《刘三姐》《龙城风云》等知名影视剧组到此进行拍摄和取景。

（二）石祥屯打造特色宜居空间

中渡石祥屯的祥荷乡韵荷花园位于中渡古镇香桥景区十里休闲长廊中部，北与响水瀑布景区相邻，南面邻接中渡古镇景区，洛江支流从中穿过，可随时乘坐游船顺延直达响水瀑布及中渡古镇景区。村内的每条巷道互相连通，梯子依山而建并整齐排列，寓意"步步登高"。传统居民楼建筑精致，许多艺术部件装饰其中，使居民楼独具特色。中渡镇依据"敬重建筑风貌、提炼瑶族元素、凸显乡土特色"的理念，运用最新的建筑方法与生态理念对重点街道与房屋进行装修改造，打造一批生态宜人、天然美景与人文风采相融合，且具有民族特色的秀丽特色小城镇，将"坡屋顶、小青瓦、白粉墙、吊脚楼、木格窗"等瑶族元素打造为当地鲜明的特色文化旗帜。

乡村的居民楼不仅兼顾居民楼的外观美化因素，还兼顾周边的基础设施与公共环境升级改造。基础设施的建设与公共服务的配套建设不仅需要政府财政拨款支持，还需要充分调动当地居民的积极性，积极加入规划与建设工作之中。石祥屯以住房和城乡建设部乡村规划的相关指导意见作为村屯规划指导，秉持创新理念并充分调动村民的积极性，不断探索新型城镇化道路，为其他乡村起到"成效看得见、成果摸得着、经验带得走"的带头模范作用；积极推动政府与农民沟通协商机制、财政与人民资本互补机制以完善财政资金的使用和企业化运转，贯彻落实"农事村办"办实事的制度，为人文环境的建设添加新动力。"绿色村屯"既是目标也是载体，推动乡村清洁工作，打造绿色环境，积极发展生态经济并且推动生态、生活、生产协同共进。

产业是特色小镇发展的核心支撑，没有产业的支持小镇便无法发展。以产立镇、带镇、兴镇，充分协调产业和城镇的统筹发展，为可持续发展提供原动力。石祥屯近年种植太空莲，其由返回式卫星搭载回来的太空"诱变育种"。因为莲的藕、花、叶、籽实均产生广谱变异，所以莲蓬大，种子颗粒均匀，结实率达90%以上。太空莲采收期比常规品种长30～40天，达3个月。与此同时，每年6月至9月是荷花盛开的时期，荷花园青山环绕，空气清新，是不可多得的一处以荷为主题的乡村休闲旅游胜地。莲花镇创新传统营销模式，促进莲花产业发展的同时，拓宽销售渠道，充分利用"互联网＋"，实现市场改革，为农产品的交易提供专业平台，提升市场化水平，提升中渡镇石祥屯的知名度和美誉度，打造富有城镇特色的产业，将农民的增收、乡镇的发展建设与特色优势产业挂钩。从"三农"出发，集聚农业生产要素，实现农民现代化与特色优势产业发展的协调发展与有机融合。莲花镇以特色优势产业为发展重点，实现"以点带面"；莲花种植不仅可以增加农户收入，还可以发展旅游业，发展重心向小城镇转移，扩大特色水果的种植以带动生态旅游业发展，增加非农收入。现如今，以"市场＋企业＋基地＋农户"的模式使莲花特色产业转型升级，在专业合作社与土地流转构成的大趋势下，将莲花产业打造成高级化、规模化以及标准化的产业链，形成良好的发展势头。

石祥屯"祥荷乡韵"取得的成就离不开先进的发展理念，更离不开敢为人先的治理实践与创新精神。虽然莲花镇的经济基础较差、底子较薄，起点较低，但村民坚持实干，思想思路创新，改革体制与机制，对未来欠发达地区的发展起到了良好的带头示范性作用。该镇始终坚持先规划，将落脚点置于生态立镇，特色聚落以及当地民族文化领域，建设示范性民生工程。将特色城镇的建设、改善农民居住条件与乡村振兴有机结合。在奖惩激励方面，利用农民专业合作社，不断激励农民投身到合作社中，以入股分红与务工等形式拓宽收入渠道，提高农产业组织程度；不断扩大农村小额信贷工作的覆盖范围，帮助村民解决"贷款难、贷款贵"的难题，提高就业率。在基础设施建设方面，对资金进行整合，所有建设都由政府统筹，重点解决设施不完善等问题。生态乡村永远是立足点，落实"村屯绿化、道路硬化、饮水净化"工程，打造宜居环境。一个以莲花产业、乡村风貌、生态绿化休闲、适合旅游、居住以及从商的莲花镇正朝特色生态强镇奋斗。

九、来宾市金秀县"旅游小镇"与乡村振兴融合发展模式

金秀瑶族自治县（以下简称"金秀县"）位于广西中东部的大瑶山，拥有300.24万亩的森林面积，森林覆盖率非常高。此地冬暖夏凉，全年2/3的时间适合旅游，享誉"岭南避暑胜地"与"世间桃源仙国"的美称。此地拥有高含量的负氧离子，高密度的负氧离子对人体有降血压、促进新陈代谢的作用。同时，金秀县在珠江上游，是水源林保护区，其拥有丰富的水、土地、空气、动植物资源，因其享有得天独厚的地理位置，被称为"三圣四库"。圣堂山、金秀水、瑶族文化统一被称为"三圣"；碳库、水库、氧库和生物基因库则是"四库"，其

不仅是风景名胜区，还是广西面积最大、极为重要的水源林区、国家森林公园与自然保护区。金秀县城入口处有一座门楼，门楼正中间悬挂着两个醒目的大字——金秀，两边是一副对联，上联为"金山培四库茫茫桂海无穷益"，下联为"秀水涌群川浩浩珠江有富源"。寓意金秀生态环境良好、低碳富氧、土地肥沃、水源充沛、物产丰富，各族人民与大自然和谐相处。金秀县沿河而建，气候宜人，夏季最高气温也不超过30℃，是夏天避暑的好去处。

金秀县许多村屯走上"生态＋"产业振兴之路。生态是金秀的根本，旅游业的发展都是基于自身的生态资源优势，发展当地特色产业。为此，部分农民成为护林员，部分农民成为油茶、中草药和水果的种植大户，部分农民与时俱进办起农家乐，共同支撑金秀县走上"生态＋"产业振兴道路。

（一）基于生态资源发展特色产业

金秀县依靠自身优点，培育具有自身特点的特色产业，落户政策到每一户，发展林果、药菌、特色养殖、有机种植4大主导产业，做大做强产业基地，达到产业覆盖全面、措施精准与人员技术合格的目标，推动乡村振兴。该县不仅保护生态环境，还通过奖补鼓励村民投身到本地资源优势产业中来，促进新型产业与发展水果、中草药、茶叶优势产业相结合，打造新型产业模式。金秀克服山多地少的劣势，充分利用良好的生态环境，依托原有产业基础和独有的比较优势以及初具规模的后发优势，积极创建现代特色农业（核心）示范区，优化农业产业结构；按照"生态立县"的发展思路，大力推进"生态＋"产业模式，破解产业"单一式"发展难题，不断拓宽农户的稳定增收渠道，产业"造血"功能不断增强。通过"柑橘、茶叶、杉木、竹笋、生态鸡＋中药材、油茶"的"5＋2"特色产业，按长、中、短期相结合集中发展七大产业，农户特色产业种养规模迅速扩大，农户产业收入大幅增长。

（二）大力发展"公司＋农户"乡村旅游模式

金秀县整合资金、重点投入，加大旅游基础设施建设力度，深挖民族文化特色，规划包装旅游产品，加大旅游品牌创建力度，不断丰富旅游新业态等，对全县旅游发展及相关产业结构进行全方位、系统化的优化，不断促进乡村旅游发展壮大，带动村民就业和促进农民增收，使乡村旅游业成为新常态下引领经济转型发展的新方向、新动力、新亮点。金秀县具有良好的自然生态资源、丰富的民族文化，有"长寿之乡""广西特色旅游名县"的美誉，不断加强旅游基础设施建设和旅游项目建设，美化旅游环境，增强旅游服务功能，加快推进乡村旅游建设工作，多渠道加强旅游宣传，通过探索生态旅游、文化旅游等带动当地乡村振兴，探索出"亦旅亦农""景区辐射""异地搬迁""能人带动模式""公司＋农户模式""贫困村通过入股"等发展模式。金秀以"广西特色旅游名县"品牌为基础，进一步完善旅游基础设施，促进大瑶山旅游品牌效应凸显，使旅游业已从原来单一的观光游览变为集观光游览、生态休闲、避暑度假、文化体验、健康养生等于一体的集约型产业，让金秀从一汪清水变成群众致富的"聚宝盆"。

　　总结珠江—西江经济带九个国家级特色小镇发展经验可知，乡村振兴是一项长期工作，推动特色小镇与乡村振兴融合发展离不开强有力的产业经济支撑。以上九个国家级特色小镇建设与乡村振兴融合发展均取得一定成效，主要得益于是以下两个方面。第一，特色小镇因地制宜，突出发展一个主导产业。9个国家级特色小镇在发展过程中都坚持产业建镇、特色发展，根据区域要素禀赋和比较优势，挖掘本地最有基础、最具潜力、最能成长的特色产业，做精做强主导特色产业，突出"一镇一主业、一镇一风貌"，打造具有持续竞争力和可持续发展的独特产业生态。与此同时，9个国家级特色小镇都能梳理出其特色产业与产业链，形成"产业本身＋产业应用＋产业服务"的相关产业聚集结构，确立自身主导产业，明确小镇及其主导产业在区域经济及现代产业体系的定位，从而使特色小镇成为区域创新体系和经济带现代体系的重要组成部分。第二，融合农村一、二、三产业作为发展根本途径。通过剖析9个国家级特色小镇的发展案例可知，产业融合发展推动乡村振兴有以下经验：首先，特色小镇要培育精品品牌。特色小镇因地因时制宜，依据自身资源与环境优势，科学编制地方产业振兴规划，积极扶持各种形式的产业融合，大力发展新型产业业态，尤其是形成乡村品牌，打造独具特色的名片，开拓富有地方特色、产业深度融合发展的农业农村现代化道路。其次，特色小镇要建立多形式的主体利益联结机制。农村产业融合持续稳步发展的关键在于建立多元主体之间利益共享、风险共担的长效机制，形成主体之间长期合作的价值共识和稳定预期。9个国家级特色小镇都以构建农户、家庭农场、农民合作社、龙头企业、供销合作社等互利合作为主要发展模式，有效对接农户、家庭农场等主体对农资供应、农产品流通和农村社会化服务的新型需求，扩展服务内容，突破单一的流通服务局限，提供全程农业社会化服务。

第五章

珠江—西江经济带特色小镇
高质量建设与乡村振兴
融合发展模式分析

党的十九大将乡村振兴战略列为现代经济体系的重要发展战略之一；党的二十大也进一步强调全面推进乡村振兴。随着"创新、协调、绿色、开放、共享"五大发展理念的深入人心，国家及地方政府将特色小镇高质量建设与乡村振兴融合发展作为工作的重点[①]。乡村振兴并不是孤立的，它需要大量与乡村密切相关的空间载体。特色小镇是乡村人口、乡村相关产业、文化以及资源等要素在空间集聚的合适载体[②]。因此，本章将在发展现状与成效研究的基础上，总结珠江—西江经济带特色小镇高质量建设与乡村振兴融合发展模式，深入剖析不同模式存在的问题以及出现问题的原因；并基于成功模式探寻特色小镇高质量建设与乡村振兴融合发展的共性和差异，进而提出具体的融合方案，使特色小镇成为乡村社会治理的有效载体，建立实现两者融合发展的保障体系。

第一节　珠江—西江经济带特色小镇高质量建设与
乡村振兴融合发展的成功模式

特色小镇发展模式是指小镇在发展过程中形成的具有本地鲜明特色的经济运行方式以及经济结构。珠江—西江经济带内各地区的经济发展水平、特色产业、文化背景以及自然资源等方面不尽相同，因此珠江—西江经济带特色小镇高质量

---

① 陈桂秋，马猛，温春阳等. 特色小镇特在哪 [J]. 城市规划，2017，41（2）：68-74.

② 王博雅，张车伟，蔡翼飞. 特色小镇的定位与功能再认识——城乡融合发展的重要载体 [J]. 北京师范大学学报（社会科学版），2020（1）：140-147.

建设与乡村振兴融合发展的过程中也形成多元化的发展模式。通过总结珠江—西江经济带特色小镇高质量建设与乡村振兴融合发展的成功模式，系统分析融合发展模式的着力点、发展特点、具体做法以及成功经验，归纳出具有一般意义的客观规律以及政策导向，为我国特色小镇高质量建设与乡村振兴融合发展提供借鉴和启示。

一、凸显产业特色的融合发展

（一）融合发展的着力点

当前我国解决"三农"问题的重要路径是实施乡村振兴战略。特色小镇是乡村振兴战略的重要载体，特色小镇建设源于东部沿海的浙江省。在我国浙江省较早提出"在发展区域块状经济地区过程中利用小企业产业集聚的特点发展特色小镇"的设想，并在20世纪80年代探索出"小产业，大市场"的块状经济发展道路[①]。为推进特色小镇、小城镇建设发展，党中央、国务院发布关于特色小镇的政策方针，即2016年7月由住房和城乡建设部、国家发展和改革委员会、财政部联合发布的《关于开展特色小镇培育工作的通知》，强调特色小镇的发展要以产业为基础，加快产业的集聚、创新和升级并形成新的经济增长点。

特色小镇将发展特色产业作为基本点，以绿色发展为核心发展理念，以多产业业态融合发展为推进目标。这与乡村振兴产业兴旺要求的产业融合发展相一致，是一种优化产业布局、提高供给质量的经济发展模式[②]。通过农村整体产业的发展和优化，特色小镇得以在农业供给侧高端环节发力，同时坚持产业发展过程中的绿色可持续理念，将低碳环保型产业作为发展的重要内容，加快传统产业的转型升级[③]，调整产业结构，推进特色小镇与乡村振兴的融合发展。

（二）融合发展的主要特点

通常来说，具备区域性特色产业，且特色突出、功能性强的产城聚合体即为不同产业类型的特色小镇。对产业区进行分类以及对城镇功能区进行划定，形成

---

① 付晓东，蒋雅伟. 基于根植性视角的我国特色小镇发展模式探讨 [J]. 中国软科学，2017（8）：102 – 111.

② 周晓虹. 产业转型与文化再造：特色小镇的创建路径 [J]. 南京社会科学，2017（4）：12 – 19.

③ 周鲁耀，周功满. 从开发区到特色小镇：区域开发模式的新变化 [J]. 城市发展研究，2017，24（1）：51 – 55.

"产业—城镇"协调发展的新型城镇化模式①。从产业集中度、历史传统产业、特色手工业、高端制造业、景观休闲产业等方面辨析，细分特色小镇的产业类型，打造集生产、生活、生态于一体的特色小镇②。

(三) 融合发展模式

1. 商贸流通特色融合发展模式

便捷的交通基础设施是商贸流动型特色小镇发展的先驱优势，即该类特色小镇拥有在某商品市场上长远的物流发展史或自身具备良好的市场开放度，在商品流通过程中具有规模化、专业化的优势③。由于商贸流通型特色小镇对区位、交通、物流等方面的要求较高，因此产业往往表现为工业、商贸业及物流业融合发展的态势。代表性的商贸物流小镇是广西百色市祥周镇，祥周镇大力引进和发展商贸物流龙头企业，如新亚东现代农产品物流基地、现代市场果蔬冷藏保鲜及仓储配送中心、脱水蔬菜净菜"一站式"冷链物流配送基地、煤炭物流中心、右矿物流、祥周作业港区仓储物流等大型物流配送基地等。目前，祥周镇逐步构建以现代特色农业种植、农产品加工、商贸物流产业技术为核心的综合开发与利用的产业集群特色小镇，形成具有商贸物流产业特征的特色小镇。

商贸流通型小镇的优势主要体现在产业规模的扩展方面，而产业推进过程中特色品牌的形成有助于市场份额的增加。此过程也使产业的集聚效应得到充分发挥且进一步推动当地就业率的提升，从而使更多当地村民参与第二、三产业，开辟多元收入渠道。产业规模形成后，发达地区现代化企业中具备一定工业生产技能的外出人员实现就地就近就业。机制内生性灵活政策优势为地区创新创业提供人才发展平台，再通过"创业—就业"二元机制，使经济自主可持续发展④。

2. 工业发展特色融合发展模式

在传统工业的基础上，通过新兴技术优化并升级产业结构，合理布局产业空间，实现"以产促城"的发展模式是工业发展型特色小镇的特色。工业发展型特

① 王振坡，薛珂，张颖等. 我国特色小镇发展进路探析 [J]. 学习与实践，2017 (4)：23 – 30.

② 刘国斌，高英杰，王福林. 中国特色小镇发展现状及未来发展路径研究 [J]. 哈尔滨商业大学学报 (社会科学版)，2017 (6)：98 – 107.

③ 白小虎，陈海盛，王松. 特色小镇与生产力空间布局 [J]. 中共浙江省委党校学报，2016，32 (5)：21 – 27.

④ 闵学勤. 精准治理视角下的特色小镇及其创建路径 [J]. 同济大学学报 (社会科学版)，2016，27 (5)：55 – 60.

色小镇有利于解决城乡二元结构问题，为产业创新指出新的发展方向①。工业发展型特色小镇可细分为技术导向型和市场导向型。

技术导向型工业特色小镇是将技术作为小镇产业发展的核心，在产品中融入高新技术并以此增加产品的附加值。例如，广东佛山市北滘镇通过建立虚拟R&D 中心，引入科研机构力量和专业人才，坚持"精益求精"的创新精神，以打造先进家电制造业为目标；并积极引入美的等家电制造商及碧桂园等发展高科技产业的房地产企业，吸引精艺、惠而浦、蚬华、浦项等一大批中外知名企业，将北滘镇打造成具有智能家电技术的技术导向型工业特色小镇。

市场导向型工业特色小镇是以市场为产业导向，扩大市场规模而形成的。例如，广东云浮新区云联小镇紧抓时代对互联网、物联网平台建设及芯片的需求，将小镇建设成产业创业孵化基地，以满足市场需求。云联小镇通过引进华为公司、龙芯中科、清软海芯等知名企业落户，带动一批云计算相关企业和人才集聚，引进上、中、下游产业链的合作建设；围绕产业生态圈的云技术孵化、云基础服务、信息服务外包、智慧教育体验等产业打造特色产业功能区，将小镇建成沟通珠三角、辐射大西南的云计算大数据产业集聚地。

在"小城镇、大战略"的背景下，工业型特色小镇有力促进城乡融合发展，为推进新型城镇化发展提供良好机遇。工业型特色小镇是具有深厚的工商业文化根基、工业生产技术及工商企业管理生产经验的村镇，凭借区位优势及金融环境占据市场先机，快速实现工业化发展及产业融合发展；在乡村产业的组织、技术、结构、布局等方面发挥重要的推进作用，促进特色产业集群的形成②。

3. 农业服务特色融合发展模式

将农业生产生活及农业服务作为小镇特色，充分调动农民参与服务行业是农业服务型特色小镇的特色③。该类小镇具有构念于农村、发源于农村、反哺于农村等共性，是实现农业产业生产交易集聚化、市场化及经济文化城乡融合发展的重要路径。由于地域性植被、自然环境、文化习俗的差异性，农业服务型特色小镇往往也不尽相同④。珠江—西江经济带的农业服务型特色小镇主要有休闲农业小镇和生态农业小镇。

---

① 苏斯彬，张旭亮．浙江特色小镇在新型城镇化中的实践模式探析［J］．宏观经济管理，2016（10）：73－75，80.
② 曾江，慈锋．新型城镇化背景下特色小镇建设［J］．宏观经济管理，2016（12）：51－56.
③ 盛世豪，张伟明．特色小镇：一种产业空间组织形式［J］．浙江社会科学，2016（3）：36－38.
④ 宋宏，顾海蔚．乡村振兴背景下农业特色小镇可持续发展影响因素研究［J］．东北农业科学，2019，44（2）：75－80.

　　休闲农业特色小镇的代表是广西百色市的"中国（百色）东盟休闲农业园"。农业园紧邻壮族布洛陀文化圣山——敢壮山，毗邻百色国家农业科技园区，立足全国农业旅游示范点——布洛陀芒果风情园，重点打造万国农业大观园（集研发、育种、实验、推广、孵化、生产、仓储、运输、培训、传播、交流等于一体的东盟农业总部基地）、东盟十国商务会都（以"会议酒店＋地产配套"的会都模式，研创以高新科技、生态宜居、疗养休闲为主要特点的中高端度假产品）、布洛陀壮乡风情小镇（包括居民社区、农家乐、民族风情商业街等，发展游客接待、安置当地居民、民族风情体验等产业）、布洛陀香芒运动公社（以高尔夫和风格别墅为特色符号的主题别墅、时尚运动休闲区，包括香芒高尔夫练习场、田园小球高尚运动区、右江水岸果岭运动场）、有机农业养生度假社区（田园康养度假社区）、右江风情水街（有滨水的酒吧、茶吧、特色餐厅、客栈等配套设施齐全的休闲商业水街）等重点项目①。农业园以农业为基础建设农业特色小镇，并结合当地产业基础优势创建农业公园、休闲农业园区。

　　生态农业特色小镇的代表是广东云浮市温氏农科小镇。该小镇紧密对接服务国家"种业强国"的战略需求，以打造"国际一流现代畜禽种业产业园"和具有国际影响力的民族畜禽种业品牌为宗旨，搭建良种繁育、饲料、禽药、生物工程、养殖设备、废物循环再利用的畜禽养殖产业链全环节的科研基地。温氏农科小镇确定"双核、六心、一轴、三片区"的发展方案，统筹布局畜禽种业及下游关联产业的生产、加工、流通、旅游、文化、研发、服务等功能模块。其中，"双核"为全国畜禽种业科技创新核心引领园、现代畜禽种业关联产业核心集聚园，"六心"为畜禽种质资源保护与利用中心、畜禽育种工程技术研发中心、种禽繁殖工程技术研发中心、畜禽种业产业化工程技术研发中心、畜禽种业国际交流与展示中心、畜禽种业产业化物联网大数据中心，"一轴"是现代农牧风情与乡村振兴展示轴，"三片区"为畜禽种业产业融合发展区、现代种畜禽绿色发展集聚区及种业产业化精准扶贫样板区。

　　农业作为特色小镇特色产业的主体，在现代产业体系的引领作用下，对乡村产业的组织、技术、结构等各方面的发展起到重要的推动作用。这不仅为乡村振兴战略的实施增添新动能，还对承接城市产业转移、平衡城乡人口密度以及消除新型城镇化进程中出现的"城市病"等具有重要的现实意义。

① 范成文，刘晴，金育强等. 我国首批运动休闲特色小镇类型及其地理空间分布特征［J］. 首都体育学院学报，2020，32（1）：63–68，74.

4. 旅游发展特色融合发展模式

将旅游业作为小镇的主导产业或者在小镇的发展中将旅游业与其他产业融合发展的特色小镇称为旅游发展型特色小镇①。旅游发展型特色小镇可细分为风景名胜类旅游发展型特色小镇、田园休闲类旅游发展型特色小镇、康养度假类旅游发展型特色小镇和休闲要素类旅游发展型特色小镇。

风景名胜类旅游发展型特色小镇具有天然独特的区位优势，往往依靠大型天然风光的景区构建而成，例如国家级风景名胜区、国家级自然保护区、森林公园等②。广西柳州市中渡镇就是风景名胜旅游发展型特色小镇的代表。中渡镇有以香桥岩国家地质公园为中心的九龙洞、响水瀑布、鹰山、洛江古榕等自然风光。中渡镇利用特有的喀斯特地貌发展旅游产业，并融入民间传统活动；如通过举办美食节、庙会、和家宴、山歌赛等活动，提升特色小镇的知名度和影响力。

田园休闲类旅游发展型特色小镇以农业自然景观和农耕文化为基础，形成"农业 + 文化 + 旅游"的特色小镇发展模式。广东佛山市花卉小镇以建设田园休闲类旅游发展型特色小镇为目标，通过河涌净化、河岸绿化、环境美化，以及建设亲水平台与驿站、改进机耕路等方式，将小镇打造成集休闲体验、观光鉴赏、科普教育于一体的"花卉客厅"，建成百姓日常观光休闲的田园休闲小镇。

康养度假类旅游发展型特色小镇是在田园休闲类旅游发展型特色小镇的基础上，重点关注生态资源开发的特色小镇类型。其特点主要有：优质的生态环境，较高的森林覆盖率、丰富的湿地资源、国家自然保护区等；康养文化底蕴深厚，注重中医药养生文化、民族体育文化、饮食文化等；特色文化底蕴深厚，突显节庆、赛事等当地特色活动③。广东云浮市六祖小镇是康养度假类旅游发展型特色小镇的代表。六祖小镇依托"禅宗""温泉"两大旅游品牌，以禅宗文化旅游、温泉休闲度假和体育运动为核心，以具有山水人居特色的中国古典风情式低密度住宅及度假养生居所为载体，打造具有禅宗文化元素及体育运动、休闲度假、商务接待、健康养生与居住等功能的高档低密度度假区。

休闲要素类旅游发展型特色小镇的天然旅游资源禀赋与其他类型的小镇有所不同，其发展形成的关键点在于当地文化品牌或旅游项目拥有较高的知名度④。

① 赵华. 旅游特色小镇创新开发探析 [J]. 经济问题, 2017 (12)：104 - 107.

② 张信得, 张云彬, 陈浩. 乡村振兴背景下旅游资源型特色小镇发展路径研究——以巢湖半汤温泉小镇为例 [J]. 江苏农业学报, 2020, 36 (1)：219 - 226.

③ 何莽. 基于需求导向的康养旅游特色小镇建设研究 [J]. 北京联合大学学报（人文社会科学版）, 2017, 15 (2)：41 - 47.

④ 钟娟芳. 特色小镇与全域旅游融合发展探讨 [J]. 开放导报, 2017 (2)：54 - 58.

广州佛山市白坭文创小镇具有"西江第一大港"之誉,文创小镇以文化为发展核心,将境内明清风格的古祠堂、岭南文化的古建筑与古民俗等文化元素整合成独具岭南文化魅力的文化品牌;并将其作为特色小镇建设主导的创意产业,打造成生态、生活、生产"三生"融合的特色小镇。

旅游发展型特色小镇建设注重打造"旅游+农业"的发展模式,推动小镇生态保护、基础设施建设、交通环境改善,从而解决乡村振兴过程中的社会主要矛盾和突出问题。旅游发展型特色小镇能够激活乡村人口、土地、资金、住房、产业等要素的内生活力,从而实现特色小镇建设与乡村振兴发展的可持续,进一步推动城乡融合发展,构建"人—地—产"融合发展格局。

5. 历史文化产业特色融合发展模式

以历史文化产业为特色的融合发展主要依靠人文资源,有形的资源包括具有历史年代感的古镇古村古建筑等自然遗产,无形的资源主要是在不同历史环境中形成的民族文化、节庆文化、红色文化、宗教文化、手工技艺、民族歌舞等非物质文化遗产。

广东佛山市广府印象小镇位于佛山市三水区乐平镇,是依托历史文化发展而来的特色小镇。广府印象小镇以中国历史文化名村、广东第一村——大旗头古村为核心,以乐平涌为纽带,打造广府文化体验基地;并以建设儒家天下文化公园、建设乐平涌"一河两岸"生活经济带、两个美丽乡村为目标,将自身打造成承载历史文化的中国名村,从而彰显广府印象的体验胜地及融合古今风情的旅游名镇特色。

广西百色市百育镇是著名的壮乡芒果风情小镇。除了积极发展芒果产业之外,百育镇利用壮乡民族文化多样性的旅游优势,借力壮族特有的传统节日,打造"三月三歌圩节""舞狮交流会"等民族节庆旅游品牌,形成以文化旅游为依托的特色历史文化产业路径。

赋予历史文化以时代的特征,激活传统文化的活力,促进人们对历史文化形成与变化的关注。乡村文化产业的进步与发展得益于文化元素的弘扬,同时使相应元素融入公共文化服务,增加人们对乡村文化价值的认识,发挥良好的窗口示范作用。

(四)核心经验

特色小镇高质量建设与乡村振兴融合发展需确定地区性特色,即定位及选取相应产业。这就要从顺应产业导向政策、凭借自身禀赋优势、完善产业结构等方面入手。结合相应产业类型,基于地区环境及产业特点,形成长远发展规划并引导实施。具体包括以主导产业为发展核心，进而扩展产业链并形成配套产业；再根据特色的发展要求对特色小镇进行产业发展重点方向规划，促进产业转型升级。

特色小镇构建的关键在于"特色"两字，即精准发掘当地特色产业或地域性特点，并识别特色产业或地域性特点具备长远发展、自我更新的潜在能力①。乡村经济的发展与增长有赖于特色小镇的构建与发展，同时将"创新、绿色、共享"理念有效融合，催生当地经济发展新动能，形成经济自我更新及自我成长的态势，进而促进城乡融合发展。

二、凸显区位特色的融合发展

（一）融合发展的着力点

近年来，党中央和国务院加大对特色小镇构建及发展的重视力度，出台系列政策促进特色小镇及小城镇建设和发展并取得良好成效，逐步涌现出一批示范性特色小镇。特色小镇的构建和发展尚处于初步探索阶段，同时也陷入"千城一面"的困境。因此，小镇建设频频出现特色挖掘仍不够深刻、急于求成、盲目化发展等问题②。将特色小镇真正"特"起来，遵循城镇化发展的规律，因地制宜地在各地区结合产业空间布局优化产城融合模式；围绕特色主导产业形成产业聚链生态圈，深刻剖析自身区位优势特点，将差异化发展融入特色小镇的建设过程③。通过剖析各种案例，总结出"市郊镇""市中镇""园中镇""镇中镇"等特色小镇发展模式；根据小镇发展模式的不同特点，从政策创新、作用机制、主体职能、融资手段等方面进行探究。

（二）融合发展的主要特点

由于小镇所处的地理区位不同，特色小镇与乡村振兴融合发展的模式因此也有差异，形成位于城市郊区的市郊镇、位于城市内部的市中镇、位于产业园区内部的园中镇、位于建制镇内部的镇中镇。这四类小镇是城乡融合发展的重要载

---

① 马仁锋，周小靖，李倩. 长江三角洲地区特色小镇地域类型及其适应性营造路径 [J]. 地理科学，2019，39（6）：912-919.

② 王小章. 特色小镇的"特色"与"一般" [J]. 浙江社会科学，2016（3）：46-47.

③ 李娜，仇保兴. 特色小镇产业发展与空间优化研究——基于复杂适应系统理论（CAS）[J]. 城市发展研究，2019，26（1）：8-12.

体,同时也是产城融合的重要汇集区①。

(三) 融合发展模式

1. "市郊镇"特色的融合发展模式

"市郊镇"是城市郊区的特色小镇。该小镇地处城乡接合部,各类生产生活元素均处于农村与城市的中间地段。从空间维度上看,"市郊镇"是在尚未进行大规模开发的城市郊区开展特色小镇建设,其活动范围集中于以城市中心区为核心向四周延展的150公里内。相对于城市建成区域,"市郊镇"空地较多,发展政策比较灵活,发展潜力较大②。"市郊镇"的典型特色小镇有广西南宁市横州市校椅镇的茉莉小镇。茉莉小镇以茉莉花产业为支撑,围绕茉莉花培育形成文化氛围及茉莉花生产加工产业链,不断将茉莉主题融入小镇的生产、生态和生活,最终建成世界茉莉花都、世界茉莉花产业话语权中心、世界茉莉花产业示范高地、国家4A级旅游景区、广西茉莉主题特色小镇。柳州市打造的"螺蛳粉特色小镇"也是"市效镇"的典范,柳州市柳南区利用第二产业集聚优势,推动第三产业结构优化升级,坚持"四个培养"的工作原则,集中优势力量打造"螺蛳粉特色小镇",使其成为广西特色小镇高质量建设的典型案例。

郊区是城市与乡村的过渡地带。在郊区配备完善的物流设施,优化道路基础设施,能够在很大程度上缓解城市中心功能压力,并为中心城市发展提供休闲场所,进一步完善、优化城市布局③。因此,"市郊镇"能够利用地理优势以及城市基础功能搭建城乡融合的新发展平台,最终发展成毗邻城市的特色小镇。

2. "市中镇"特色的融合发展模式

"市中镇"是城市内部的特色小镇,本身也是城镇化的组成部分;其主要代表有广东佛山市的禅城陶谷小镇。佛山是传统陶瓷业的发源地,石湾制陶史可上溯五千年。佛山也是中国建筑陶瓷产业策源地,以石湾镇为原点,逐步延伸至周边城市。陶谷有近650家知名建陶品牌企业,石湾及南庄镇陶瓷销售总量和出口总额分别占全国的1/2以上和1/4以上④。广西南宁的林科小镇位于南宁市高新

① 方叶林,黄震方,李经龙等.中国特色小镇的空间分布及其产业特征 [J].自然资源学报,2019,34 (6):1273 – 1284.

② 陆佩,章锦河,王昶等.中国特色小镇的类型划分与空间分布特征 [J].经济地理,2020,40 (3):52 – 62.

③ 王兆峰,刘庆芳.中国国家级特色小镇空间分布及影响因素 [J].地理科学,2020,40 (3):419 – 427.

④ 谢轲.陶谷小镇入选全国特色小镇典型经验案例 [EB/OL].(2019 – 07 – 26)[2022 – 05 – 03].http://k.sina.com.cn/article_1717696667_6661f89b0200012t2.html.

区，小镇的林科产业在南宁市占据着主导地位，高新区产业集聚有利于传统产业转型升级，为林科产业提供良好的产业基础以及经济环境。佛山市顺德区北滘镇地理位置独特，位于广州主城区、佛山新城及顺德主城区三城的交汇处，交通便利，产业特色明显，环境宜人。北滘镇作为中国家电制造业重镇，拥有家电及配套企业近900家，素有"家电之乡"之称①。

"市中镇"特色小镇高质量建设与乡村振兴融合发展模式是新型城镇化发展的产物。"市中镇"作为承接城市功能和农村转移人口的重要载体，是加快区域经济发展的重要引擎，也是城乡融合的重点规划区域。根据"市中镇"的实际，采用分区形式探索多类型的乡村振兴模式②。

3. "园中镇"特色的融合发展模式

"园中镇"是以产业园区为载体，在产业园区内部发展的特色小镇，其能够创新产业园区活力、丰富城市功能，达到产城融合的发展目标③。广西贵港市电动车小镇位于贵港国家生态工业（制糖）示范园区的西江科技产业园，是"园中镇"的典型代表。电动车小镇以发展新能源电动车为重点产业，着力打造"互联网＋技术制造""文化＋旅游"的新型电动车生产基地，建成体制改革的先导区和高新科技的示范区。目前，电动车小镇的道路、天然气管网、商业、公交等基础设施日益完善，初步形成功能齐全、产业鲜明、环境优美、生机盎然的特色"园中镇"。

产业园区是乡镇经济发展的载体，是乡村振兴的"推动器"。"园中镇"能够为当地居民提供非农产业岗位，促进农户就地就业，扩大农户土地经营规模，助力农民增收及优化农村产业结构。因此，在园区的建设过程中，政府积极发挥规划的指引作用，推动小镇特色产业与园区产业的协调发展，助力"园中镇"构建产业互动、功能互补的发展模式，实现小镇与产业园协同共进，共同推动乡村振兴。

4. "镇中镇"特色的融合发展模式

"镇中镇"是建制镇内部的特色小镇。城镇范围内的特色小镇（"镇中镇"类特色小镇）指坐落在城镇内部的特色小镇。在规划设计、建设培育的过程中，

---

① 方明. 特色小镇关键在"特"［EB/OL］.（2017－01－14）［2022－05－03］. https：//www.sohu.com/a/124291810_162758.

② 李国英. 构建都市圈时代"核心城市＋特色小镇"的发展新格局［J］. 区域经济评论，2019（6）：117－125.

③ 李硕扬，刘群红. 产城融合视角下特色小镇的功能定位研究——以南昌太平镇为例［J］. 城市发展研究，2018，25（12）：168－172.

"镇中镇"能够共享城镇发展红利,强化产业发展基础。例如,广西柳州市鹿寨县中渡镇的喀斯特山水古韵小镇、享有"柚香小镇"之称的广西柳州市三江侗族自治县丹洲镇、广东云浮云城氢能小镇等。"镇中镇"特色小镇能够有效解决农业人口就业问题,其特色产业的发展能够优化当地的教育、医疗、文化等公共设施建设,带动周边的金融、科技、物流、交通、休闲等商业协调发展。

(四)核心经验

区域经济增长的带动必须有特定地区或特定产业的突破发展作为动能点,进而辐射整个地区。特色小镇作为具有发展潜力的区域经济增长极,在产业集聚、生产质量、基建发展等方面均具备无可比拟的比较优势。作为增长极的特色小镇将成为区域要素整合及经济增长的关键点,有利于在区域内形成一点带动多点、多点构建多中心的空间发展格局。"市郊镇""市中镇""园中镇""镇中镇"是城乡融合发展的新载体、新平台。划分小镇类型有利于对小镇特色产业进行定位,彰显特色小镇高质量建设与乡村振兴融合发展的独特性和可行性,是实现经济高质量发展、满足人们对美好生活追求的有效举措。

三、不同动力机制特色的融合发展模式

(一)融合发展的着力点

特色小镇的不同发展条件以及发展理念形成特色小镇不同的动力机制。选取区位优势、特色鲜明的区域,培育形成产业融合导向、文化再造导向、生态宜居导向、社区治理导向等不同动力机制的区域经济增长极,从而实现以点带面、共同发展,有效推动城乡融合;并有步骤地完善城乡基础设施建设,将城市公共服务功能逐渐向农村地区辐射发展,全方位实现乡村振兴。

(二)融合发展的主要特点

产业结构升级、生态环境优化、历史文化挖掘等是新时代背景下特色小镇建设的发展模式。

(三)融合发展模式

1. 产业融合导向的融合发展模式

特色小镇增长模式的核心离不开特色产业的构建与驱动。倘若缺少产业支撑，特色小镇的可持续发展就失去动力来源。例如，美国曾以打造"花园城市"为主题，突出小镇建设的特点，但小镇建设中缺少产业支撑，导致小镇建设逐渐演化成普通的住宅开发，与最初的小镇建设初衷相背离。乡村振兴需要解决的核心问题是经济社会发展面临的突出矛盾。当前乡村社会发展进步缺乏有效动能，而乡村振兴所主导的产业兴旺则是解决相应问题的必要途径。例如，广东云浮市云城氢能小镇、广东广州市沙湾瑰宝小镇、广东佛山市顺德陈村镇"花卉小镇"等，均有明确的产业发展方向；它们在建设过程中形成产业集群，对于乡村产业的振兴、选择、转型升级具有重要的借鉴意义。因农村经济存在的困境主要体现在农业机械水平较低、产业融合度不足等方面，由此将互联网、物联网等现代信息技术融入农业生产过程，推动三次产业协调发展，加快农业产业向现代化迈进，从而构建现代化农业产业体系。例如，在广西百色市国家农业科技园区的芒果庄园里，芒果智慧农庄综合信息管理平台通过园区内的智能传感器、图像采集器、远程控制器等物联网设备，实现对芒果生产过程科学化、精准化、自动化、标准化的管理；专家通过智慧云平台进行远程诊断、控制水肥一体化智能灌溉，进而实现产品质量的全程追溯。芒果庄园依托得天独厚的优良环境、精湛的芒果种植管护技术和现代化的农业技术管理，形成独一无二的芒果产业链文化。

2. 文化再造导向的融合发展模式

精神纽带是维系共同体延续的重要力量，而这种力量正源于地域文化所产生的文化凝聚力。特色小镇的可持续发展需要将精神纽带作为支撑，通过文化再造形成小镇文化凝聚力。而文化再造也需要对传统文化资源进行挖掘和整合。例如，广东广州市沙湾瑰宝小镇是中国历史文化名镇、中国民间艺术之乡（飘色之乡、广东音乐之乡）、中国龙狮之乡、中国鱼灯艺术之乡、中国文化旅游名镇、中国兰花名镇等。沙湾瑰宝小镇始建于南宋，是一个有着800余年历史的岭南文化古镇。小镇内"石阶石巷"的古村落格局保存完好，现保留明、清、民国时期的古建筑约400间[①]。沙湾瑰宝小镇不仅物质文化遗产丰富，非物质文化遗产也十分丰富，例如沙湾龙狮、沙湾飘色、沙湾何氏广东音乐、沙湾砖雕四大文化名片享誉全国。文化有物质文化和非物质文化两种，通过各种形态留存于小镇。因此，沙湾瑰宝小镇准确进行自身特色定位，致力于开展各类民俗文化活动，为传统文化提供活动空间和展示平台；通过各类特色民俗文化活动进一步挖掘小镇的文化内涵，推动传统文化的传承、发展；并聚焦新时代特征，将文化再造作为特

---

① 南方都市报．"农旅融合"，打造广州美丽乡村［EB/OL］．（2018－07－23）［2022－05－03］．https：//www.sohu.com/a/242808434_161795.

色小镇高质量建设与乡村振兴融合发展最为突出的特点。

3. 生态宜居导向的融合发展模式

特色小镇实现可持续发展的核心是将生态宜居作为建设的重点。生态城镇的构建包含社会经济与生态效益整体最大化的思想，是当前中国经济发展背景下最适当的考虑①。因此，特色小镇的规划发展与构建更应当重视与生态发展理念的融合。例如，广西柳州市柚香小镇是生态宜居导向特色小镇的典型案例。柚香小镇是以旅游业为主要产业的山区小镇，高铁的开通使交通便捷度提高。柚香小镇要在众多旅游型特色小镇中脱颖而出，亟须深度挖掘小镇自身的特色。为此，柚香小镇依托得天独厚的生态优势和越发成熟的旅游产业优势，积极完成"生态农业 + 文化 + 旅游综合发展的特色小镇"的转变与落地，通过加强保护小镇传统古村落建筑，维护生态环境，将柚香小镇打造成宜居宜业的特色小镇。生态发展的重点不仅是解决经济增长问题，更注重可持续发展理念的落实效果。在特色小镇高质量建设与乡村振兴融合发展过程中，实现产业结构绿色升级，生产生活向低碳化转型发展，需要利用绿色智能优化环境，重视制度构建对绿色生产效率的提高，实现城镇与生态环境的区域互动。

4. 社区治理导向的融合发展模式

特色小镇是由多个城乡社区组成的，通过解决城乡社区问题，将特色小镇的社会治理单元进一步划分，有利于特色小镇高质量建设。特色小镇建设可从创建城乡社区、打造城乡社区两方面展开实践。第一，创建城乡社区。随着城镇化进程的加快，城市土地资源越来越紧张，城市压力需要缓解，同时人们期盼实现城市美好生活的愿望也越来越急切，具备社区功能性的小镇便成为解决路径之一。例如，广西贵港市桥圩温暖小镇，深挖当地羽绒生产产业，以"柔暖羽绒、和暖温泉、香暖富硒、红暖老区"为主要载体，加快生态宜居、产业振兴的"温暖小镇"的培育创建。第二，打造城乡社区。通过打造城乡社区将我国分散的村庄进行有机组合，在区域范围内实现基础设施资源的共享，有效配置资源。例如，广东佛山市绿色健康小镇以满足居民生活服务为目标、广东广州市沙湾瑰宝小镇推广农村新型社区试点等，通过"一镇多社区"的发展模式，实现社区资源优势共享。

（四）核心经验

特色小镇高质量建设与乡村融合发展，是新时代背景下我国适应经济新常态

---

① 王振坡，张安琪，王丽艳. 生态宜居特色小镇：概念、内涵与评价体系 [J]. 管理学刊，2019，32（2）：45 - 53.

的重要方案和思路。其作为新的实践模式，需要进一步地探索并优化方案。因此，总结现有特色小镇建设的具体模式，分析实践的重点、难点，能够为特色小镇高质量建设与乡村振兴融合提出战略性思考和启示。不同动力机制的特色小镇建设助推乡村振兴的实践经验，其主要特点有以下几点：推进供给侧结构性改革，创新乡村经济增长动力；重视人力资本开发，破解人才"瓶颈"制约；挖掘传统文化资源，推动乡村文化振兴；健全乡村治理新体系，确保乡村社会治理有效。

四、不同运营范式特色的融合发展模式

（一）融合发展的着力点

2014 年，浙江省首次提出"特色小镇"的概念。随后住房和城乡建设部积极开展培育特色小镇建设，各地也逐渐进行特色小镇建设的探索与实践。在这一过程中，也暴露出特色小镇建设存在的问题，其中突出问题表现为特色小镇发展模式不完善。也就是说，特色小镇建设缺乏社会资源的充分融入，长效发展机制尚未形成。因此，研究不同范式的特色小镇建设模式，将小镇建设与乡村振兴融合发展有机联系，有利于拓展特色小镇的经营范式，促进特色小镇更好更快地发展①。

选择适合本地特色的运营范式是推进特色小镇建设的一个重要突破口。城镇发展理念和开发建设主体的不同，是决定特色小镇不同运营范式的重要因素。市场在资源配置中起到决定性的作用，意味着城镇运营主体、运营对象以及收益方式均会随时发生变化。

（二）融合发展的主要特点

根据不同的特色小镇运营范式总结出以下特点。第一，以产业及环境为基础。产业是小镇的基本经济来源，是小镇建设的经济基础；环境是小镇开发的重要价值导向，能够将小镇特色转化为市场核心吸引力。第二，以政府政策及投资为支撑。政府政策能够为小镇特色产业定位绘制蓝图，优化营商环境、吸引社会资本②。第三，加强产城一体化发展。促进产业的综合发展、功能的综合配置、

---

① 王晓洋. 特色小镇商业建设模式及可持续发展路径——以江苏苏州市为例［J］. 商业经济研究，2019（4）：162 – 164.

② 李涛. 经济新常态下特色小镇建设的内涵与融资渠道分析［J］. 世界农业，2017（9）：75 – 81.

土地的综合开发等。第四,以泛旅游为引擎和最终目的。旅游配套设施完善,使景区内拥有高品质的景区服务以及公共服务。

(三) 融合发展模式

1. 政府引导特色的融合发展模式

政府通过内生和外生来引导特色小镇高质量建设与乡村振兴融合发展。

内生型融合发展模式即在已有产业的基础上,政府发挥主导力量并在小镇运营环节进行积极的培育及引导。通过加强小镇产业定位、规划及基础设施建设,政府为小镇营造良好的投资环境并进行招商引资[1]。广东佛山市千灯湖创投小镇就是典型的政府引导建设的特色小镇,以小镇为载体实现珠江西岸创投中心建设,助力佛山市打造成国家制造业创新中心。在千灯湖创投小镇建设的过程中,佛山市南海区政府2018年与浙江菜根信息科技有限公司签订合作协议,为千灯湖创投小镇提供定制化运营服务方案,从产业定位规划、区位政策建议、运营服务体系打造等方面提供全方面的决策方案[2]。2020年8月,佛山市南海区政府出台《佛山市南海区促进千灯湖创投小镇产业集聚扶持办法(2020年修订)》,对落户在千灯湖创投小镇的创业投资、股权投资、私募证券、公募基金等各类基金给予大力支持,其中落户奖励最高可达5000万元[3]。

外生型融合发展模式,即重点依靠外来资金引入特色产业。在此过程中,政府扮演参与者的角色,为外生型融合发展小镇提供政策、平台及创新环境。广东云浮市云城氢能小镇以氢能源产业为主导,引进广东国鸿氢能科技有限公司和佛山飞驰汽车等企业,建成氢能产业与新材料发展研究院、氢燃料电池生产基地、氢能源汽车整车生产基地,助力氢能小镇成为国内最大氢能源汽车生产基地,初步形成研发、孵化、生产的产业链雏形[4]。

2. 企业带动特色的融合发展模式

特色小镇建设需要有稳定的资金来源。在政府财政拨款稳定投资的基础上,积极发挥社会资本激活市场活力,形成企业带动的特色融合发展模式。例如,广

① 张蔚文. 政府与创建特色小镇:定位、到位与补位 [J]. 浙江社会科学,2016 (3):43 - 45.

② 佛山日报,广东金融高新区. 后疫情时代,千灯湖创投小镇如何突围? [EB/OL]. (2020 - 03 - 31) [2022 - 05 - 03]. https:／／m. thepaper. cn/baijiahao_6782603.

③ 珠江时报,广东金融高新区. 投资突破千亿! 千灯湖创投小镇频频传出喜讯 [EB/OL]. (2020 - 11 - 20) [2022 - 05 - 03]. https:／／m. thepaper. cn/baijiahao_10070115.

④ 国家税务总局广东省税务局. 云浮氢能小镇注入"税"动力,共绘乡村振兴美丽画卷 [EB/OL]. (2021 - 09 - 24) [2022 - 05 - 03]. https:／／guangdong. chinatax. gov. cn/gdsw/yfsw_bcgzdt/2021 - 09/24/content_200fb6e8728e454d991497a1fd97b65c. shtml.

东佛山北滘镇是企业带动类特色小镇高质量建设与乡村振兴融合发展模式的代表小镇。北滘镇是珠江三角洲的一个魅力小镇，产业特色明显，环境宜人，人民生活富足；其支柱产业主要包括家电、金属材料和机械设备制造业等，拥有美的、碧桂园等一大批国内外知名企业。北滘镇致力于推进产城一体化，通过引进企业资本，加强企业与小镇开发项目对接，激发小镇的发展潜力，完善小镇整体设计、运营、维护的一体化市场运作；同时，北滘镇政府加强监管职能，将小镇建设资金落实到项目，保障企业项目运营及投资的可持续性。

3. 政产学研用联动特色的融合发展模式

政产学研用联动特色的融合发展模式，是企业、金融机构、学校、科研院所等各类主体在政产学研用合作平台形成的特色小镇与乡村振兴融合发展模式。以产业促进特色小镇的可持续发展，关键在于充分发挥各类主体的活力，增强企业的自主创新能力，支持企业与高校、科研机构开展政产学研用合作。例如，广西南宁市林科小镇依托广西林科院的科研实力和丰硕成果，规划打造一个现代化生态农业产业园，形成集聚旅游观赏价值及科普教育功能于一体的产业生态圈，最大限度地体现政产学研用联动的融合发展模式的优势①。

4. 政府和社会资本合作特色的融合发展模式

资金是特色小镇建设的重要支撑。引入政府与社会资本合作（PPP 模式），将社会资本投入小镇建设，有利于缓解政府的资金压力，而且也能够分散投融资风险。政府与社会资本合作特色的融合发展模式可以广泛吸收社会资本，拓宽企业融资渠道，实现政府与社会资本的利益共享和风险分担②。例如，陶谷小镇是在佛山市禅城区政府的指导下建立的特色小镇。在市场化运作模式的基础上，陶谷小镇撬动社会资本投入小镇建设，构建政府、企业、社会三方共同治理的框架。政府以"双创"资金为引导与企业联盟合作，采取 PPP 等模式，充分发挥市场力量，因地制宜创建陶谷小镇投资建设运营机制。政府与社会资本形成合作以取长补短，使"产、城、人"的融合更加持久，促进特色小镇高质量建设与乡村振兴的融合发展拥有更持久的活力。

（四）核心经验

明确特色小镇的经营范式和建设主体，充分吸引社会资本，加强政府与企业

---

① 张颖举，程传兴. 中西部农业特色小镇建设的成效、问题与对策［J］. 中州学刊，2019（1）：50 – 55.

② 魏蓉蓉，邹晓勇. 特色小镇发展的 PPP 创新支持模式研究［J］. 技术经济与管理研究，2017（10）：125 – 128.

的项目合作；推进特色小镇的科学规划，包括医疗、教育、通信等基础配套设施；改善特色小镇的投资环境，深挖特色小镇的文化，提高特色小镇的资源利用率，保护特色小镇生态环境；推进"产、城、人、文"有机融合，使人才、技术、资本等要素最大限度地集聚，打造生产、生活、生态"三生"融合发展的现代特色小镇①。

第二节　珠江—西江经济带特色小镇高质量建设与乡村振兴融合发展模式的共性分析

虽然不同特色小镇的发展过程在表现特征、进化过程、速度效果等方面有所不同，但珠江—西江经济带特色小镇高质量建设与乡村振兴融合发展模式之间仍存在着相似的客观规律。纵观特色小镇的发展历史，有经验总结，也有失误教训。从关注珠江—西江经济带特色小镇高质量建设与乡村振兴融合发展模式之间的共性，总结特色小镇高质量建设与乡村振兴融合发展过程中需关注的共性问题②。

一、以人为本，关注当地生活模式

"人"，是指特色小镇和相关社区建设的参与者。珠江—西江经济带特色小镇高质量建设与乡村振兴融合发展坚持"以人为本"，如此才能满足人们对美好生活的需求，打造宜业宜居的现代化乡村，实现特色小镇的长远健康发展。珠江—西江经济带特色小镇高质量建设与乡村振兴融合发展始终将小镇居民、产业生产者、商品消费者以及小镇服务管理者、创新主体等利益相关者作为小镇建设的受众群体，并以受众群体对小镇的满意与否作为小镇建设成功与否的重要评判标准。因此，珠江—西江经济带特色小镇高质量建设与乡村振兴融合发展始终坚持"以人为本"的基本原则并强调人的重要性，以提高受众群体的满意度作为小镇的重要目标。

第一，完善社区服务，营造宜居环境。广东广州市静修小镇是广州市第一批魅力乡村建设项目，为珠三角城市居民提供了富有魅力的宜居身心修养境地。静

---

① 沈诗林，王庆. 特色小镇带动生产生活生态融合发展——辽宁省建设满族文化特色小镇的规划策略与实施机制 [J]. 人民论坛，2016（36）：94 - 95.

② 王大为，李媛. 特色小镇发展的典型问题与可持续推进策略 [J]. 经济纵横，2019（8）：69 - 75.

修小镇的公共空间是居民生活的主要活动场所，小镇文化广场与大门采用大型竹编艺术装饰设计，为小镇营造暖黄色氛围，使村民及游客感受宁静以致远的静修气息。第二，以人为本，实现"三生"融合，是珠江—西江经济带特色小镇高质量建设与乡村振兴融合发展的共同目标。例如，广东佛山市水都小镇紧抓发展机会，助推产业转型升级；同时完善与提升小镇的服务功能，对照"宜居、宜业、宜创、宜游"的新型空间载体目标，将以单一产业为主要发展方向的小镇转变为以特色小镇工业旅游、休闲旅游、文化体验旅游等现代服务业综合发展的特色小镇①。在小镇经营的过程中，其融入文化创新、文化教育、大健康、旅游等，形成集生态化、休闲化、人性化为一体的小城镇空间②。第三，打造城乡社区，增强小镇居民的归属感。将单个自然村庄整合开发，更有效地进行资源配置。③ 例如，广东佛山市绿色健康小镇、广东广州市沙湾瑰宝小镇推出的农村新型社区试点，将多个社区的开发建设进行有机结合，共享基础设施和服务资源，集中优势资源，以"一镇多社区"的模式将散落的社区进行联合，从而增强各社区之间的联系和归属感，打造特色小镇高质量建设与乡村振兴融合的内生动力。

二、产业为本，注重创新引导

特色小镇将打造特色产业作为发展的根本，从产业的定位中凝练各小镇的"特"。因此，在珠江—西江经济带特色小镇高质量建设与乡村振兴融合发展过程中，将特色产业的培育与挖掘置于特色小镇科学规划的首要位置，引导小镇发展具有地域性、市场导向性的优势产业。同时，在产业选择过程中，综合考虑小镇的交通条件、经济基础以及人才、资金、技术等生产要素，结合创新技术加速形成产业特色；将五大发展理念融入特色小镇与乡村振兴的可持续发展，以小镇经济效益、社会效益、文化效益和生态效益的统一作为特色小镇高质量建设的最终目标。

第一，聚焦主导产业，实现"以产兴镇"。特色产业是一个地区的优势产业，在区域内具有支撑作用，并能在小镇内形成联动发展优势，带动相关产业链发展。珠江—西江经济带特色小镇建设以特色产业为基础，通过产业的科学选取，

---

① 郭永久. 特色小镇建设为文化旅游产业发展添动力 [J]. 人民论坛，2017（27）：136－137.

② 陈晓刚，王苏宇，张元富. 客家特色小镇的乡土文化及其景观建设路径探析 [J]. 城市发展研究，2018，25（11）：130－134.

③ 戴银澍，黄贤金. 主城发展与特色小镇建设的土地政策耦合机制创新 [J]. 现代城市研究，2017（10）：30－37，43.

形成"一镇一业"的产业优势;并结合科技、生态、文化、旅游、基础设施等要素融合发展、协同推进,创建主导产业,对本地区其他产业形成强大的支撑、带动和示范作用①。例如,广西柳州市柳东新区雒容镇是汽车产业创新小镇,其主导产业是汽车整车以及零部件产业。雒容镇现有发明专利333件,拥有"五菱""宝骏"两个中国驰名商标和"乘龙""风行"两个广西著名商标。通过加大建设科技创新平台的力度,雒容镇将科技对区域经济的支撑作用由间接转为直接,精准发力并形成示范效应,推动地方产业创新驱动和高质量发展②。第二,凸显本土特色,培育新增长产业。珠江—西江经济带特色小镇高质量建设与乡村振兴融合发展在聚力主导产业发展的同时,也积极培育新增长极产业。例如,广西柳州市莲花小镇素有"中国玉藕之乡"的美称,当地的莲藕种植已有20余年。近年来,莲花小镇通过"合作社+农户"逐渐形成莲藕种植产业链,其双季莲藕种植规模居全国首位,有效促进当地农民实现持续增收。在农业发展的基础上,莲花小镇引入旅游项目,将山水自然与风情、农业观光与休闲度假、荷莲禅养与文化体验作为小镇旅游项目的发展重点,打造"旅游+产业"双驱动特色小镇。

三、文化为本,体现独有地域文化与特色

不同的地域环境、自然资源、气候条件、文化缘起形成地区文化差异和区域文化特色。有开发型、改造型、迁入型等多元的小镇形式,小镇的文化属性是小镇发展的凝聚力和动力源泉③。注重充分挖掘、记录、整理当地的传统文化,利用数字档案记录历史文化遗产,有利于实现非物质文化遗产的活态传承,打造特色小镇文化品牌,形成小镇独一无二的文化品牌。因此,珠江—西江经济带特色小镇建设中始终坚持充分挖掘特色传统文化,并将特色文化置于乡村振兴的发展中④。

珠江—西江经济带特色小镇高质量建设与乡村振兴融合发展将在历史文化遗存的活力展现、节庆民俗活动唤醒乡情两方面体现以文化为本的共有性。第一,历史文化遗存的活力展现。例如,有着800余年历史的广东广州市沙湾镇拥有非

---

① 徐梦周,潘家栋.特色小镇驱动科技园区高质量发展的模式研究——以杭州未来科技城为例 [J].中国软科学,2019 (8):92-99.

② 顾欣,吴嘉贤,张雪洁.特色小镇科技支撑体系的运行机制及建设路径研究 [J].江苏社会科学,2017 (6):267-272.

③ 谢珈,花晨.特色小镇的文化旅游产业打造 [J].江西社会科学,2019,39 (11):222-227.

④ 王丹.中国特色小镇建设的文化融入 [J].华南师范大学学报 (社会科学版),2019 (1):16-19,189.

常丰富的物质文化遗产和非物质文化遗产，小镇保留着大量庙宇、祠堂等古建筑。在古镇修建的过程中，沙湾镇融入新时代发展理念，在注重古镇传统文化保存的基础上加强文化传承的可持续性，充分彰显沙湾镇的传统民俗文化。第二，节庆民俗活动唤醒乡情。广西百色市白育镇作为芒果名镇，其在积极发展芒果产业的基础上结合壮族文化的旅游优势，打造"舞狮交流会""三月三歌圩节"等壮乡传统民族节日品牌；通过节庆活动、民俗互动激发当地居民对文化的认同感，提高游客对民族文化的认知，最终创建特色小镇建设中文化与旅游融合发展的特色历史文化产业道路①。

第三节　珠江—西江经济带特色小镇高质量建设
与乡村振兴融合发展模式的差异性分析

由于珠江—西江经济带经济发展水平、自然资源、文化背景等方面存在差异，因此，需要进一步提高珠江—西江经济带特色小镇高质量建设与乡村振兴融合发展方案的可实施性。结合珠江—西江经济带各地区的特点，整合当地特色资源，因地制宜地推动乡村建设，充分体现各区域之间的差异，做到一镇一业、一镇一品；并根据各镇的产业、文化、自然风光等，选择差异化发展模式②。

一、产业特色的差异性

珠江—西江经济带特色小镇高质量建设与乡村振兴融合发展模式的差异性体现在产业特色的差异③。根据发展历史进程划分，特色产业小镇包括专业镇和新型小城镇。第一，自发形成的专业镇。例如，广东广州市国际汽车小镇依托汽车产业和沙仔岛港口码头，以广汽丰田生产园区为核心，创建"以产促城、以港促城、港产城融合"的特色发展道路。第二，依托当地发达的经济体系，通过人才引进和科技驱动形成的新型小城镇。例如，广东佛山市北滘镇已引进企业200余家，产业覆盖家电、金属材料以及机械设备制造等各领域，已初步形成较为完善的"智慧智造＋创业创新"的特色产业体系。

---

① 朱宝莉，刘晓鹰. 全域旅游视域下民族特色小镇发展策略研究 [J]. 农业经济，2019（3）：15－17.
② 徐剑锋. 特色小镇要聚集"创新"功能 [J]. 浙江社会科学，2016（3）：42－43.
③ 郝华勇. 特色小镇的区域差异辨析及欠发达地区打造特色小镇的路径探讨 [J]. 企业经济，2017，36（10）：171－177.

因产业特色存在差异，形成不同类型的特色融合发展模式①。例如，广西百色市祥周镇利用本地区发达的商贸物流业优势，形成新亚东现代农产品物流基地、现代市场果蔬冷藏保鲜及仓储配送中心、脱水蔬菜净菜"一站式"冷链物流配送基地、煤炭物流中心、右矿物流、祥周作业港区仓储物流等大型物流配送基地等。祥周镇逐步形成以现代特色农业种植、农产品加工、商贸物流产业技术为核心的综合开发与利用的产业集群。广东佛山市北滘镇是我国家电制造业的重镇，其在家电龙头企业的带动下，间接催生一大批产业链上、下游的中小企业，形成以机械设备、家具、电子、包装印刷等为主的一批产业集群；并积极深耕机器人制造等新兴产业，走出一条以新理念推动高质量发展的新道路。广西百色市"中国（百色）东盟休闲农业园"休闲农业特色小镇利用地理优势，通过布洛陀芒果风情园、田阳中国东盟现代农业展示交易平台、田阳全国商品粮基地县、中国芒果之乡、广西新兴的南菜北运基地等，通过"商务会展＋创意"农业小镇的开发模式，最大化地保留农业示范区域的科技性、生产性和专业性，充分地挖掘环境体系的整体潜在价值。素有"文化古镇""旅游乡镇"美称的广西柳州市中渡镇，在推进城镇化建设与发展旅游业的基础上不断发展甘蔗、蔬菜、水果、畜牧等支柱产业，形成农业有规模、旅游有特色、城镇建设有规划的良好发展格局。广东佛山市广府文化小镇深入传承与保护广府文化，发挥产业特色和区位优势，创新构建"文化＋体育＋旅游"的特色文化产业小镇发展模式。

二、开发运营模式的差异性

特色小镇是在某一区域内动态且不断发展的系统。由于特色小镇内部要素的相互作用不同，珠江—西江经济带特色小镇高质量建设与乡村振兴融合发展也具有不同的开发运营模式，其发展模式的演化主要有自组织演化和他组织演化两类。特色小镇自组织演化主要来自特色小镇内部要素的作用，其体现为特色小镇先自发形成，再由政府规划、协调、重点扶持发展②。特色小镇他组织演化动力主要通过外部动力因素的作用进行资源配置，其以计划方式为主进行产业集聚，

---

① 卢梅，童兴娣. 特色小镇与其特色产业的耦合协调发展研究 [J]. 商业经济研究，2019 (5)：166 - 170.

② 程响，何继新. 城乡融合发展与特色小镇建设的良性互动——基于城乡区域要素流动理论视角 [J]. 广西社会科学，2018 (10)：89 - 93.

特点是最初由政府主导建设，再由企业进行市场化运营①。

把握小镇产业特征，找准小镇开发运营模式，是实现珠江—西江经济带特色小镇高质量建设与乡村振兴融合发展的关键。例如，广东佛山市千灯湖创投小镇所在地的南海区政府通过出台专属扶持政策加快产业集聚，提供"一站式"行政服务等系列运营服务，活跃园区创投氛围；搭建线上、线下投融资对接平台，提高产业项目和投资机构的对接成功率。广西南宁市林科小镇依托广西林业科学研究院的科研实力和丰硕成果，规划打造集林业生态产业、现代生态农业、森林旅游、园林景观、科普教育文化博览以及和谐美丽社区为一体的产业生态圈，实现"政产学研用"联动的融合发展模式。陶谷小镇由广东佛山市禅城区政府指导创建，通过市场运作吸引社会资本投入小镇建设，构建政府、企业、社会协同善治的发展框架。

三、自然资源的差异性

独特的自然地理资源造就不同的特色小镇，这也是珠江—西江经济带特色小镇高质量建设与乡村振兴融合发展模式的特征之一。例如，广东广州市静修小镇依靠凤凰山系，充分利用当地优美的自然环境、淳朴的民俗文化，打造游客向往的修身养性之地。广西柳州市中渡镇利用喀斯特地貌，通过自然资源开发发展旅游产业，结合特色农业和村落资源打造生态农业观光旅游。

珠江—西江经济带特色小镇在自然资源、文化背景以及经济发展水平等方面各具特点，并在发展中呈现差异化特征，这有利于特色小镇高质量建设与乡村振兴融合形成独一无二的特色②。

综上所述，珠江—西江经济带特色小镇高质量建设与乡村振兴融合发展模式既有共性又存在较大的个性。融合发展的根本原则在于体现产业特色的差异性，突出小镇开发运营模式的差异性，挖掘地域自然资源优势；在保留原著居民生活方式与习惯、延续地域特色文化的前提下，构建适合本地资源优势开发运营的模式，创建具有活力的、可持续发展的、有鲜明地域特征的、绿色宜居的特色小镇。③

① 杨萍，张锋. 乡村振兴战略背景下特色小镇新业态诊断与培育路径研究——基于产业集聚的视角 [J]. 农业经济，2019（1）：34-36.

② 熊正贤. 旅游特色小镇同质化困境及其破解——以云贵川地区为例 [J]. 吉首大学学报（社会科学版），2020，41（1）：123-130.

③ 刘晓萍. 科学把握新时代特色小镇的功能定位 [J]. 宏观经济研究，2019（4）：153-161.

第六章

珠江—西江经济带特色小镇高质量建设与乡村振兴融合度评价

对于珠江—西江经济带特色小镇高质量建设与乡村振兴融合度评价，从综合效益、可行性和竞争力三个方面展开分析，所采用的研究方法为层次分析法。本章在介绍层次分析法原理及其指标体系构建原则的基础上，基于层次分析法对珠江—西江经济带特色小镇高质量建设与乡村振兴融合发展进行综合效益评价、可行性评价和竞争力评价。

第一节　层次分析法概述及指标体系构建原则

一、层次分析法概述

20世纪70年代，著名数学家匹兹堡大学教授萨蒂（Thomas L. Saaty）提出一种适用范围非常广泛的决策方法——层次分析法（Analytic Hierarahy Process，AHP）。层次分析法的基本原理和步骤如下所示。

（一）建立递阶层次结构模型

运用AHP对某一问题进行分析并做出决策时，先要解决细分化、层次化问题，建立层次分明、隶属关系科学的结构模型。在这个过程中，复杂的决策问题会被划分为若干个组成部分。这些组成部分又按其各自不同的属性形成若干层次。上层中的组成部分作为准则对下层中的元素起决定作用。这些层次可以分为以下三类。

（1）目标层。这一层仅存在一个具有概括性的元素，它是分析及决策的目标。

（2）准则层。这一层包括实现目标所要执行的关键环节，也是对目标层内容的细化，它由一个或多个层级组成。

（3）方案层。这一层设置了为实现目标层所设定的目标而选定的各种决策方案，是最后决策的对象，也是准则层的细化层级。

层次结构的层数主要由两个因素决定：一是问题本身的复杂程度，二是对问题分析的详尽程度。层数与上述两个因素呈正相关。建立判断矩阵需要对指标进行两两比较，而决策者本身又存在一定的局限性，因此，为避免指标过多使两两比较具有一定的复杂性，每一层的各指标所隶属的子指标通常会少于9个（见图6-1）。

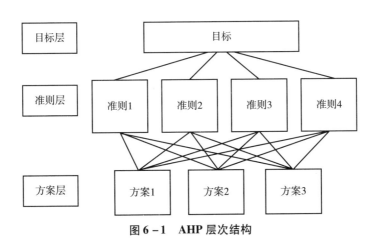

图 6 - 1　AHP 层次结构

（二）构造判断矩阵

一般来说，决策者对事物均会有所偏好，因此决策时准则层的各准则在目标层中所占的比重也会不同，决策时需要对其进行量化。

比较 n 个因子 $X = \{x_1, \cdots, x_n\}$ 对某因素 Z 的影响大小，可以采用线性回归的方法对 n 个因子建立比较矩阵并进行两两比较。每次取两个因子 x_i 和 x_j，以 a_{ij} 表示 x_i 和 x_j 对 Z 的影响大小之比，全部比较结果用判断矩阵 $A = (a_{ij})_{\max}$ 表示。由此可以看出，若 x_i 与 x_j 对 Z 的影响之比为 a_{ij}，则 x_j 与 x_i 对 Z 的影响之比应为 $a_{ij} = \dfrac{1}{a_{ij}}$。

若矩阵 $A = (a_{ij})_{n \times n}$ 满足：

（1） $a_{ij} > 0$。

（2） $a_{ji} = \dfrac{1}{a_{ij}}$ （1，2，…，n）。

则称之为正反矩阵，$a_{ij} = 1$，$i = 1$，…，n。

为得到确定的 a_{ij} 值，引用数字 1~9 及其倒数作为标度，具体见表 6-1。

表 6-1 　　　　　　　　　　　判断矩阵两两比较赋值

标度	含义	说明
1	同样重要	两元素对某一属性具有同样的重要性
3	稍微重要	两元素相比某一元素比另一元素稍微重要
5	重要	两元素相比某一元素比另一元素重要
7	强烈重要	两元素相比某一元素比另一元素强烈重要
9	极度重要	两元素相比某一元素比另一元素极端重要
2，4，6，8	上述两相邻判断的折中	上述两相邻判断的中值
倒数	倒数	上述两相邻判断的倒数

一般而言，所有元素都与其他元素作 $\dfrac{n(n-1)}{2}$ 次的两两比较是科学的。有学者认为，选定一个特殊的元素将其与其他元素作比较（只作 $n-1$ 次比较）即可。通过这种比较，任何一种比较的失误最终都会排序得不科学和不合理，然而，个别失误对难以定量的系统来说是不可避免的。因此，进行 $\dfrac{n(n-1)}{2}$ 次比较不仅可以获取更多的数据，而且在解模的过程中还可以从不同角度进行反复比较，计算出更加符合实际情况的权重。

（三）层次单排序及一致性检验

进行归一化处理后，判断矩阵 A 的最大特征值 λ_{max} 就是同一层中的因素对上一层指标相对重要性的权重，对其最大特征值排序，即为层次单排序。

构造判断矩阵虽然能最大限度地避免其他因素的影响，准确地量化出一对元素在决策者心中相互影响的差别。但综观全局，难免存在人为因素导致其较少的非一致性。若需比较结果的前后一致性，则矩阵 A 中的元素还应当满足如下条件：

$$A_{ij}a_{jk} = a_{jk}, \quad \forall i, j, k = 1, 2, \cdots, n$$

因为互反矩阵 A 的最大特征根 $\lambda_{\max}$ 定为正实数，所以其对应特征向量均需为正实数，且其余特征值的模均要严格小于 $\lambda_{\max}$。

若 A 为一致矩阵，则：1. A 必为正互反矩阵，2. A 的转置矩阵 A^T 也是一致矩阵，

A 的最大特征值 $\lambda_{\max} = n$，其中 n 是矩阵 A 的阶数，A 的其余特征根均为零。

若 A 的最大特征值 $\lambda_{\max}$ 所对应的特征向量 $W = (w_1, \cdots, w_n)^T$，$\forall i, j = 1, 2, \cdots, n$，则 $a_{ij} = \dfrac{w_i}{w_j}$，$A$ 矩阵为：

$$A = \begin{bmatrix} \dfrac{w_1}{w_1} & \dfrac{w_2}{w_1} & \cdots & \dfrac{w_n}{w_1} \\ \dfrac{w_1}{w_2} & \dfrac{w_2}{w_2} & \cdots & \dfrac{w_n}{w_2} \\ \cdots & \cdots & \cdots & \cdots \\ \dfrac{w_1}{w_n} & \dfrac{w_2}{w_n} & \cdots & \dfrac{w_n}{w_n} \end{bmatrix}$$

因此 $\lambda_{\max}$ 是否等于 n 就是检验矩阵 A 是否为一致矩阵的标准。因为特征根持续地依赖 a_{ij}，所以 $\lambda_{\max} - n$ 的值越大，A 的非一致性也就越高，$\lambda_{\max}$ 的标准化特征向量对 $X = \{x_1, \cdots, x_2\}$ 在 Z 中所占的比重也越不真实。因此，判断矩阵 A 只有严格地通过一致性检验，决策者才能作出决策。

判断矩阵的一致性检验的步骤如下：

（1）计算一致性指标 CI：

$$CI = \frac{\lambda_{\max} - n}{n - 1}$$

（2）查找相应的平均随机一致性指标 RI：

$$RI = \frac{\lambda'_{\max} - n}{n - 1}$$

平均随机一致性指标 RI 数值如表 6-2 所示。

表 6 - 2   平均随机一致性指标 *RI* 数值

n	1	2	3	4	5	6	7	8	9	10
RI 值	0.00	0.00	0.58	0.90	1.12	1.24	1.32	1.41	1.45	1.49

（3）计算一致性比例 CR：

$$CR = \frac{CI}{RI}$$

当 $CR < 0.10$ 时，判断矩阵的所对应的权重是可以接受的，即该权重通过一致性检验，否则应修正判断矩阵。

（四）层次总排序

根据上述的分析计算，可以得出一组元素对其隶属的上一层元素的权向量。为计算最低层各指标对于目标的权重，需对权重进行排序后决策。总排序权重需对所有单准则下的权重进行排序。在层次总排序的过程中，首先设上一层次包含 A_1，…，A_m 共 m 个指标，它们各自所占的权重为 a_1，…，a_m。接下来，设下一层次包含 n 个指标 B_1，…，B_n，它们在单排序 A_j 的权重为 b_{1j}，…，b_{nj}（当 B_j 与 A_j 无关联时，$b_{ij} = 0$）。最后求最低层中指标在总目标中的所占权重，即求最底层中各指标的层次总排序权重 b_1，…，b_n，即 $b_i = \sum_{j=1}^{m} b_{ij} a_j$，$(i = 1，…，n)$。

二、指标体系构建原则

在构建珠江—西江经济带特色小镇高质量建设与乡村振兴融合的综合竞争力评价指标体系之前，要明确指标体系的构建原则。在设计指标体系时，主要遵循下述原则。

（一）科学与系统性原则

根据珠江—西江经济带特色小镇高质量建设与乡村振兴融合发展的总体要求与内在关联设计指标，各个指标具有一定的独立性和关联性。为了突出指标的层次感，从珠江—西江经济带特色小镇高质量建设与乡村振兴融合度发展的本质出发，选择合适指标，要科学、客观、真实、全面地反映珠江—西江经济带特色小镇高质量建设与乡村振兴融合发展情况。

（二）宏观与微观兼顾性原则

珠江—西江经济带特色小镇高质量建设与乡村振兴融合的综合竞争力评价指标体系的构建分别从宏观与微观两个层面进行剖析，层层递进，具有逻辑一致性，体现珠江—西江经济带特色小镇高质量建设与乡村振兴融合度发展的内在联系与外在表征。

（三）典型代表性原则

通过阅读大量文献并结合珠江—西江经济带特色小镇高质量建设与乡村振兴融合发展情况的调研，选取指标时要注重体现珠江—西江经济带特色小镇高质量建设与乡村振兴融合发展的核心内容，并分析与探讨珠江—西江经济带特色小镇高质量建设与乡村振兴融合发展的优势与劣势，选取全面、具有代表性的指标，提高结果数据的可靠性。

（四）可取数、可量化、可比性原则

通过问卷调查、企业报表、统计年鉴、专家企业打分等形式进行指标选择，各个指标不同的量纲数据可进行归一化处理，定性数据也可进行定量处理。对不同小镇发展状况进行比较时，为公正、公平，应选择不同小镇具有共性且有个性的核心指标，指标选择要体现可取数、可量化和可比性原则。

（五）以人为本原则

在设计珠江—西江经济带特色小镇高质量建设与乡村振兴融合发展的竞争力评价指标体系时，为满足人们不断提高的物质、精神生活要求，应注重对人文、生态、生活环境等方面的关注。与此同时，指标体系的构建也需要从小镇布局、政策引导等侧面反映人们的职业规划、人生规划，这也是珠江—西江经济带特色小镇高质量建设与乡村振兴融合发展的核心。

第二节 珠江—西江经济带特色小镇高质量建设 与乡村振兴融合发展的综合效益评价

一、评价指标体系构建

通过大量收集、阅读文献资料，参考其他类型的项目和其他地区特色小镇高质量建设的效益评价研究，结合珠江—西江经济带地方特色小镇与乡村振兴融合的特点，根据珠江—西江经济带地方特色小镇综合效益指标选取的原则，整理、归纳出珠江—西江经济带地方特色小镇与乡村振兴融合的综合效益评价的指标体系（见图6－2）。

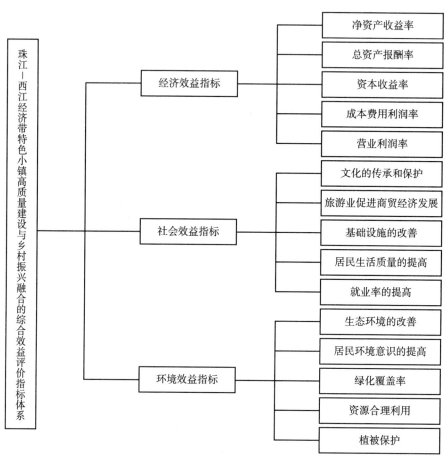

图6－2　珠江—西江经济带特色小镇高质量建设与乡村振兴融合的综合效益评价指标体系

结合层次分析法的目标层、准则层、方案层的要求，构建出以下指标体系：目标层有3个因素，分别为经济效益A1、社会效益A2、环境效益A3；准则层有6个因素，分别为静态资本收益B1、动态运营收益B2、宏观社会效益B3、微观社会效益B4、环保意识B5、环境措施B6；指标层共由15个评价因素构成，其中包括净资产收益率C1、总资产报酬率C2、资本收益率C3、营业利润率C4、成本费用利润率 C5、文化的传承和保护 C6、旅游业促进商贸经济 C7、基础设施的改善 C8、就业率的提高 C9、居民生活质量的提高 C10、生态环境的改善 C11、居民环境意识的提高 C12、绿化覆盖率 C13、资源合理利用 C14、植被保护 C15，具体如表 6-3 所示。

表 6-3　　　　　　珠江—西江经济带特色小镇高质量建设与
乡村振兴融合的综合效益评价指标体系

一级指标（A）	二级指标（B）	三级指标（C）
经济效益（A1）	静态资本收益（B1）	净资产收益率（C1）
		总资产报酬率（C2）
		资本收益率（C3）
	动态运营收益（B2）	营业利润率（C4）
		成本费用利润率（C5）
社会效益（A2）	宏观社会效益（B3）	文化的传承和保护（C6）
		旅游业促进商贸经济（C7）
		基础设施的改善（C8）
	微观社会效益（B4）	就业率的提高（C9）
		居民生活质量的提高（C10）
环境效益（A3）	环保意识（B5）	生态环境的改善（C11）
		居民环境意识的提高（C12）
	环境措施（B6）	绿化覆盖率（C13）
		资源合理利用（C14）
		植被保护（C15）

二、综合效益评价指标解释

珠江—西江经济带特色小镇高质量建设与乡村振兴融合的综合效益评价应从不同的角度综合考虑其效益。效益不只是经济效益，还包括珠江—西江经济带特色小镇高质量建设与乡村振兴融合过程中对生态环境和生活环境等所带来的环境效益，以及提高当地就业率、改善居民生活质量等方面的社会效益。社会效益和环境效益均是珠江—西江经济带特色小镇高质量建设与乡村振兴融合发展产生的隐性效益，短时间的发展难以看到隐性效益显现，因此不容易被重视。通过科学、合理的方法对珠江—西江经济带特色小镇高质量建设与乡村振兴融合进行综合效益评价，有利于更加全面且深刻地把握二者融合发展的综合效益。通过综合效益评价，从整体层面上对珠江—西江经济带特色小镇高质量建设与乡村振兴融合发展建设提出针对性的建议，有利于实现珠江—西江经济带特色小镇高质量建设与乡村振兴融合的综合效益的最大化。

（一）经济效益指标

珠江—西江经济带特色小镇高质量建设与乡村振兴融合主要反映小镇从规划建设到投入使用运营这期间所投入的总成本与总收入之间的关系，一般可以进行定量分析。珠江—西江经济带特色小镇高质量建设与乡村振兴融合的经济效益评价是决定小镇建设在经济上是否可行的重要依据，而小镇建设与乡村振兴融合经济效益的大小也是投资者最关心的事情，因此对珠江—西江经济带特色小镇高质量建设与乡村振兴融合的经济效益评价具有重要的现实意义。经济效益具有多种评价指标，本研究通过大量的文献资料和现场调查，并参考国务院国资委考核分布局编制的 2017 年《企业绩效评价标准值》，选取净资产收益率、总资产报酬率、营业利润率、成本费用利润率、资本收益率五个具有代表性的指标评价经济效益。

1. 净资产收益率（ROE）

净资产收益率，又称股东权益报酬率，是指一定时期内企业的净利润与股东权益平均总额的比率。净资产收益率是最具代表性的评价企业盈利能力的财务比率，综合性极强。该比率越高，说明企业股东投入资金的盈利能力越强。

2. 总资产报酬率（ROA）

总资产报酬率，是以投资报酬为基础来分析项目的所有资产（包括净资产和负债）盈利能力的指标，投资报酬是利息和所得税前的利润总和。总资产报酬率是投资报酬与投资总额的比率，投资总额一般为当期平均资产总额。总资产报酬率一般用来评价项目所有资产的获利能力，从总体上反映项目的资产投入和产出比率，该指标越大，表示项目投入产出能力越好，项目的单位资产的收益水平也越高。

3. 营业利润率

营业利润率，是指项目经营所得的营业利润占营业收入或总投资的百分比。营业利润率反映的是项目的营业情况，营业利润率越高，说明企业商品的营业利润越多，企业的盈利能力越强；反之，比率越低，说明企业的盈利能力越弱。

4. 成本费用利润率（RPCE）

成本费用利润率，是一定时间段内项目的利润总额与成本费用总额的比率。成本费用利润率指标反映的是经营费用产生的利润。该项指标指数越高，项目利润越大，经济效益则越好。成本费用利润率是项目选择经营内容，评价其利润水平的重要指标。在分析成本利润率时，可以通过比较几年的成本费用利润率指标数据分析项目成本费用利润率的变化趋势，也可以通过比较个别项目数据与整个行业数据以评估项目成本利润率指标。

5. 资本收益率

资本收益率，又称资本利润率，是指项目净利润（即税后利润）与平均资本（即资本性投入及其资本溢价）的比率。资本收益率主要反映项目利用资本获得收益的能力，是投资者和潜在投资者进行投资决策的重要依据。资本收益率越高，说明投资者的风险越小，企业自有投资的经济效益越好，项目值得进行投资。对经营者来说，如果资本收益率高于债务资金成本率，适度负债经营对投资者来说则是有利的；反之，如果资本收益率低于债务资金成本率，则过高的负债经营将损害投资者的利益。

（二）社会效益指标

珠江—西江经济带特色小镇高质量建设与乡村振兴融合的社会效益，指小镇建设运营对社会经济的贡献，也反映人民物质文化生活水平的提高程度。社会效益是项目建设产生的隐性效益，一般要在项目运营较长时间后才能体现。珠江—西江经济带特色小镇高质量建设与乡村振兴融合将产生社会效益。通过大量阅读文献资料并进行实地调研，选取乡村文化的传承和保护、旅游业促进商贸经济、就业率的提高、居民生活质量的提高和基础设施的改善五个具有代表性的指标评价社会效益。

1. 乡村文化的传承和保护

珠江—西江经济带特色小镇高质量建设与乡村振兴融合能否处理好当地文化资源与特色小镇高质量建设之间的关系是指标评价的重点。珠江—西江经济带特色小镇高质量建设与乡村振兴融合对当地文化特色进行深入挖掘和开发，形成文化型特色产业，文化与经济发展相互依存、互相促进，更好地传承和保护当地乡村文化。

2. 旅游业促进商贸经济

珠江—西江经济带特色小镇高质量建设与乡村振兴融合发展吸引大量的游客，并且能够促进小镇当地及周边的住宿、餐饮和与旅游相关行业的发展，实现商贸经济的增长。

3. 就业率的提高

珠江—西江经济带特色小镇建设与乡村振兴融合创造大量的就业岗位，旅游业的发展又创造一部分工作岗位，能够促进当地就业水平的提高。该指标主要反映特色小镇的建设对当地居民就业率的影响。

4. 居民生活质量的提高

经济发展速度的变化和经济水平的提升更加便利当地居民的生活，也提供更多收入的渠道和机会，提高当地居民的生活质量。珠江—西江经济带特色小镇高质量建设与乡村振兴融合发展促进当地经济的发展，提升人们的生活水平。该指标主要用于评价特色小镇高质量建设对居民生活水平的正向影响程度。

5. 基础设施的改善

特色小镇高质量建设应加强特色小镇的道路交通设施、供水、供暖以及无线网络等基础设施的建设。该指标主要评价珠江—西江经济带特色小镇高质量建设与乡村振兴融合对当地基础设施的改善情况。

（三）环境效益指标

目前，国家对环境保护的重视程度逐渐提高，强调经济发展不能以破坏生态环境为代价。珠江—西江经济带特色小镇高质量建设与乡村振兴融合的环境效益，是指特色小镇在建设过程中和建成之后对自然环境产生的效果和收益，体现为特色小镇高质量建设对当地生态环境的影响。而珠江—西江经济带特色小镇高质量建设与乡村振兴融合对环境具有显著的正面影响。通过收集各种文献资料并参考国家颁布的环境影响评价标准，主要选取生态环境改善、植被保护、绿化覆盖率、资源合理利用和居民环保意识的提高五个具有代表性的指标评价环境效益。

1. 生态环境的改善

旅游业的发展是珠江—西江经济带特色小镇高质量建设与乡村振兴融合发展的重要支撑。发展旅游业需着重强调保护和改善包括水体和大气的当地生态环境，以及控制噪声量和妥善处理固体废弃污染物，为游客提供优美、适宜的旅游环境；在发展中更要加大管理力度，保护原始生态环境，尽量将对生态环境的负面影响降到最低。

2. 植被保护

珠江—西江经济带特色小镇高质量建设与乡村振兴融合发展是与具有当地特色和独特优势的自然环境相结合，不断深入挖掘其发展潜力和经济价值。特色小镇的发展应保护当地植被，并充分挖掘其经济价值。珠江—西江经济带特色小镇高质量建设与乡村振兴融合应满足当地绿化生态发展的需要。

3. 绿化覆盖率

珠江—西江经济带特色小镇高质量建设的目标是打造宜居宜旅的小镇，尤其是小镇建成之后要能够承载多数旅客居住。因此，居住区的绿化覆盖率也应满足国家和小镇建设的相关要求，与优美的生态环境相融合。

4. 资源合理利用

在珠江—西江经济带特色小镇高质量建设与乡村振兴融合的过程中，原有的荒山、草地等自然资源的经济价值在合理的规划和设计下被充分挖掘，要提高当地自然资源和文化历史背景的有效利用率。

5. 居民环保意识的提高

优美的环境是珠江—西江经济带特色小镇经济高质量发展的重要保障。优美的生活环境能够促进经济的发展，提高居民的生活质量。当人们感受到环境优美所带来的好处时，会更加积极地保护环境。

三、综合效益评价结果分析

（一）一级指标判断矩阵

一级指标判断矩阵如表6-4所示。

表6-4　　　　　　　　　　一级指标判断矩阵

指标类型	经济效益指标（A1）	社会效益指标（A2）	环境效益指标（A3）
经济效益指标（A1）	1	2	1/4
社会效益指标（A2）	1/2	1	1/6
环境效益指标（A3）	4	6	1

进行一致性检验，结果如表6-5所示。

表6-5　　　　　　　　　　一级指标层一致性检验结果

一级指标	经济效益指标（A1）	社会效益指标（A2）	环境效益指标（A3）
权重	0.1929	0.1061	0.7010

Amax = 3.0092　CI = 0.0046　CR = 0.0089（＜0.10）该矩阵具有满意的一致性

根据表6-5可知，在珠江—西江经济带特色小镇高质量建设与乡村振兴融合的综合效益评价体系中，X_i各元素的权重分别为经济效益指标（A1）=19.29%，社会效益指标（A2）=10.61%，环境效益指标（A3）=70.10%，其中，最重要的元素为环境效益指标（A3），较为不重要的元素为社会效益指标（A2），最大特征值为3.0092。由此可知，环境效益指标是评价珠江—西江经济带特色小镇高质量建设与乡村振兴融合综合效益的最重要指标，这与当地积极开展生态环境质量综合评价工作紧密相连。只有将产业开发与资源优化配置、生态环境综合管理有机地结合，才能为经济带的生态文明示范区建设和生态安全提供保障，实现生态化和生态产业化的绿色发展。

（二）二级指标判断矩阵

1. 经济效益指标权重确定

经济效益指标的判断矩阵如表6-6所示。

表6-6 经济效益指标的判断矩阵

经济效益指标（A1）	静态资本收益指标（B1）	动态运营收益指标（B2）
静态资本收益指标（B1）	1	1/4
动态运营收益指标（B2）	4	1

进行一致性检验，结果如表6-7所示。

表6-7 经济效益指标一致性检验结果

基础指标	静态资本收益指标（B1）	动态运营收益指标（B2）
权重	0.2	0.8
Amax = 2 CI = 0 CR = 0（<0.10）该矩阵具有满意的一致性		

根据表6-7可知，在整个珠江—西江经济带特色小镇高质量建设与乡村振兴融合的经济效益二级评价指标中，X_i各元素的权重分别为：静态资本收益指标（B1）=20%，动态运营收益指标（B2）=80%。其中，较为重要的元素为动态运营收益指标（B2），较为不重要的元素为静态资本收益指标（B1），最大特征值为2。由此可知，动态运营收益指标是实现珠江—西江经济带特色小镇高质量建设与乡村振兴融合经济效益提高的根本，即要通过营业利润率和成本费用理论率

的提高促进动态运营收益的提高，进而带动经济效益的增加。

2. 社会效益指标权重确定

社会效益指标的判断矩阵如表 6 – 8 所示。

表 6 – 8　　　　　　　　　社会效益指标的判断矩阵

社会效益（A2）	宏观社会效益指标（B3）	微观社会效益指标（B4）
宏观社会效益指标（B3）	1	1/3
微观社会效益指标（B4）	3	1

进行一致性检验，结果如表 6 – 9 所示。

表 6 – 9　　　　　　　　社会效益指标一致性检验结果

基础指标	宏观社会效益指标（B3）	微观社会效益指标（B4）
权重	0. 3333	0. 6667
Amax = 2. 1213　CI = 0　CR = 0（＜0. 10）该矩阵具有满意的一致性		

根据表 6 – 9 可知，在整个珠江—西江经济带特色小镇高质量建设与乡村振兴融合效益评价指标中，X_i 各元素的权重分别为宏观社会效益指标（B3）= 33.33%，微观社会效益指标（B4）= 66.67%。其中，较为重要的元素为微观社会效益指标（B4），较为不重要的元素为宏观社会效益指标（B3），最大特征值为 2. 1213。由此可知，控制微观社会效益是实现珠江—西江经济带特色小镇高质量建设与乡村振兴融合社会效益的有效途径。自珠江—西江经济带沿线城市开展合作以来，广东企业到广西进行投资，带动一批人口实现就业，提高当地区就业率，改善居民的生活质量，为社会效益的增长作出较大贡献。

3. 环境效益指标权重确定

环境效益指标的判断矩阵如表 6 – 10 所示。

表 6 – 10　　　　　　　　　环境效益指标的判断矩阵

环境效益指标（A3）	环保意识指标（B5）	环境措施指标（B6）
环保意识指标（B5）	1	4
环境措施指标（B6）	1/4	1

进行一致性检验,结果如表 6 – 11。

表 6 – 11 环境效益指标一致性检验结果

基础指标	环保意识指标（B5）	环境措施指标（B6）
权重	0.80	0.20

Amax = 4.25　CI = 0　CR = 0（< 0.10）该矩阵具有满意的一致性

根据表 6 – 11 可知,在珠江—西江经济带特色小镇高质量建设与乡村振兴环境效益指标中,X_i 各元素的权重分别为环保意识指标（B5）= 80%,环境措施指标（B6）= 20%。其中,较为重要的元素为环保意识指标（B5）,较为不重要的元素为环境措施指标（B6）,最大特征值为 4.25。由此可知,提高环保意识是珠江—西江经济带特色小镇高质量建设与乡村振兴融合最有力的环保保障。为此,在不断加强生态建设和环境保护的同时,加强环保知识宣传,提高居民的环保意识,共建珠江—西江生态廊道,优化西江流域生态环境,推动珠江、西江流域可持续发展,积极打造珠江—西江经济带生态屏障。

(三) 三级指标判断矩阵

1. 静态资本收益指标权重确定

静态资本收益指标的判断矩阵如表 6 – 12 所示。

表 6 – 12 静态资本收益指标的判断矩阵

静态资本收益指标	净资产收益率（C1）	总资产报酬率（C2）	资本收益率（C3）
净资产收益率（C1）	1	3	2
总资产报酬率（C2）	1/3	1	1/3
资本收益率（C3）	1/2	3	1

进行一致性检验,结果如表 6 – 13 所示。

表 6 – 13 静态资本收益指标一致性检验结果

旅游经济指标	净资产收益率（C1）	总资产报酬率（C2）	资本收益率（C3）
权重	0.5278	0.1396	0.3325

Amax = 3.0536　CI = 0.0268　CR = 0.0521（< 0.10）该矩阵具有满意的一致性

根据表 6 – 13 可知，静态资本收益中，X_i 各元素的权重分别为净资产收益率（C1）= 52.78%，总资产报酬率（C2）= 13.96%，资本收益率（C3）= 33.25%。其中，最重要的元素为净资产收益率（C1），最不重要的元素为资本收益率（C3），最大特征值为 3.0536。由此可知，提高净资产收益率（C1）是提升珠江—西江经济带特色小镇高质量建设与乡村振兴融合的静态资本收益的重要内容和关键。

2. 动态运营收益指标权重确定

动态运营收益指标的判断矩阵如表 6 – 14 所示。

表 6 – 14　　　　　　　　动态运营收益指标的判断矩阵

动态运营收益指标	营业利润率（C4）	成本费用利润率（C5）
营业利润率（C4）	1	1/2
成本费用利润率（C5）	2	1

进行一致性检验，结果如表 6 – 15 所示。

表 6 – 15　　　　　　　　动态运营收益指标一致性检验结果

动态运营收益指标	营业利润率（C4）	成本费用利润率（C5）
权重	0.3333	0.6667

Amax = 4.0709　　CI = 0.0236　　CR = 0.0265（<0.10）该矩阵具有满意的一致性

根据表 6 – 15 可知，动态运营收益指标中，X_i 各元素的权重分别为营业利润率（C4）= 33.33%，成本费用利润率（C5）= 66.67%。其中，较为重要的元素为成本费用利润率（C5），较为不重要的元素为营业利润率（C4），最大特征值为 4.0709。由此可知，成本费用利润率越大，经济效益越显著。

3. 宏观社会效益指标权重确定

宏观社会效益指标的判断矩阵如表 6 – 16 所示。

表 6 – 16　　　　　　　　宏观社会效益指标的判断矩阵

宏观社会效益指标	文化的传承和保护（C6）	旅游业促进商贸经济（C7）	基础设施的改善（C8）
文化的传承和保护（C6）	1	2	1/2

宏观社会效益指标	文化的传承和保护（C6）	旅游业促进商贸经济（C7）	基础设施的改善（C8）
旅游业促进商贸经济（C7）	1/2	1	1/4
基础设施的改善（C8）	2	4	1

进行一致性检验，结果如表 6 - 17 所示。

表 6 - 17　　　　　　宏观社会效益指标一致性检验结果

宏观社会效益指标	文化的传承和保护（C6）	旅游业促进商贸经济（C7）	基础设施的改善（C8）
权重	0.2857	0.1429	0.5714

$\lambda max = 5.1896$　　$CI = 0.0474$　　$CR = 0.0423$（< 0.10）该矩阵具有满意的一致性

根据表 6 - 17 可知，宏观社会效益指标中，X_i 各元素的权重分别为文化的传承和保护（C6）= 28.57%，旅游业促进商贸经济 = 14.29%，基础设施的改善 = 57.14%。其中，最重要的元素为基础设施的改善（C8），最不重要的元素为旅游业促进商贸经济（C7），最大特征值为 5.1896。由此可见，基础设施的改善是珠江—西江经济带特色小镇高质量建设与乡村振兴融合较为有效地提高宏观社会效益的方法。

4. 微观社会效益指标权重确定

微观社会效益指标的判断矩阵如表 6 - 18 所示。

表 6 - 18　　　　　　微观社会效益指标的判断矩阵

微观社会效益指标	就业率的提高（C9）	居民生活质量的提高（C10）
就业率的提高（C9）	1	4
居民生活质量的提高（C10）	1/4	1

进行一致性检验，结果如表 6 - 19 所示。

表 6－19	微观社会效益指标一致性检验结果	
微观社会效益指标	就业率的提高（C9）	居民生活质量的提高（C10）
权重	0.2	0.8

Amax＝4.1836　CI＝0.0612　CR＝0.0612（＜0.10）该矩阵具有满意的一致性

根据表 6－19 可知，微观社会效益指标中，X_i 各元素的权重分别为居民生活质量的提高（C9）＝80%，就业率的提高（C10）＝20%，其中，较为重要的元素为居民生活质量的提高（C10），较为不重要的元素为就业率的提高（C9），最大特征值为 4.1836。由此可见，在珠江—西江经济带特色小镇高质量建设与乡村振兴融合过程中，提高居民生活质量是增加微观社会效益较为有效的方法。

5. 环保意识指标权重确定

环保意识指标的判断矩阵如表 6－20 所示。

表 6－20	环保意识指标的判断矩阵	
环保意识指标	生态环境的改善（C11）	居民环境意识的提高（C12）
生态环境的改善（C11）	1	2
居民环境意识的提高（C12）	1/2	1

进行一致性检验，结果如表 6－21 所示。

表 6－21	环保意识指标一致性检验结果	
环保意识指标	生态环境的改善（C11）	居民环境意识的提高（C12）
权重	0.3333	0.6667

Amax＝3.00　CI＝0　CR＝0（＜0.10）该矩阵具有满意的一致性

根据表 6－21 可知，环保意识指标中，X_i 各元素的权重分别为生态环境的改善＝33.33%（C11），居民环境意识的提高（C12）＝66.67%，其中，较为重要的元素为居民环境意识的提高（C12），较为不重要的元素为生态环境的改善（C11），最大特征值为3.00。由此可见，在珠江—西江经济带特色小镇高质量建设与乡村振兴融合过程中，居民环境意识的提高是增加环境效益较为重要的方式。

6. 环境措施指标权重确定

环境措施指标的判断矩阵如表6-22所示。

表6-22　　　　　　　　　　环境措施指标的判断矩阵

环境措施指标	绿化覆盖率（C13）	资源合理利用（C14）	植被保护（C15）
绿化覆盖率（C13）	1	3	3
资源合理利用（C14）	1/3	1	1
植被保护（C15）	1/3	1	1

进行一致性检验，结果如表6-23所示。

表6-23　　　　　　　　　　环境措施指标一致性检验结果

环境措施指标	绿化覆盖率（C13）	资源合理利用（C14）	植被保护（C15）
权重	0.5396	0.2970	0.1634

$\lambda max = 3.0092$　$CI = 0.0046$　$CR = 0.0089$（<0.10）该矩阵具有满意的一致性

根据表6-23可知，环境措施指标中，X_i各元素的权重分别为绿化覆盖率（C13）= 53.96%，资源合理利用（C14）= 29.70%，植被保护（C15）= 16.34%。其中，最重要的元素为绿化覆盖率（C13），最不重要的元素为植被保护（C15），最大特征值为3.0092。由此可见，在珠江—西江经济带特色小镇高质量建设与乡村振兴融合的过程中，提高绿化覆盖率是增加环境效益较为有效的举措。

（四）评价指标体系的权重和总排序权重

综合上述分析，评价指标体系的权重和总排序权重如表6-24所示。

表 6 – 24　　　　　珠江—西江经济带特色小镇高质量建设与乡村
振兴融合综合效益评价指标体系的权重

一级指标（A）	权重	二级指标（B）	权重	三级指标（C）	权重	总排序权重
经济效益指标（A1）	0.1929	静态资本收益指标（B1）	0.2000	净资产收益率（C1）	0.5278	0.0204
				总资产报酬率（C2）	0.1396	0.0054
				资本收益率（C3）	0.3325	0.0128
		动态运营收益指标（B2）	0.8000	营业利润率（C4）	0.3333	0.0514
				成本费用利润率（C5）	0.6667	0.1029
社会效益指标（A2）	0.1061	宏观社会效益指标（B3）	0.3333	文化的传承和保护（C6）	0.2857	0.0101
				旅游业促进商贸经济（C7）	0.1429	0.0051
				基础设施的改善（C8）	0.5714	0.0202
		微观社会效益指标（B4）	0.6667	就业率的提高（C9）	0.2000	0.0141
				居民生活质量的提高（C10）	0.8000	0.0566
环境效益指标（A3）	0.701	环保意识指标（B5）	0.8000	生态环境的改善（C11）	0.3333	0.1869
				居民环境意识的提高（C12）	0.6667	0.3739
		环境措施指标（B6）	0.2000	绿化覆盖率（C13）	0.5396	0.0757
				资源合理利用（C14）	0.297	0.0416
				植被保护（C15）	0.1634	0.0229

由表 6 – 24 可知，A3 = 0.701 > A1 = 0.1929 > A2 = 0.101，均小于 1，即经济效益、社会效益、环境效益均通过一致性检验。其中，经济效益指标（A1）由静态资本收益指标（B1）和动态运营收益指标（B2）构成，静态资本收益指标（B1）中权重最高的指标为净资产收益率（C1），动态运营收益指标（B2）中权重更高的指标为成本费用利润率（C5）；社会效益指标（A2）由宏观社会效益指标（B3）和微观社会效益指标（B4）构成，宏观社会效益指标（B3）中权重最高的指标为基础设施的改善（C8），微观社会效益指标（B4）中权重更高的是居民生活质量的提高（C10）；环境效益指标（A3）由环保意识指标（B5）和环境措施指标（B6）构成，环保意识指标（B5）中权重更高的指标为居民环境意识的提高（C12），环境措施指标（B6）中权重指标最高的是绿化覆盖率（C13）。由此可知，净资产收益率、成本费用利用率、基础设施的改善、居民生活质量的提高、居民环境意识的提高、绿化覆盖率等指标是影响珠江—西江经济带特色小

镇高质量建设与乡村振兴融合综合效益的重要指标。

第三节 珠江—西江经济带特色小镇高质量
建设与乡村振兴融合的可行性评价

一、评价指标体系构建

通过阅读和梳理大量研究文献构建评价指标体系。特色小镇的建设强调"产城人文"相融合,本书通过实地调研详细分析珠江—西江经济带特色小镇高质量建设与乡村振兴融合的现状,剖析珠江—西江经济带特色小镇高质量建设中存在的问题。将珠江—西江经济带特色小镇高质量建设的可行性指标体系分为目标层(A)、准则层(B)和指标层(C)三个层次,其中,目标层是本节内容需要解决的问题,即珠江—西江经济带特色小镇高质量建设与乡村振兴融合的可行性(A)。准则层则是对目标层"珠江—西江经济带特色小镇高质量建设与乡村振兴融合的可行性"的进一步细分,包括产业(B1)、制度(B2)、形态(B3)和功能(B4)四个维度。指标层是对 B1 ~ B4 这四个维度进一步细分,共有 25 个指标层指标,如表 6 – 25 所示。

表 6 – 25　　　　　　　珠江—西江经济带特色小镇高质量建设与
乡村振兴融合的可行性评价指标体系

目标层(A)	准则层(B)	指标层(C)
珠江—西江经济带特色小镇高质量建设与乡村振兴融合的可行性(A)	产业指标(B1)	特色主导产业(C11)
		产业链完善程度(C12)
		经济开放程度(C13)
		经济发展程度(C14)
		绿色经济发展程度(C15)
		生产效率(C16)
	功能指标(B2)	基础设施建设程度(C21)
		功能创新度(C22)
		各个功能间协调度(C23)
		城乡间公共服务均衡程度(C24)
		服务类型多样性(C25)
		生态格局合理性(C26)

续表

目标层（A）	准则层（B）	指标层（C）
珠江—西江经济带特色小镇高质量建设与乡村振兴融合的可行性（A）	形态指标（B3）	地理位置（C31）
		城镇特色类型（C32）
		风俗人情（C33）
		历史环境（C34）
		城镇绿化（C35）
		投资环境（C36）
		城乡差距（C37）
	制度指标（B4）	环境治理政策（C41）
		体制机制创新（C42）
		税收优惠政策（C43）
		外商管理制度（C44）
		人才引进制度（C45）
		宏观调控政策（C46）

（一）产业维度

珠江—西江经济带特色小镇高质量建设与乡村振兴融合的关键是有特色产业做支撑，以及特色产业是否能形成具有一定规模的产业链、产业对当地经济发展的带动情况如何。因此，本书将产业维度划分为衡量特色产业的相关指标与衡量经济发展的相关指标两大类。

（二）功能维度

特色小镇高质量建设与乡村振兴融合的维度主要是指珠江—西江经济带特色小镇高质量建设与乡村振兴融合过程中经济、生态、社会等功能的协调与创新程度。若小镇各功能之间的协调情况较好，且有较强的创新性，就能够在较大程度上加快推进特色小镇的基础设施建设，推动城乡资源合理分配。

（三）形态维度

珠江—西江经济带特色小镇高质量建设与乡村振兴融合的形态维度主要衡量珠江—西江经济带特色小镇高质量建设与乡村振兴融合发展的基础环境与类型，

如从特色小镇的人文环境、历史发展背景、自然景象等方面加以考虑。特色小镇的形态差异越大，申报特色小镇时越具有优势，越拥有较为宽松的投资环境。

（四）制度维度

珠江—西江经济带特色小镇高质量建设与乡村振兴融合发展需要各级相关政府一同参与并制定支持政策。特色小镇高质量建设体制机制的创新与完善以及强有力的政策支持，一定程度上对小镇的经济发展具有促进作用，能够吸引高素质人才返乡就业，促进高科技企业的小镇建厂，提升当地居民的就业率和生活水平，为小镇的发展注入新鲜的"血液"。

二、可行性评价结果分析

（一）二级指标判断矩阵

二级指标判断矩阵如表 6 – 26 所示。

表 6 – 26 二级指标判断矩阵

	产业指标（B1）	功能指标（B2）	形态指标（B3）	制度指标（B4）
产业指标（B1）	1	4	3	2
功能指标（B2）	1/4	1	1/2	1/2
形态指标（B3）	1/3	2	1	2
制度指标（B4）	1/2	2	1/2	1

进行一致性检验，结果如表 6 – 27 所示。

表 6 – 27 二级指标层一致性检验结果

二级指标	产业指标（B1）	功能指标（B2）	形态指标（B3）	制度指标（B4）
权重	0.4821	0.1089	0.2340	0.1831
Amax = 4.1198　CI = 0.0040　CR = 0.0067（<0.10）该矩阵具有满意的一致性				

根据表 6 – 27 可知，在珠江—西江经济带特色小镇高质量建设与乡村振兴融合的可行行评价二级指标中，X_i 各元素的权重分别为产业指标（B1）= 48.21%，

功能指标（B2）= 10.89%，形态指标（B3）= 23.40%，制度指标（B4）= 18.31%。其中，最重要的元素为产业指标（B1），最不重要的元素为功能指标（B2），最大特征值为 4.1198。由此可知，产业指标是提高珠江—西江经济带特色小镇高质量建设与乡村振兴融合可行性的重点。以广西梧州藤县为例，其不断推进县内各区域协调发展，重点推进陶瓷园产城融合发展，打造新瓷都。同时不断加快产品的开发进度，形成具有创新力、特色鲜明的产业；不断加强基础设施建设，推进各产业升级改造，将传统支柱产业做大做强；以工业集中区为载体，改造优化传统产业结构。

（二）三级指标判断矩阵

1. 产业指标权重确定

产业指标的判断矩阵如表 6-28 所示。

表 6-28　　　　　　　　　产业指标的判断矩阵

产业指标	特色主导产业（C11）	产业链完善程度（C12）	经济开放程度（C13）	经济发展程度（C14）	绿色经济发展程度（C15）	生产效率（C16）
特色主导产业（C11）	1	2	3	1/6	1/5	1/4
产业链完善程度（C12）	1/2	1	1/2	1/7	1/6	1/5
经济开放程度（C13）	1/3	2	1	1/5	1/4	1/3
经济发展程度（C14）	6	7	5	1	2	3
绿色经济发展程度（C15）	5	6	4	1/2	1	3
生产效率（C16）	4	5	3	1/3	1/3	1

进行一致性检验，结果如表 6-29 所示。

表 6-29　　　　　　　　　产业指标一致性检验结果

产业指标	特色主导产业（C11）	产业链完善程度（C12）	经济开放程度（C13）	经济发展程度（C14）	绿色经济发展程度（C15）	生产效率（C16）
权重	0.0719	0.0386	0.0560	0.3894	0.2816	0.1626

$\lambda_{max} = 6.3571$　　$CI = 1.071$　　$CR = 0.086$（< 0.10）该矩阵具有满意的一致性

　　根据表 6-29 可知，在珠江—西江经济带特色小镇高质量建设与乡村振兴融合的可行性评价指标中，X_i 各元素的权重分别为特色主导产业（C11）= 7.19%，产业链完善程度（C12）= 3.86%，经济开放程度（C13）= 5.60%，经济发展程度（C14）= 38.94%，绿色经济发展程度（C15）= 28.16%，生产效率（C16）指 = 16.26%，其中，最重要的元素经济发展程度（C14），最不重要的元素为产业链完善程度（C12），最大特征值为 6.3571。由此可知，经济发展程度指标是实现珠江—西江经济带特色小镇高质量建设与乡村振兴融合产业维度的重要指标。

2. 功能指标权重确定

　　功能指标的判断矩阵如表 6-30 所示。

表 6-30　　　　　　　　　　　　　功能指标的判断矩阵

功能指标	基础设施建设程度（C21）	功能创新度（C22）	各个功能间协调度（C23）	城乡间公共服务均衡程度（C24）	服务类型多样性（C25）	生态格局合理性（C26）
基础设施建设程度（C21）	1	6	2	5	2	3
功能创新度（C22）	1/6	1	4	6	3	3
各个功能间协调度（C23）	1/2	1/4	1	1/5	1/2	1/6
城乡间公共服务均衡程度（C24）	1/5	1/6	5	1	1/2	2
服务类型多样性（C25）	1/2	1/3	2	2	1	3
生态格局合理性（C26）	1/3	1/3	6	1/2	1/3	1

　　进行一致性检验，结果如表 6-31 所示。

表 6-31　　　　　　　　　　　　　功能指标一致性检验结果

功能指标	基础设施建设程度（C21）	功能创新度（C22）	各个功能间协调度（C23）	城乡间公共服务均衡程度（C24）	服务类型多样性（C25）	生态格局合理性（C26）
权重	0.3605	0.2456	0.0483	0.1003	0.1517	0.0937

Amax = 7.5304　　CI = 1.30　　CR = 0.053（< 0.10）该矩阵具有满意的一致性

　　根据表 6-31 可知，在珠江—西江经济带特色小镇高质量建设与乡村振兴融合可行性评价二级指标，X_i 各元素的权重分别为基础设施建设程度（C21）= 36.05%，功能创新度指（C22）= 24.56%，各个功能间协调度（C23）= 4.83%，城乡间公共服务均衡程度（C24）= 10.03%，服务类型多样性（C25）= 15.17%，生态格局合理性（C26）= 9.37%，其中，最重要的元素为基础设施建设程度（C21），最不重要的元素为各个功能间协调度（C23），最大特征值为 7.5304。由此可知，基础设施建设是实现珠江—西江经济带特色小镇高质量建设与乡村振兴融合功能维度较为重要的影响因素。

3. 形态指标权重确定

形态指标的判断矩阵如表 6 - 32 所示。

表 6 - 32　　　　　　　　　　　　形态指标的判断矩阵

形态指标	地理位置（C31）	城镇特色类型（C32）	风俗人情（C33）	历史环境（C34）	城镇绿化（C35）	投资环境（C36）	城乡差距（C37）
地理位置（C31）	1	1/4	1/5	2	3	1/2	4
城镇特色类型（C32）	4	1	1/2	1/4	1/7	1/3	7
风俗人情（C33）	5	2	1	1/7	1/8	1/3	1/8
历史环境（C34）	1/2	4	7	1	2	1/4	1/2
城镇绿化（C35）	1/3	7	8	1/2	1	4	1/3
投资环境（C36）	2	3	3	4	1/4	1	1/6
城乡差距（C37）	1/4	1/7	8	2	3	6	1

进行一致性检验，结果如表 6 - 33 所示。

表 6 - 33　　　　　　　　　　　　形态指标一致性检验结果

产业指标	地理位置（C31）	城镇特色类型（C32）	风俗人情（C33）	历史环境（C34）	城镇绿化（C35）	投资环境（C36）	城乡差距（C37）
权重	0.1257	0.1047	0.0671	0.1617	0.1939	0.1582	0.1887

Amax = 13.8092　　CI = 2.58　　CR = 0.0840 （< 0.10）该矩阵具有满意的一致性

根据表 6 - 33 可知，在珠江—西江经济带特色小镇高质量建设与乡村振兴融合可行性评价二级指标中，X_i 各元素的权重分别为地理位置指标（C31）= 12.57%，城镇特色类型指标（C32）= 10.47%，风俗人情指标（C33）= 6.71%，历史环境指标（C34）= 16.17%，城镇绿化指标（C35）= 19.39%，投资环境指标（C36）=15.82%，城乡差距指标（C37）=18.87%。其中，最重要的元素为城镇绿化（C35），最不重要的元素为风俗人情（C33），最大特征值为13.8092。由此可知，城镇绿化指标是实现珠江—西江经济带特色小镇高质量建设与乡村振兴融合最为重要的形态指标。

4. 制度指标权重确定

制度指标的判断矩阵如表6 – 34所示。

表6 – 34　　　　　　　　　制度指标的判断矩阵

制度指标	环境治理政策（C41）	体制机制创新（C42）	税收优惠政策（C43）	外商管理制度（C44）	人才引进制度（C45）	宏观调控政策（C46）
环境治理政策（C41）	1	1/3	1/6	1/4	1/5	1/2
体制机制创新（C42）	3	1	1/4	1/2	1/2	2
税收优惠政策（C43）	6	4	1	1/2	1/3	1/4
外商管理制度（C44）	4	2	2	1	1/2	1/3
人才引进制度（C45）	5	2	3	2	1	3
宏观调控政策（C46）	2	1/2	4	3	1/3	1

进行一致性检验，结果如表6 – 35所示。

表6 – 35　　　　　　　　　制度指标一致性检验结果

制度指标	环境治理政策（C41）	体制机制创新（C42）	税收优惠政策（C43）	外商管理制度（C44）	人才引进制度（C45）	宏观调控政策（C46）
权重	0.0477	0.1214	0.1429	0.1683	0.3396	0.1801

Amax = 7.2575　　CI = 1.25　　CR = 0.0092　（<0.10）该矩阵具有满意的一致性

根据表6 – 35可知，在珠江—西江经济带特色小镇高质量建设与乡村振兴融合二级评价指标中，X_i各元素的权重分别为环境治理政策（C41）=4.77%，体制机制创新（C42）=12.14%，税收优惠政策（C43）=14.29%，外商管理制度（C44）=16.83%，人才引进制度（C45）=33.96%，宏观调控政策（C46）=18.01%。其中，最重要的元素为人才引进制度（C45），最不重要的元素为环境治理政策（C41），最大特征值为7.2575。由此可知，人才引进制度指标是实现珠江—西江经济带特色小镇高质量建设与乡村振兴融合制度维度的重要指标。

（三）评价指标体系的权重和总排序权重

综合上述分析，评价指标体系的权重和总排序权重如表6－36所示。

表6－36　　　　珠江—西江经济带特色小镇高质量建设与乡村振兴融合
可行性评价指标体系的权重

目标层（A）	准则层（B）	权重	指标层（C）	权重	总排序权重
珠江—西江经济带特色小镇高质量建设与乡村振兴融合的可行性（A）	产业指标（B1）	0.4821	特色主导产业（C11）	0.0719	0.0347
			产业链完善程度（C12）	0.0386	0.0186
			经济开放程度（C13）	0.0560	0.0270
			经济发展程度（C14）	0.3894	0.1877
			绿色经济发展程度（C15）	0.2816	0.1357
			生产效率（C16）	0.1626	0.0784
	功能指标（B2）	0.1089	基础设施建设程度（C21）	0.3605	0.0393
			功能创新度（C22）	0.2456	0.0267
			各个功能间协调度（C23）	0.0483	0.0053
			城乡间公共服务均衡程度（C24）	0.1003	0.0109
			服务类型多样性（C25）	0.1517	0.0165
			生态格局合理性（C26）	0.0937	0.0102
	形态指标（B3）	0.2340	地理位置（C31）	0.1257	0.0294
			城镇特色类型（C32）	0.1047	0.0245
			风俗人情（C33）	0.0671	0.0157
			历史环境（C34）	0.1617	0.0378
			城镇绿化（C35）	0.1939	0.0454
			投资环境（C36）	0.1582	0.0370
			城乡差距（C37）	0.1887	0.0442
	制度指标（B4）	0.1831	环境治理政策（C41）	0.0477	0.0087
			体制机制创新（C42）	0.1214	0.0222
			税收优惠政策（C43）	.0.1429	0.0262
			外商管理制度（C44）	0.1683	0.0308
			人才引进制度（C45）	0.3396	0.0622
			宏观调控政策（C46）	0.1801	0.0330

由表 6 - 36 可知，产业指标（B1）的权重 0.4821 > 形态指标（B3）的权重 0.2340 > 制度指标（B4）的权重 0.1831 > 功能指标（B2）的权重 0.1089。其中，产业指标（B1）中权重最高的指标为经济发展程度（C14），功能指标（B2）中权重最高的指标为基础设施建设程度（C21），形态指标（B3）中权重最高的指标为城镇绿化（C35），制度指标（B4）中权重最高的指标为人才引进制度（C45）。综上所述，影响珠江—西江经济带特色小镇高质量建设与乡村振兴融合可行性的根本因素是经济发展程度（C14）。

第四节　珠江—西江经济带特色小镇高质量 建设与乡村振兴融合的竞争力评价

一、珠江—西江经济带特色小镇高质量建设与乡村振兴融合的竞争力评价指标体系

本节以特色小镇综合竞争力指标体系建立原则和对珠江—西江经济带特色小镇高质量建设与乡村振兴融合的竞争要素为基点，在大量研读城镇竞争力相关文献的基础上，并结合特色小镇的发展特点进行具体分析。在指标构建上借鉴珠江—西江经济带特色小镇高质量建设与乡村振兴融合的竞争力指标，也加入不同于其他地区的具有特色小镇竞争力特征的指标，形成珠江—西江经济带特色小镇高质量建设与乡村振兴融合的综合竞争力指标体系：人力资源、资本资源、政府服务、环境资源、基础设施、产业规模、技术创新，并进一步建立珠江—西江经济带特色小镇高质量建设与乡村振兴融合的综合竞争力评价指标体系，如表 6 - 37 所示。

表 6 - 37　　　　珠江—西江经济带特色小镇高质量建设与 乡村振兴融合的综合竞争力评价指标体系

一级指标（目标层）	二级指标（准则层）	三级指标（指标层）
外部竞争力（A1）	人力资源（B1）	中高级技术职称占比（C1）
		专科及以上受教育程度人数占比（C2）
		员工平均薪资（C3）
		省、国家级"千人计划"人才数（C4）

一级指标（目标层）	二级指标（准则层）	三级指标（指标层）
外部竞争力（A1）	资本资源（B2）	固定资产投资额（C5）
		新土地开发建设面积（C6）
		特色产业投资额（C7）
		民间资本投资额（C8）
		国有资产投资额（C9）
	政府服务（B3）	企业落户政策（C10）
		人才吸引政策（C11）
		政府扶持补助资金（C12）
		政府民生支出占比（C13）
		政府行政效率（C14）
内部竞争力（A2）	环境资源（B4）	绿化覆盖率（C15）
		空气质量达标率（C16）
		文化资源价值（C17）
		垃圾处理率（C18）
		公园绿化面积（C19）
		小镇景区等级（C20）
	基础设施（B5）	居民休闲环境质量（C21）
		互联网覆盖率（C22）
		公共设施配套建设质量（C23）
		交通便利性（C24）
		居民生活舒适度（C25）
		特色小镇公共服务（C26）
核心竞争力（A3）	产业规模（B6）	规模以上企业数（C27）
		每年入驻新企业数（C28）
		特色产业集中度（C29）
		特色产业企业占比（C30）
		特色产业收入占比（C31）

续表

一级指标（目标层）	二级指标（准则层）	三级指标（指标层）
核心竞争力（A3）	技术创新（B7）	每年专利数（C32）
		每万元 R&D 经费金额（C33）
		创业企业数量（C34）
		企业孵化器及众创空间数量（C35）
		开展高校、研究所合作项目个数（C36）
		形成国家、行业标准项目项数（C37）

二、珠江—西江经济带特色小镇高质量建设与乡村振兴融合的竞争力评价指标解释

（一）外部竞争力

特色小镇的外部竞争力，是指外部因素对小镇发展的影响。排除自然地理环境与历史文化发展等内部因素后，主要包括影响特色小镇发展的人力结构、资本投入、政府支持等外部影响因素，这也是特色小镇综合竞争力的重要体现。特色小镇的建设通过不断吸收高端人才、扩大资本投入以及加大政府支持力度等实现，全面提升特色小镇的发展质量。

1. 人力资源

人力资源指标，是指特色小镇中高端技术人才的引进情况，反映特色小镇对人才的吸引力。人才是发展的必备条件，是产业走向高端化和品牌化的必经之路。在特色小镇的建设过程中，引进高级技术人才和高素质、高学历人才是提升发展质量的关键。

2. 资本资源

资本资源指标包括特色小镇发展潜力和发展动力两方面。发展潜力，是指特色小镇的发展趋势，当一个特色小镇有了好的产业规划、政策引导和发展前途后，就能够吸引更多的资本和企业前来投资，更多的资本将流入小镇。资本资源指标不仅体现外界对特色小镇的评估情况，更是特色小镇发展潜力的体现。特色小镇的发展动力显而易见，无论是基础设施建设、生活环境改造，还是产业生态链打造等均离不开资本。再好的规划设想，没有足够的资金支持都只是空想。只有拥有足够的资本资源和资金，才能顺利完成特色小镇的建设和发展。而随着产

业发展技术的不断革新更替，小镇的发展需要越来越多的资金注入。由此可见，资本资源是小镇发展的重要动力，是小镇综合竞争力的体现。

3. 政府服务

政府机构是特色小镇发展的总体规划的总负责机构，其职能不只局限于提供公共服务、调控宏观经济和维护市场秩序等，还应当总结不同发展阶段的特色小镇发展中出现的问题并积极完善产业规则。政府部门的决策与发展方向影响特色小镇的综合竞争力。政府需要完善相关配套基础建设，挖掘小镇特色，根据小镇自身的优势制定相关优惠政策，并以此吸引企业入驻小镇。好的企业需要与好的人才政策协同提升特色小镇的综合竞争力。

（二）内部竞争力

内部竞争力是小镇自身的发展优势，包括环境资源和基础设施。特色小镇的内部竞争力包括优越的地理位置、风景秀美的自然环境、历史悠久的文化底蕴、舒适宜人的气候条件等。小镇发展要求内外兼修，以"外"为力，以"内"为源。

1. 环境资源

环境资源指标，是指特色小镇的生活、工作环境以及当地的自然旅游资源。舒适的工作和生活环境是当地居民以及外来工作人员安居乐业的必要保障。而一些以旅游业、健康业为主体产业的特色小镇，其自身需要拥有丰富的旅游人文资源以及符合现代健康理念的生活条件。

2. 基础设施

保障居民生活和工作的是基础设施建设，同时它也是特色小镇发展壮大的基础。随着人们生活水平的不断提高，人们对基础设施的要求已经不仅满足于基本生活，而是对物质和精神两个层面有更高的要求。基础设施的普及包括但不限于医院、交通、超市等设施的建设，更是涉及休闲、娱乐、养生、健康等多方面的因素。提供符合时代要求的基础设施，提高居民生活、工作的舒适度，是城镇综合竞争力水平提升的表现。

（三）核心竞争力

特色小镇的核心竞争力包括产业规模和技术创新，它们也是综合竞争力评价最为关键的一环。特色小镇综合竞争力的核心是当地的特色产业，产业竞争力的强弱反映小镇综合竞争力的强弱。作为特色产业的集聚地、优势产业聚集区，特色小镇综合竞争力的核心就是特色产业竞争力。如何实现产业发展的不断升级，走向国际化道路，从低级的劳动密集型转向技术密集型产业，生产类型由加工制造零售转化成高端制造"一站式"服务，从高污染高能耗的生产方式转变成无污染、低消耗的产业生态链，需要通过技术升级、产业创新来实现。综上所述，产业规模与技术创新是小镇核心竞争力的重要组成部分。

1. 产业规模

特色产业的发展和变迁是特色小镇经济实力的体现，产业规模的提升标志着该地综合竞争力的一次重要蜕变。作为经济发展的基础，产业的高速发展提升了居民的生活水平，带动整体经济的发展。特色小镇的"特"就是当地的特色产业，因此优先发展特色产业，其在行业中的竞争力和市场占有率反映小镇企业在产业发展中的竞争力，小镇的产业竞争力是由各企业产业竞争力组合而成。

2. 技术创新

科学技术是第一生产力。技术的发明和创造要打破固有规则，并不断突破创新，打破旧技术禁锢，提高生产力水平。无论哪一次的工业革命，均是以生产力的提升为目标的。技术创新是生产力提升的直接方式，每一个小的创新均可能是生产力提高的突破点。

三、珠江—西江经济带特色小镇高质量建设与乡村振兴融合的竞争力评价指标结果分析

（一）一级指标判断矩阵

一级指标判断矩阵如表 6–38 所示。

表 6–38　　　　　　　　　　　　一级指标判断矩阵

一级指标	外部竞争力（A1）	内部竞争力（A2）	核心竞争力（A3）
外部竞争力（A1）	1	1/2	1/4
内部竞争力（A2）	2	1	1/2
核心竞争力（A3）	4	2	1

进行一致性检验，结果如表 6–39 所示。

表 6 – 39 一级指标层一致性检验结果

一级指标	外部竞争力（A1）	内部竞争力（A2）	核心竞争力（A3）
权重	0.1429	0.2857	0.5714

Amax = 3.0048　CI = 0.0053　CR = 0.0074（<0.10）该矩阵具有满意的一致性

根据表 6 – 39 可知，在珠江—西江经济带特色小镇高质量建设与乡村振兴融合的可行性评价中，X_i 各元素的权重分别为：外部竞争力指标（A1）= 14.29%，内部竞争力指标（A2）= 28.57%，核心竞争力指标（A3）= 57.14%，其中，最重要的元素为核心竞争力（A3），最不重要的元素为外部竞争力（A1），最大特征值为 3.0048。由此可知，核心竞争力指标是珠江—西江经济带特色小镇高质量建设与乡村振兴融合效益评价指标体系的重要指标。因此，提高核心竞争力对于实现珠江—西江经济带特色小镇与乡村振兴融合竞争力的提升具有促进作用。

（二）二级指标判断矩阵

1. 外部竞争力指标权重确定

外部竞争力指标的判断矩阵如表 6 – 40 所示。

表 6 – 40 外部竞争力指标的判断矩阵

外部竞争力指标	人力资源指标（B1）	资本资源指标（B2）	政府服务指标（B3）
人力资源指标（B1）	1	3	2
资本资源指标（B2）	1/3	1	1/3
政府服务指标（B3）	1/2	3	1

进行一致性检验，结果如表 6 – 41 所示。

表 6 – 41 外部竞争力指标一致性检验结果

外部竞争力指标（A1）	人力资源指标（B1）	资本资源指标（B2）	政府服务指标（B3）
权重	0.5278	0.1396	0.3325

Amax = 3.0536　CI = 0.0268　CR = 0.04691（<0.10）该矩阵具有满意的一致性

根据表6-41可知，在珠江—西江经济带特色小镇高质量建设与乡村振兴融合二级评价指标中，X_i 各元素的权重分别为：人力资源指标（B1）= 52.78%，资本资源指标（B2）= 13.96%，政府服务指标（B3）= 33.25%。其中，最重要的元素为人力资源指标（B1），最不重要的元素为资本资源指标（B2），最大特征值为3.0536。由此可知，人力资源指标是实现珠江—西江经济带特色小镇高质量建设与乡村振兴融合发展具有外部竞争力的重要指标。

2. 内部竞争力指标权重确定

内部竞争力指标的判断矩阵如表6-42所示。

表6-42　　　　　　　　　　内部竞争力指标的判断矩阵

内部竞争力（A2）	环境资源指标（B4）	基础设施指标（B5）
环境资源指标（B4）	1	1/3
基础设施指标（B5）	3	1

进行一致性检验，结果如表6-43所示。

表6-43　　　　　　　　　　内部竞争力指标一致性检验结果

基础指标	环境资源指标（B4）	基础设施指标（B5）
权重	0.3333	0.6667

Amax = 2.1213　　CI = 0　　CR = 0（< 0.10）该矩阵具有满意的一致性

根据表6-43可知，在珠江—西江经济带特色小镇高质量建设与乡村振兴融合效益评价指标中，X_i 各元素的权重分别为：环境资源指标（B4）= 33.33%，基础设施指标（B5）= 66.67%。其中，最重要的元素为基础设施指标（B5），最不重要的元素为环境资源指标（B4），最大特征值为2.1213。由此可知，基础设施指标是珠江—西江经济带特色小镇高质量建设与乡村振兴融合发展中具有内部竞争力的指标，加强基础设施建设是提升珠江—西江经济带特色小镇高质量建设与乡村振兴融合竞争力的有效途径。

3. 核心竞争力指标权重确定

核心竞争力指标的判断矩阵如表6-44所示。

表 6 – 44　　　　　　　　　核心竞争力指标的判断矩阵

核心竞争力指标（A3）	产业规模指标（B6）	技术创新指标（B7）
产业规模指标（B6）	1	4
技术创新指标（B7）	1/4	1

进行一致性检验，结果如表 6 – 45 所示。

表 6 – 45　　　　　　　　　环境效益指标一致性检验结果

基础指标	产业规模指标（B6）	技术创新指标（B7）
权重	0.80	0.20

Amax = 4.25　　CI = 0　　CR = 0（＜0.10）该矩阵具有满意的一致性

根据表 6 – 45 可知，在珠江—西江经济带特色小镇高质量建设与乡村振兴融合效益评价指标中，X_i 各元素的权重分别为：产业规模指标（B6）= 80%，技术创新指标（B7）= 20%。其中，最重要的元素为产业规模指标（B6），最不重要的元素为技术创新指标（B7），最大特征值为 4.25。由此可知，产业规模指标是实现珠江—西江经济带特色小镇高质量建设与乡村振兴融合发展中具有核心竞争力的重要指标，加强产业规模建设是提升珠江—西江经济带特色小镇高质量建设与乡村振兴融合竞争力的有力保障。

（三）三级指标判断矩阵

1. 人力资源指标权重确定

人力资源指标的判断矩阵如表 6 – 46 所示。

表 6 – 46　　　　　　　　　人力资源指标的判断矩阵

人力资源指标（B1）	中高级技术职称占比（C1）	专科及以上受教育程度人数占比（C2）	员工平均薪资（C3）	省、国家级"千人计划"人才数（C4）
中高级技术职称占比（C1）	1	3	2	4
专科及以上受教育程度人数占比（C2）	1/3	1	1/2	1/2
员工平均薪资（C3）	1/2	2	1	2
省、国家级"千人计划"人才数（C4）	1/4	2	1/2	1

进行一致性检验，结果如表6-47所示。

表6-47　　　　　　　　　　人力资源指标一致性检验结果

人力资源指标	中高级技术职称占比（C1）	专科及以上受教育程度人数占比（C2）	员工平均薪资（C3）	省、国家级"千人计划"人才数（C4）
权重	0.4763	0.1156	0.2559	0.1522

$\lambda_{max} = 3.0536$　　$CI = 0.0268$　　$CR = 0.0521$　（<0.10）该矩阵具有满意的一致性

根据表6-47可知，人力资源指标中，X_i 各元素的权重分别为：中高级技术职称占比（C1）=47.63%，专科及以上受教育程度人数占比（C2）=11.56%，员工平均薪资（C3）=25.59%，省、国家级"千人计划"人才数（C4）=15.22%。其中，最重要的元素为中高级技术职称占比指标（C1），最不重要的元素为科及以上受教育程度人数占比指标（C2），最大特征值为3.0536。由此可知，中高级技术职称占比指标是珠江—西江经济带特色小镇高质量建设与乡村振兴融合效益评价指标体系人力资源（B1）指标层中权重最高的指标。这说明了科学技术是第一生产力，技术的提升是提高人力资源质量的重要保障，对珠江—西江经济带特色小镇与乡村振兴融合的外部竞争力有着显著的影响。

2. 资本资源指标权重确定

资本资源指标的判断矩阵如表6-48所示。

表6-48　　　　　　　　　　资本资源指标的判断矩阵

动态运营收益指标	固定资产投资额（C5）	新土地开发建设面积（C6）	特色产业投资额（C7）	民间资本投资额（C8）	国有资产投资额（C9）
固定资产投资额（C5）	1	1/3	1/2	1/2	1/4
新土地开发建设面积（C6）	3	1	1/2	1/2	1/3
特色产业投资额（C7）	2	2	1	1/2	3
民间资本投资额（C8）	2	2	2	1	1/2
国有资产投资额（C9）	4	3	1/3	2	1

进行一致性检验，结果如表6-49所示。

表 6 - 49　　　　　　　　　　资本资源指标一致性检验结果

动态运营 收益指标	固定资产投 资额（C5）	新土地开发建 设面积（C6）	特色产业投 资额（C7）	民间资本投 资额（C8）	国有资产投 资额（C9）
权重	0.0841	0.1382	0.2608	0.2406	0.2763

Amax = 5.6730　　CI = 0.0168　　CR = 0.0052（< 0.10）该矩阵具有满意的一致性

根据表 6 - 49 可知，在资本资源指标中，X_i 各元素的权重分别为：固定资产投资额（C5）= 8.41%，新土地开发建设面积（C6）= 13.82%，特色产业投资额（C7）= 26.08%，民间资本投资额（C8）= 24.06%，国有资产投资额（C9）= 27.63%。其中，最重要的元素为国有资产投资额（C9），最不重要的元素为固定资产投资额（C5），最大特征值为 5.6730。由此可知，国有资产投资额指标是珠江—西江经济带特色小镇高质量建设与乡村振兴融合效益评价指标体系资本资源（B2）指标层中权重最高的指标。这说明增加国有资产投资额是提高资本资源效益的关键，对珠江—西江经济带特色小镇高质量建设与乡村振兴融合外部竞争力的提高有着促进作用。

3. 政府服务指标权重确定

政府服务指标的判断矩阵如表 6 - 50 所示。

表 6 - 50　　　　　　　　　　政府服务指标的判断矩阵

政府服务指标	企业落户 政策 （C10）	人才吸引 政策 （C11）	政府扶持 补助资金 （C12）	政府民生 支出占比 （C13）	政府行政 效率 （C14）
企业落户政策（C10）	1	1/5	1/4	1/3	2
人才吸引政策（C11）	5	1	1/3	1/2	1/6
政府扶持补助资金（C12）	4	3	1	1/2	1/4
政府民生支出占比（C13）	3	2	2	1	5
政府行政效率（C14）	4	6	4	1/5	1

进行一致性检验，结果如表 6 - 51 所示。

表 6 - 51　　　　　　　　政府服务指标一致性检验结果

政府服务指标	企业落户政策（C10）	人才吸引政策（C11）	政府扶持补助资金（C12）	政府民生支出占比（C13）	政府行政效率（C14）
权重	0.0799	0.1063	0.1711	0.3578	0.2849

Amax = 7.6517　CI = 0.4936　CR = 0.0875（<0.10）该矩阵具有满意的一致性

根据表 6 - 51 可知，在政府服务指标中，X_i 各元素的权重分别为：企业落户政策（C10）= 7.99%，人才吸引政策（C11）= 10.63%，政府扶持补助资金（C12）= 17.11%，政府民生支出占比（C13）= 35.78%，政府行政效率（C14）= 28.49%。其中，最重要的元素为政府民生支出占比（C13），最不重要的元素为企业落户政策（C10），最大特征值为 7.6517。由此可见，政府民生支出占比是珠江—西江经济带特色小镇高质量建设与乡村振兴融合效益评价指标体系政府服务（B3）指标层中影响力最大的指标。这说明增加政府民生支出很大程度地提高政府服务的效益，对珠江—西江经济带特色小镇高质量建设与乡村振兴融合外部竞争力的提高起到促进作用。

4. 环境资源指标权重确定

环境资源指标的判断矩阵如表 6 - 52 所示。

表 6 - 52　　　　　　　　环境资源指标的判断矩阵

环境资源指标	绿化覆盖率（C15）	空气质量达标率（C16）	文化资源价值（C17）	垃圾处理率（C18）	公园绿化面积（C19）	小镇景区等级（C20）
绿化覆盖率（C15）	1	1/5	1/4	1/3	2	1
空气质量达标率（C16）	5	1	1/3	1/2	1/6	5
文化资源价值（C17）	4	3	1	1/2	1/4	4
垃圾处理率（C18）	3	2	2	1	5	3
公园绿化面积（C19）	4	6	4	1/5	1	4
小镇景区等级（C20）	1	1/5	1/4	1/3	2	1

进行一致性检验，结果如表 6 - 53 所示。

表6-53　　　　　　　　　　　　　环境资源指标一致性检验结果

环境资源指标	绿化覆盖率（C15）	空气质量达标率（C16）	文化资源价值（C17）	垃圾处理率（C18）	公园绿化面积（C19）	小镇景区等级（C20）
权重	0.2050	0.1291	0.1183	0.2657	0.1328	0.1491

Amax = 7.7577　　CI = 0.0663　　CR = 0.0592（<0.10）该矩阵具有满意的一致性

　　根据表6-53可知，在环境资源指标中，X_i各元素的权重分别为：绿化覆盖率指标（C15）=20.50%，空气质量达标率指标（C16）=12.91%，文化资源价值指标（C17）=11.83%，垃圾处理率指标（C18）=26.57%，公园绿化面积指标（C19）=13.28%，小镇景区等级指标（C20）=14.91%。其中，最重要的元素为垃圾处理率指标（C18），最不重要的元素为文化资源价值指标（C17），最大特征值为7.7577。由此可见，垃圾处理率指标是珠江—西江经济带特色小镇高质量建设与乡村振兴融合效益评价指标体系环境资源（B4）指标层中权重最高的指标。这说明垃圾的处理率越高，环境资源指标的效益就越高。因此，提高垃圾处理率是提高珠江—西江经济带特色小镇高质量建设与乡村振兴融合内部竞争力的重要途径。

5. 基础设施指标权重确定

　　基础设施指标的判断矩阵如表6-54所示。

表6-54　　　　　　　　　　　　　　基础设施指标的判断矩阵

基础设施指标	居民休闲环境质量（C21）	互联网覆盖率（C22）	公共设施配套建设质量（C23）	交通便利性（C24）	居民生活舒适度（C25）	特色小镇公共服务（C26）
居民休闲环境质量（C21）	1	1/4	1/3	1/4	1/3	1/3
互联网覆盖率（C22）	4	1	1/3	1/2	1/3	1/3
公共设施配套建设质量（C23）	3	3	1	1/2	1	1
交通便利性（C24）	4	2	2	1	1/2	1/2
居民生活舒适度（C25）	3	3	1	2	1	2
特色小镇公共服务（C26）	3	3	1	2	1/2	1

　　进行一致性检验，结果如表6-55所示。

表 6 – 55 基础设施指标一致性检验结果

基础设施指标	居民休闲环境质量（C21）	互联网覆盖率（C22）	公共设施配套建设质量（C23）	交通便利性（C24）	居民生活舒适度（C25）	特色小镇公共服务（C26）
权重	0.0534	0.0951	0.1885	0.1848	0.2666	0.2116

Amax = 7.8645　CI = 0.03847　CR = 0.06847　（＜0.10）该矩阵具有满意的一致性

根据表 6 – 55 可知，在基础设施指标中，X_i 各元素的权重分别为：居民休闲环境质量（C21）= 5.34%，互联网覆盖率（C22）= 9.51%，公共设施配套建设质量（C23）= 18.85%，交通便利性（C24）= 18.48%，居民生活舒适度（C25）= 26.66%，特色小镇公共服务（C26）= 21.16%。其中，最重要的元素为居民生活舒适度（C25），最不重要的元素为居民休闲环境质量（C21），最大特征值为 7.8645。由此可见，居民生活舒适度是珠江—西江经济带特色小镇高质量建设与乡村振兴融合效益评价指标体系基础设施（B5）指标层中权重最高的指标。这说明居民生活舒适度越高，基础设施指标的效益就越高。因此，提升居民生活舒适度有利于珠江—西江经济带特色小镇高质量建设与乡村振兴融合内部竞争力的提高。

6. 产业规模指标权重确定

产业规模指标的判断矩阵如表 6 – 56 所示。

表 6 – 56 产业规模指标的判断矩阵

产业规模指标	规模以上企业数（C27）	每年入驻新企业数（C28）	特色产业集中度（C29）	特色产业企业占比（C30）	特色产业收入占比（C31）
规模以上企业数（C27）	1	1/4	1/5	1/4	1/3
每年入驻新企业数（C28）	6	1	1/2	1/2	3
特色产业集中度（C29）	5	2	1	1/3	1/2
特色产业企业占比（C30）	4	2	3	1	1/2
特色产业收入占比（C31）	5	2	2	2	1

进行一致性检验，结果如表 6 – 57 所示。

表6－57　　　　　　　　　**产业规模指标的判断矩阵**

产业规模指标	规模以上企业数（C27）	每年入驻新企业数（C28）	特色产业集中度（C29）	特色产业企业占比（C30）	特色产业收入占比（C31）
权重	0.0506	0.2040	0.1222	0.1782	0.2936

Amax = 7.9541　　CI = 1.3908　　CR = 0.0012（＜0.10）该矩阵具有满意的一致性

根据表6－57可知，在产业规模指标中，X_i各元素的权重分别为：规模以上企业数指标（C27）＝5.06%，每年入驻新企业数指标（C28）＝20.40%，特色产业集中度指标（C29）＝12.22%，特色产业企业占比指标（C30）＝17.82%，特色产业收入占比指标（C31）＝29.36%。其中，最重要的元素为特色产业收入占比指标（C31），最不重要的元素为规模以上企业数指标（C27），最大特征值为7.9541。这说明，在珠江—西江经济带特色小镇高质量建设与乡村振兴融合过程中，提高特色产业收入占比是扩大产业规模的有效举措。

7. 技术创新指标权重确定

技术创新指标的判断矩阵如表6－58所示。

表6－58　　　　　　　　　**技术创新指标的判断矩阵**

技术创新指标	每年专利数（C32）	每万元R&D经费金额（C33）	创业企业数量（C34）	企业孵化器及众创空间数量（C35）	开展高校、研究所合作项目个数（C36）	形成国家、行业标准项目项数（C37）
每年专利数（C32）	1	1/6	1/5	1/4	1/5	2
每万元R&D经费金额（C33）	6	1	1/2	1/3	1/2	1/8
创业企业数量（C34）	5	2	1	1/2	1/2	1/4
企业孵化器及众创空间数量（C35）	4	3	2	1	1/2	1/4
开展高校、研究所合作项目个数（C36）	5	2	2	2	1	7
形成国家、行业标准项目项数（C37）	1/2	8	4	4	1/7	1

进行一致性检验，结果如表6－59所示。

表 6－59　　　　　　　　技术创新指标一致性检验结果

技术创新 指标	每年专利数 （C32）	每万元 R&D 经费金额 （C33）	创业企业 数量 （C34）	企业孵化器及 众创空间数量 （C35）	开展高校、研究所 合作项目个数 （C36）	形成国家、行业 标准项目项数 （C37）
权重	0.054	0.0882	0.1294	0.1681	0.3579	0.2024

Amax = 8.6604　　CI = 1.5320　　CR = 0.0136（<0.10）该矩阵具有满意的一致性

根据表 6－59 可知，在技术创新指标中，X_i 各元素的权重分别为：每年专利数指标（C32）＝5.41%，每万元 R&D 经费金额指标（C33）＝8.82%，创业企业数量指标（C34）＝12.94%，企业孵化器及众创空间数量指标（C35）＝16.81%，开展高校、研究所合作项目个数指标（C36）＝35.79%，形成国家、行业标准项目项数指标（C37）＝20.24%。其中，最重要的元素为开展高校、研究所合作项目个数指标（C36），最不重要的元素为每年专利数指标（C32），最大特征值为 8.6604。由此可见，开展高校、研究所合作项目（C36）是珠江—西江经济带特色小镇高质量建设与乡村振兴融合效益评价指标体系技术创新（B7）指标层中权重最高的指标。这说明，开展高校、研究所合作项目数越多，技术创新的效益也就越高。因此，增加高校、研究所合作项目数有利于提高珠江—西江经济带特色小镇高质量建设与乡村振兴融合的核心竞争力。

（四）评价指标体系的权重和总排序权重

由上述可知，评价指标体系的权重和总排序权重如表 6－60 所示。

表 6－60　　　　　　珠江—西江经济带特色小镇高质量建设与
乡村振兴融合竞争力评价指标体系的权重

一级指标 （目标层）	权重	二级指标 （准则层）	权重	三级指标（指标层）	权重	总排序 权重
外部竞争力 （A1）	0.1429	人力资源 （B1）	0.5278	中高级技术职称占比（C1）	0.4763	0.0359
				专科及以上受教育程度人数占比（C2）	0.1156	0.0087
				员工平均薪资（C3）	0.2559	0.0193
				省、国家级"千人计划"人才数（C4）	0.1522	0.0115

续表

一级指标（目标层）	权重	二级指标（准则层）	权重	三级指标（指标层）	权重	总排序权重
外部竞争力（A1）	0.1429	资本资源（B2）	0.1396	固定资产投资额（C5）	0.0841	0.0017
				新土地开发建设面积（C6）	0.1382	0.0028
				特色产业投资额（C7）	0.2609	0.0052
				民间资本投资额（C8）	0.2406	0.0048
				国有资产投资额（C9）	0.2763	0.0055
		政府服务（B3）	0.3325	企业落户政策（C10）	0.0799	0.0038
				人才吸引政策（C11）	0.1063	0.0050
				政府扶持补助资金（C12）	0.1711	0.0081
				政府民生支出占比（C13）	0.3578	0.0170
				政府行政效率（C14）	0.2849	0.0135
内部竞争力（A2）	0.2857	环境资源（B4）	0.3333	绿化覆盖率（C15）	0.2050	0.0195
				空气质量达标率（C16）	0.1291	0.0123
				文化资源价值（C17）	0.1183	0.0113
				垃圾处理率（C18）	0.2657	0.0253
				公园绿化面积（C19）	0.1328	0.0126
				小镇景区等级（C20）	0.1491	0.0142
		基础设施（B5）	0.6667	居民休闲环境质量（C21）	0.0534	0.0102
				互联网覆盖率（C22）	0.0951	0.0181
				公共设施配套建设质量（C23）	0.1885	0.0359
				交通便利性（C24）	0.1848	0.0352
				居民生活舒适度（C25）	0.2666	0.0508
				特色小镇公共服务（C26）	0.2116	0.0403
核心竞争力（A3）	0.5714	产业规模（B6）	0.8000	规模以上企业数（C27）	0.0506	0.0231
				每年入驻新企业数（C28）	0.2040	0.0933
				特色产业集中度（C29）	0.1222	0.0559
				特色产业企业占比（C30）	0.1782	0.0815
				特色产业收入占比（C31）	0.2936	0.1342

一级指标（目标层）	权重	二级指标（准则层）	权重	三级指标（指标层）	权重	总排序权重
核心竞争力（A3）	0.5714	技术创新（B7）	0.2000	每年专利数（C32）	0.0506	0.0058
				每万元 R&D 经费金额（C33）	0.2040	0.0233
				创业企业数量（C34）	0.1222	0.0140
				企业孵化器及众创空间数量（C35）	0.1782	0.0204
				开展高校、研究所合作项目个数（C36）	0.2936	0.0336
				形成国家、行业标准项目项数（C37）	0.0506	0.0058

由表 6-60 可知，外部竞争力（A1）=0.1429＜内部竞争力（A2）=0.2857＜核心竞争力（A3）=0.5714。根据各指标的权重可以看出，首先核心竞争力是影响珠江—西江经济带特色小镇高质量建设与乡村振兴融合竞争力最重要的因素，其次是内部竞争力和外部竞争力。

核心竞争力（A3）中权重指数更高的指标为产业规模（B6），产业规模（B6）中权重指数最高的指标为特色产业收入占比（C31）。可以看出，特色产业对于产业规模以及珠江—西江经济带特色小镇高质量建设与乡村振兴融合都有着举足轻重的作用。相对其他指标而言，规模以上企业数（C27）对产业规模的影响较小。这说明，不能仅从企业数量的角度衡量产业规模，而需要结合企业经营状况来考虑。

内部竞争力（A2）中权重指数更高的指标为基础设施（B5），基础设施（B5）中权重指数最高的指标为居民生活舒适度（C25）。可以看出，基础设施投入情况很大程度上影响着珠江—西江经济带特色小镇高质量建设与乡村振兴融合的内部竞争力。增加基础设施投入的主要目的是要提升居民生活的舒适度。相较而言，环境资源对珠江—西江经济带特色小镇高质量建设与乡村振兴融合的内部竞争力影响较小，说明珠江—西江经济带区域内不同地区的环境资源并无显著差异。

外部竞争力（A1）中权重指数最高的指标为人力资源（B1），人力资源指标（B1）中权重指数最高的为中高级技术职称占比（C1）。由此可知，人力资源是珠江—西江经济带特色小镇高质量建设与乡村振兴融合外部竞争力的重要影响因素。相较于人力资源而言，政府资源和资本资源对外部竞争力的影响较小，但也需要重视发展过程中政府民生支出占比和国有资产投资额，多方面努力共同提升珠江—西江经济带特色小镇高质量建设与乡村振兴融合的外部竞争力。

四、主要结论

通过层次分析法（AHP），从综合效益、可行性和竞争力三个方面对珠江—西江经济带特色小镇高质量建设与乡村振兴融合度评进行了评价，得出以下三点结论。

第一，对经济效益、社会效益、环境效益等进行分析发现，净资产收益率、成本费用利用率、基础设施的改善、居民生活质量的提高、居民环境的意识提高、绿化覆盖率等是影响珠江—西江经济带特色小镇高质量建设与乡村振兴融合综合效益的重要指标。

第二，影响珠江—西江经济带特色小镇高质量建设与乡村振兴融合可行性的指标权重从强到弱依次为产业指标、形态指标、制度指标、功能指标。其中，产业指标（B1）中权重最高的指标为经济发展程度（C14），功能指标（B2）中权重最高的指标为基础设施建设程度（C21）。

第三，核心竞争力是影响珠江—西江经济带特色小镇高质量建设与乡村振兴融合竞争力最重要的因素，其次是内部竞争力、外部竞争力。其中，核心竞争力（A3）中权重指数最高的指标为产业规模（B6），产业规模（B6）中权重指数最高的指标为特色产业收入占比（C31），特色产业对于产业规模以及珠江—西江经济带特色小镇高质量建设与乡村振兴融合都有着举足轻重的作用。内部竞争力（A2）中权重指数最高的指标为基础设施（B5），基础设施投入情况在很大程度上影响着珠江—西江经济带特色小镇高质量建设与乡村振兴融合的内部竞争力。外部竞争力（A1）中权重指数最高的指标为人力资源（B1），人力资源指标（B1）中权重指数最高的指标为中高级技术职称占比（C1），由此凸显加强人力资源建设的重要性。

珠江—西江经济带特色小镇高质量建设与乡村振兴融合发展存在的主要问题与原因分析

本章在对珠江—西江经济带特色小镇高质量建设与乡村振兴融合综合效益、可行性以及竞争力的评价基础上，结合珠江—西江经济带的发展实际，进一步探析珠江—西江经济带特色小镇高质量建设与乡村振兴融合发展存在的主要问题和原因。

第一节　珠江—西江经济带特色小镇高质量建设与乡村振兴融合发展存在的问题

一、珠江—西江经济带特色小镇高质量建设与乡村振兴融合综合效益存在的问题

（一）就业率提升不明显

就业率反映劳动力就业的情况，是总就业人口占总劳动年龄人口的百分比。本书对珠江—西江经济带特色小镇高质量建设与乡村振兴融合发展关于社会效益评价的指标体系中，将社会效益分为宏观社会效益和微观社会效益。宏观社会效益又分为"文化的传承和保护""旅游业促进商贸经济""基础设施的改善"，微观社会效益指标又分为"就业率的提高"和"居民生活质量的提高"。其中，宏观社会效益指标占33.3%，微观社会效益指标占66.7%，是宏观社会效益比重的两倍。由此可见，就业率的提高情况并不显著。

在微观社会效益中，一般而言，转型和新兴工业化的城市就业率最高，经济

落后地区较低，因此就业率一定程度上可以反映居民的生活情况。珠江—西江经济带特色小镇建设意在聚力发展主导产业，促进产城人文融合，以创业带动就业，创造岗位解决"就业难"的问题，并发展具有当地特色的小镇。但从实际的数据分析结果来看，特色小镇与乡村融合发展中就业率的提高仅占微观社会效益的20%，占总效益比重更是低至1.4%。这充分说明，在珠江—西江经济带所囊括的区域里，特色小镇建设与乡村振兴的融合并未发挥带动就业的作用，当地居民的就业问题依然严峻，居民生活水平依然没有得到相应提高，就业仍是阻挡当地经济发展的"瓶颈"。综上所述，珠江—西江经济带特色小镇高质量建设与乡村振兴融合综合效益中的就业率提升效果不佳，社会效益偏低。

（二）环境保护措施作用未充分显现

在分析珠江—西江经济带特色小镇建设与乡村振兴融合的综合效益评价时，环境效益主要分为环保意识和环境措施两部分，其中，环境措施指标仅占总经济效益的20%，剩余80%的环境效益全由环境保护意识指标解释。由此可以看出，珠江—西江经济带特色小镇高质量建设与乡村振兴融合的发展中存在环境保护配套措施缺乏的问题。

广西各级政府不断加强珠江—西江经济带的生态建设与环境保护工作，树立生态优先的理念，划定生态红线，依据环境承载力科学、合理地布局经济带产业。同时，不断排查珠江—西江经济带生态环境隐患，并加大整治力度，对监管督察制度实行差别化考核制度，搭建信息共享平台和数据交换平台，共同维护区域生态环境。从前文的实证分析可以看出，居民对于保护环境的意识正在逐年提高，该指标占综合效益比重高达37.4%，是珠江—西江经济带特色小镇高质量建设与乡村振兴融合过程中最大的正向影响因素，对于综合效益有显著的提高①。

但是，居民环境意识的提高并不意味着生态环境有所改善。在特色小镇高质量建设与乡村振兴综合效益评价的结果中，"生态环境的改善"是继"居民环境意识提高"后比重第二高的指标，但它只占"居民环境意识提高"的一半，这意味着虽然居民的环境保护意识在不断提高；但由于各种原因，生态环境保护措施的实施并未起到充分作用。调研结果显示，珠江—西江经济带特色小镇建设的过程中，乡镇里的供水、供气设施和垃圾集中处理不能覆盖全体住户；农村改厕、畜禽粪污资源化利用和污水处理的问题依然没有得到解决，部分农户还是直

---

① 王新哲，雷飞. 西南少数民族地区特色小镇发展的机理与模式探究 [J]. 广西民族大学学报（哲学社会科学版），2019，41（5）：153－159.

接将生活污水排入河沟；近四成的村庄暂无集中处理生活垃圾的设施，绝大多数村庄未对全部生活污水进行集中处理，而且建筑垃圾和生活垃圾也未定期处理。珠江—西江经济带特色小镇建设的过程中，部分酒店等开发项目由于早期规模过大，导致开发的中后期资金链断裂，项目无法继续，造成土地资源的浪费，烂尾的建筑物杂草丛生，严重破坏部分城市形象和生态环境，影响珠江—西江经济带特色小镇的健康发展①；一些特色小镇附近的酒店绿化不够，大量生活垃圾没有及时处理，公共区域卫生无人打扫等问题，严重影响了乡镇环境，对特色小镇的建设造成不利影响；局部地区开发不合理，导致土地退化、河流淤积，造成水土流失，自然植被严重破坏，加重自然灾害；过度地利用自然资源，干扰自然生态的演化，影响河流生态系统的健康。以梧州为例，梧州是西江流域的防洪重点地区，水位低，经常裸露出大片河床，排污口直接将未经过污水处理的污水排入江中，对水体造成严重污染。因此，生态环境并未得到充分的改善，珠江—西江经济带特色小镇高质量建设与乡村振兴融合的综合效益依然存在较大的上升空间。

（三）旅游对经济的带动作用尚未形成

在珠江—西江经济带特色小镇与乡村振兴融合发展的进程中，某些城市出于经济利益的考虑，过度发展旅游业，意图刺激商贸经济的发展。然而以旅游业、交通客运业和酒店为代表的旅游住宿业具有依赖性、季节性和涉外性，发展存在不稳定性。旅游业发展得好可以拉动经济发展，可一旦发展不好，将破坏景区的自然环境，加重生态负担，反而抑制经济发展。

旅游业刺激商贸经济对特色小镇高质量建设与乡村振兴融合综合效益的贡献度非常低，说明当地政府虽然在不断扩大旅游业的发展规模，但并未合理地利用旅游业来促进经济的发展。在实际生活中，为确保旅游业带来足够的旅游收入，景点通常会接待更多的游客，以此创造更大的经济利益。但过度发展旅游业存在隐患，如一些有历史价值和文化内蕴的古城镇、老街区由于参观的人数过多，均有着不同程度的毁坏。因此，旅游业的发展同时也会造成基础设施超负荷使用带来旅游体验退化。过度发展旅游业的背后实际是旅游业可持续发展面临的突出矛盾，不仅影响旅游目的地、旅游吸引物、当地基础设施和居民，还影响游客的旅游体验②。

旅游业的繁荣发展依赖当地的综合实力。其中，文化传统是许多旅行社和业

---

① 曾丽英，陈庆勤. 农业特色小镇建设的现状分析及路径优化 [J]. 农业经济，2020（4）：55 – 56.
② 黄细花. 发展乡村旅游助推乡村振兴 [J]. 人民论坛，2018（10）：53.

内相关人士宣传的重点，尽管部分人认为文化传统可以通过旅游业而发扬光大，旅游业收入的增加更好地保护当地传统文化，但实际上并非如此。利用文化传统来满足旅游业的需求，实际上削弱了传统文化的多样性，只有受到游客欢迎和接受的传统文化才会被优先考虑并得到妥善保护，而其他具有相同文化价值的传统文化则被丢弃，甚至被遗忘。文化的原有韵味在过度旅游中被扭曲，一旦传统文化与商业开始融合，它们可能会被包装成一种超出文化，更具吸引力、商业化和同质化的产品，无限夸大与传统文化无关的信息，失去文化的原始味道，违背文化传承和保护的原则。正如表 6 - 24 的数据所示，文化的传承和保护指标占综合效益的比重仅为 1%，珠江—西江经济带特色小镇与乡村振兴融合过程中旅游业的发展不但未达到预期的经济效益，还对当地的生态环境和文化环境造成破坏[①]。

二、珠江—西江经济带特色小镇高质量建设与乡村振兴融合可行性存在的问题

(一) 产业链完善程度较低

产业链是不同部门之间的技术经济关联性，是依照各项事务的内在联系以及时空布局形成的一种链条式关系。产业链的本质是一个具有内在联系的企业群结构，主要包括价值链、企业链、供需链和空间链四个方面，具有结构属性和价值属性。产业链是对各产业部门关联性的形象描述，具有完整性、层次性和指向性三大特点。从宏观来看，产业链有利于降低企业成本，发展新的企业，打造"区位品牌"，形成良好的创新氛围，促进区域经济的发展。

在对珠江—西江经济带特色小镇高质量建设与乡村振兴融合产业的评价中，产业链完善程度的得分最低，仅占总指标的 1.9%，在评价指标体系中排名倒数第二，对珠江—西江经济带特色小镇建设与乡村振兴融合的可行性贡献小，是所有产业指标中作用最弱的一项。由此可知，珠江—西江经济带特色小镇高质量建设与乡村振兴融合的产业发展过程中，产业链不够完善制约着该地区的经济发展。

在珠江—西江经济带特色小镇高质量建设和乡村振兴融合发展过程中，由于市场环境较差，一些企业经营者过于重视眼前利益而忽略市场的发展规律，产生恶性竞争，对产业发展造成了极其负面的影响，同时对其他经营者和自身的声誉产生不利影响。特色小镇特色产业下的企业竞争大于合作，内部组织松散，有的

---

① 张晓翠. 乡村振兴背景下特色小镇建设的文化设计 [J]. 社会科学家, 2020 (6): 86 - 90.

企业甚至没有组织，更不要谈紧密联系、形成产业链。在珠江—西江经济带所覆盖的 11 个地级市当中，有的地区由于市场相对狭小、产业整体落后，采取"引入外资，接受专业产业"的发展模式。一方面，这样可以带动经济发展，使得各行业在发展的过程中形成较强的竞争实力，打造出当地的独特产业；另一方面，却暴露其在应对新冠疫情等突发事件时产业链不完善、供应链不足的短板，能力不足导致无法迅速、有效地应对危机，进而阻碍产业的发展步伐，不利于经济稳步发展。随着区域经济与国家经济联系的不断紧密，珠江—西江经济带的发展对整个国家经济的影响逐渐嵌入产业链的分工体系。自 2017 年以来，珠江—西江经济带地区产业链和供应链的本地化、区域化、分散化趋势越发明显。对于制造业而言，外界环境对于产业链和供应链的完善和健全至关重要，一旦外界环境发生变化，企业就会陷入订单减少甚至没有订单，或者即使有订单，但由于缺乏生产材料而无法完成订单的困境。除此之外，产业链的各环节技术发展程度各不相同，产能供需存在缺口，内部供需不平衡、产业自主研发能力低、产业规模化程度不高等问题也在一定程度上限制产业的发展[①]。在珠江—西江经济带城市群中，广州市和南宁市均具有较大的农产品市场；但受到传统商业模式的局限，两城市依然存在农产品发展资金不足、融资难、缺乏商业模式创新和销售成果不理想的问题。

（二）体制机制创新的引领作用未凸显

从珠江—西江地区特色小镇高质量建设与乡村振兴融合的可行性分析中不难发现，发展制度存在一定的问题。从表 6-36 的计算结果来看，"制度指标"占总比重的 18.3%，其中，人才引进的贡献率最高，即在发展的过程中，人才引进被置于重要的位置，侧面反映经济较为不发达的地区在人才吸引上的困境。比重最低的指标为"环境治理政策"，对制度的贡献度为 4.77%，对总可行性的贡献度只有 0.87%。这意味着，在珠江—西江经济带特色小镇高质量建设与乡村振兴融合的过程中，环境治理政策的不及时、不合理依然是限制其发展的重要因素。

改革开放后，在珠江—西江地区实施的一系列政策未能很好地与珠江—西江地区经济发展的实际相契合，导致珠江—西江流域沿线各地区的发展差距不断拉大。在珠江—西江经济带的特色小镇与乡村振兴融合的过程中，部分区域存在因循守旧、观念滞后，缺乏全局观念的问题。除此之外，各级政府在管理中也不可

---

① 储节旺，曹振祥. 乡村振兴战略科技支撑路径的理论模型构建 [J]. 安徽大学学报（哲学社会科学版），2020，44（4）：133-143.

避免地存在轻规范化建设的问题。具体体现有：社会管理缺乏职能顶层设计，依然停留在自发层面；社会管理缺乏创新，缺乏有影响力的更深层的制度变革①。

此外，特色小镇高质量建设与乡村振兴融合发展中还存在土地流转体制机制不健全，缺乏统一的整体规划的困难。特色小镇建设的土地利用规划是国家用地规划的重要内容。我国规划的特色小镇日趋丰富和多样，一个重要的原因是地方政府希望通过特色小镇的发展，带来土地收益的递增。然而，如果没有正确的土地规划，就会很大程度上造成土地资源的严重浪费。在珠江—西江经济带的部分特色小镇的发展过程中，对土地流转的管控问题没有加以重视，使得乡村特色小镇的土地开发过度，甚至一度造成失控的局面。缺乏合理的土地管理制度，难以调动全体村民共同推进特色小镇的发展。与此同时，乡村土地流转中的违约问题也比较突出。土地流转市场尚不成熟，缺乏规范性指导，土地流转产生的违约和纠纷问题也日趋增多。第一，绝大部分的土地流转都是村民内部自行协议的，并未签署相关的书面流转合同，相关政府部门也没有相应的法律保护机制和录入备案。第二，相关政府部门在与村民签订土地流转的书面合同时存在合同内容不明确、易产生歧义等问题，这也使村民对出让土地助力特色小镇建设的积极性不高。第三，特色小镇建设所在地为控制成本存在压低流转土地价格的问题②。

（三）城镇特色不够鲜明，特色文化氛围不够浓郁

特色小镇是文化传承的重要载体，应最大程度地发挥出当地的要素，因地制宜，彰显自身的特色与优势，形成每个镇独有的风格。然而在特色小镇的建设中，为追求速度和效率，大多数特色小镇是直接套用大城市规划设计的理念与思路，照搬大城市的发展方式，模式化和商业化的痕迹逐渐淹没特色小镇建设，出现"千镇一面"的迹象③。特色小镇的建设离不开人，也离不开风俗人情，一味地套用商业模式容易不断地消磨人情氛围。

根据表6-36的数据可知，在珠江—西江经济带特色小镇高质量建设与乡村振兴融合的可行性评价指标体系中，"形态指标"中的"风俗人情"以及"城镇特色类型"二者的得分最低，分别为0.067和0.105，两项对可行性的总共贡献度低于5%，是小镇建设与乡村振兴融合过程中不可忽略的重要问题。

---

① 罗晓萍，宋劲松. 智能制造型特色小镇规划建设探讨——以佛山市顺德区北滘特色小镇为例［J］. 规划师，2021，37（4）：63-70.

② 宋宏，黄艳莉. 集体土地作价入股农业特色小镇合作模式研究［J］. 农业经济，2018（10）：99-101.

③ 靳艺昕. 特色小镇能否成为助力乡村振兴的新引擎？［N］. 中国出版传媒商报，2021-7-23（9）.

特色小镇的重点在于突出"特色"二字,在依托历史人文积累、产业优势和独特自然资源禀赋的基础上合理开发,形成特色的发展模式。在发展的过程中应当保护历史遗迹,以免使特色小镇沦为标准单一、缺乏特色和人性化的物质空间。然而,某些特色小镇的开发建设不但没有突出"特色"二字,还忽略了本地资源禀赋和自身条件,盲目跟风,对小镇进行模板化开发建设;不仅未能发挥出特色小镇的带动作用,反而使当地投身于特色小镇建设的村民积极性大打折扣,进而消磨本土的人情氛围。对于文化旅游类特色小镇来说,文化传承是其魅力所在,但一些特色小镇却采用商业旅游开发、美化城市的方式来"保护、传承和发展"特色小镇,忽略原有的人文环境,失去历史的真实性和文化内涵,令特色小镇的建设毫无"特色"。有些地方在特色小镇的建设中对古村落大拆大建,破坏植被和山体,使得历史文化村落赖以存在的生态环境遭到破坏,也使得村落的空间形态和村民的生活方式、劳动方式、民俗信仰等非物质文化遗产遭到破坏。历史文物是当地居民情感的寄托,是文化传承的载体。离开了发展实体,特色小镇的风土人情将无处安放寄托,人情氛围只会由此逐渐变淡。除此之外,一些特色小镇建设时盲目借鉴国外文化,引用不同文化元素,在资本和利益的诱惑下漠视原有的文化特色,加速本土历史风貌消失的同时,也带走了珍贵的人文精神,使得特色小镇原有的风土人情味逐渐消散,容易成为流水线上的标准化产物。

三、珠江—西江经济带特色小镇高质量建设与乡村振兴融合竞争力存在的问题

(一) 竞争力的内外比重失调

根据表 6 - 60 的结果显示,在珠江—西江经济带特色小镇高质量建设与乡村振兴融合的过程中,核心竞争力所占比重为 57.1%,外部竞争力所占比重仅为28.6%,二者差距过大,比例失调。这说明小镇建设与乡村振兴融合发展过程中政府过于重视核心竞争力,不断追求绝对优势,忽略了对外部竞争力的投入。

区域发展的核心竞争力是指一个区域独特的竞争优势,是指其发展达到竞争领域内一流水平,且具有明显的比较优势。但核心竞争力并不是万能的,发展中依然存在许多缺陷。核心竞争力的精髓是"以不变应万变",只注重自身核心能力增强的封闭观念,难以适应飞速发展的世界。同时,在共生多赢的经营战略思想的影响下,只注重核心竞争力的守旧思想与时代的进步无法同频共振。

从整体空间布局而言,珠江—西江经济带竞争力较强的县域由东部向中部延

伸，然而，百色、来宾和崇左空间发展并不均衡。不同地区竞争力的驱动机制不同，有的地区主要依靠财政支持和基础建设，有的地区主要依靠农业资源禀赋，还有的地区主要根据自身城镇化、信息化水平以及劳动力投入等因素促进经济发展。上述地区所出现的问题均为重视自身核心竞争力而忽略了外部因素。此外，仍需要注意的是，在实际中，核心竞争力的理论过于宽泛且缺乏可操作性。区域发展无小事，用"蝴蝶效应"可解释为"在发展中一旦任何一个环节不配套，整个系统发展的结果都会受到影响"，"核心"和"非核心"的区分是十分困难的。如果过分强调核心而忽视外部竞争力，仅将眼光聚焦在产业规模和技术创新的提升上，并且忽略基础设施、政府服务等基础民生建设的投入，将对带动珠江—西江经济带的特色小镇与乡村振兴融合造成不利的影响。若是仅仅立足于自身内部的发展来构建核心能力，或是很少甚至未将目标投向外部来寻找区域发展的核心能力和竞争优势，这对于提升地区的综合素质是完全不够的，而这样发展起来的地区也是有短板的。因为人为地将"核心"与"非核心"竞争力分开对地区的发展是有害的，不利于珠江—西江经济带的特色小镇与乡村振兴融合的协调统一。在追求绝对优势的过程中，不计成本、不计实际效用地强化自身竞争优势，不重视外部竞争力，不但不能带动地区经济良好地发展，反而会对珠江—西江经济带特色小镇建设与乡村振兴融合的整体竞争力造成影响。

（二）人力资源质量有待提高

从珠江—西江经济带特色小镇高质量建设与乡村振兴融合竞争力的评价结果可以发现，人力资源所占权重高达52.8%，对于整体的外部竞争力有着重大的作用。这充分说明了珠江—西江经济带在发展过程中人力资源投入的重要性，但与此同时也暴露出珠江—西江地区发展中的人力资源质量不足以提升特色小镇高质量建设与乡村振兴融合发展的竞争力。

珠江—西江经济带所覆盖的广东、广西均为人口大省，如何把巨大的人口基数转化为区域人力资源优势，一直是广东、广西各级政府与专家、学者重点思考的问题。根据国家统计局公布的人力资源基本现状可知，广西地区劳动力整体素质偏低，中高层次人才严重缺乏，人力资源整体水平与发达地区和新型工业化城市相比存在较大差距[①]；人力资源结构性矛盾突出，地区城乡之间以及不同地区间劳动力的文化素质不均衡性十分突出，而低素质劳动力又很多，无法适应特色

---

① 王天宇. 论乡村振兴战略背景下特色小镇的培育发展——基于特色小镇、中小企业与乡村振兴三者契合互动分析 [J]. 河南社会科学，2020，28（7）：105－111.

小镇建设的要求。虽然珠江—西江经济带劳动力资源的比例较高，但是投入方式单一，效率低下，在技术水平和专业人才的培养上依然存在制约问题，即特定数量的劳动力投入并不能创造出预期的收益。

现在社会发展急需高层次人才，在珠江—西江经济带特色小镇与乡村振兴融合的过程中，影响人力资源最重要的因素是高级技术人才的引入。虽然整体来看，每年投入市场的劳动力数量不断攀升，但缺乏核心人才的输入，不断增加的只是劳动数量，劳动力质量并未得到很好的提升。在珠江—西江经济带中，广西地区的人才发展问题较为突出。首先，该地区人才总量较低，与其他西部地区的省份相比较为落后；其次，广西高层次的创新人才增长速度缓慢，享受国务院政府特殊津贴的专家自 2017 年之后呈现减少的趋势。部分基层政府在人才引进时不结合当地的实际情况，为求政绩盲目攀比"人才落户数量""高层次人才流入率"等参考指标，只追求数量不重视质量。

（三）资源投入比例失调

在珠江—西江经济带特色小镇高质量建设与乡村振兴融合内部竞争力中，环境资源占比 1/3，基础设施占比 2/3，基础设施占比是环境资源的两倍，充分体现珠江—西江经济带特色小镇建设与乡村振兴的资源投入中，基础设施建设投入与环境资源投入比例失调。

基础设施包括交通运输、卫生事业、公共生活服务等内容，是一切企业、单位和居民生产经营和生活的共同物质基础，是城市主体设施正常运行的保障。加大基础设施建设投入力度对城市的发展有推进作用。但所有事物的发展均要遵循"质"与"量"的结合。发展中只重视基础设施建设而忽略环境保护，往往会使发展适得其反。

在珠江—西江经济带特色小镇高质量建设与乡村振兴融合发展的过程中，一些地区的特色小镇对于水域资源重开发轻保护，重建设轻管理，重水量轻水质，发展特色水域文旅观光游览、工业制造等产业，而不重视水域管理保护，片面强调经济发展，忽略水资源承载能力，污染水体，且没有及时采取有效防污、排污措施，导致水生态加速退化。以西江的水污染为例：西江是粤港澳地区城乡居民最主要的饮用水源，但西江水质污染问题越来越严重。西江流域，尤其是三角洲地区的水资源不再丰沛，出现水质型缺水。经济的快速发展给水资源管理和保护带来了巨大压力，西江流域有机污染较为突出，氨氮、高锰酸盐指数和石油类等超标项目使地表水供水水源安全受到威胁。西江水环境面临的威胁主要是工业废水和生活污水以及交通运输过程中的突发性污染事故，石油污染严重。水体中盐分不断增加，极大程度地影响着工农业及生活用水，用高盐度的水灌溉农田加速土地的盐碱化。重金属在部分工厂生产的粉尘无法排放，随废水排出。违法燃烧木粒，产生大量有毒的刺激性废气，废水在未经过任何有效处理的情况下，便直接排放至下水道，对西江水体造成严重污染。进入水体后的部分成分不能被微生物降解，经食物链的富集作用，在高级生物体内的含量成倍地增加，并最终进入人体，对人类健康造成危害。同时，西江是重要的鱼类产卵场分布区和鱼类洄游通道，分布有 3 个鱼类自然保护区和 4 个国家级水产种质资源保护区，对珠江流域生物多样性有不可替代的作用。

（四）固定资产投资效益不高

在珠江—西江经济带特色小镇高质量建设与乡村振兴融合竞争力的评价体系中，外部竞争力是最薄弱的一项，外部竞争力中资本资源所占比例偏低；而资本资源中的固定资产投资额仅占总权重的 0.17%，是所有指标中占比最低的一项。这体现特色小镇建设与乡村振兴融合的发展过程中，固定资产投资效益水平过低的现状。

从全局来看，珠江—西江经济带整体的供给侧改革可以分为供给调整和供给扩张两个阶段。在供给结构调整阶段，减法效应通常强于加法效应，社会总供给不断收缩，最明显的结果就是固定资产投资水平低。一般而言，高投资率可以促进经济增长，增加就业机会；但投资与消费应该协调发展，投资规模与消费之间存在一个"跷跷板"的平衡力，一旦一边的数据增加，另一边就会随之反向变动呈下降的态势。整体而言，珠江—西江经济带对于特色小镇与乡村振兴融合的固定资产投资并不低，但是其表现出的资本资源水平却并不能跟上其投资额的增长速度，主要是因为固定资本投资效益水平过低。

珠江—西江经济带所覆盖的 11 个城市里，固定资产投资主要集中于亿元以下的小项目，新增亿元的项目数量十分少，大项目占比偏低，主要靠小项目拉动投资额的增加，但小项目对固定资产投资效益的影响是有限的，不能快速提高固定资产投资效益。在工业投资中，工业厂房的新建和扩建能力不足，这意味着未来工业经济总量扩张的后劲不足，即对于工业的投资利用率不高，投入产出率低，导致整体的投资效益不好。同时，固定资产投资的环境尤其是投资软环境建设不够，市场竞争秩序不规范，部分地区因重复建设而降低投资效率，使得税收流失。除此之外，交通的投资也并未带来理想的效益，许多落后地区并未享受到交通一体化发展所促进经济发展的红利。以广州和肇庆交通一体化建设为例，随着广州、佛山和肇庆 3 个城市交通一体化的发展，肇庆地区的区位优势不断提升。广州和肇庆统计年鉴的统计经济数据显示，广州的第二、三产业增长稳定，肇庆的第二、三产业却出现下降的趋势。这充分说明交通道路建设并未使肇庆地区收入提高，反而加速该地区优秀的资源向广州集结，极化作用不断加强。因此，珠江—西江经济带的固定资产投资效益偏低成为影响区域发展的一大难题。

（五）产业融合发展程度较低

特色产业带的发展是特色小镇建设的核心，同时也是助力乡村振兴的主力[①]。大部分乡镇特色产业种类多样，但由于难以吸引高技术型人才，资金不足导致投入资金缺乏，使得乡村产业创新力不足，特色发展不显著，品牌效应不强，缺乏竞争力，最终导致乡镇产业特色优势不明显。尤其是远离大城市的特色小镇，由于人才和资金匮乏，未形成当地的特色产业优势，其产业在生产、销售等环节仍将生产放在首位，但其技术落后，加工也只是简单的粗加工，导致产品附加值较低。同时，基础交通设施建设还有待加强，物流配送问题突出。未依托当地资源禀赋打造特色产业，产业的发展、产业结构的优化和升级以及产业规模的扩张等将面临重大挑战，难以拉动特色小镇建设与乡村振兴有机衔接和高度发展。在特色小镇建设与乡村振兴融合发展过程中，产业融合度较低且基础薄弱。在第一产业方面，大部分乡村有特色农业，但由于部分农产品成活率低，导致农业的收入较低，由此出现因农业发展前景不好而导致土地荒废的现象[②]；在第二产业方面，乡村多以出售农业原产品获得经济收入，手工业品以及工业产品短缺，乡村缺乏简单加工或者深度加工的工厂，使得农村第二产业发展缓慢；在第三产业方面，部分农旅、文旅型特色小镇建设的形式单一，缺乏相应的服务配套设施，产业主要以观光的乡村旅游、农家乐体验为主，缺少其他体验设施，游客的体验感不足，第三产业发展模式单一[③]。此外，部分地区通过农村电商综合服务平台，打通城市与农村之间的双向绿色通道，促进城乡产业和经济的发展；但缺乏城镇优质资源与乡村发展相联结的渠道和平台，鼓励资本下乡和农工返乡创业的相关制度不够健全。这些均不利于实现特色小镇与乡村振兴共同发展，不利于城乡融合发展良好局面的形成。此外，特色小镇充分发挥自身的区位优势，大力发展特色产业，但在实际发展中，特色小镇高质量建设与乡村振兴未能深度融合发展，部

① 葛梦兰，曾繁荣，王金叶等.旅游特色小镇建设动力及提质增效路径——以广西恭城县莲花镇为例 [J].桂林理工大学学报，2021，41（2）：325-331.

② 郝华勇.以特色小镇引领农村一二三产业融合发展研究 [J].农业经济，2018（2）：3-5.

③ 章艳涛，王景新.脱贫攻坚、乡村振兴和新型城镇化衔接的策略、经验与问题——顺昌县洋墩乡响应国家"三大战略"案例研究 [J].农村经济，2020（8）：52-59.

分产业仅仅停留在普通的种植和成品销售阶段，加上市场信息的不对称和不具备合适的销售渠道，农户往往是被动的群体，无法获得市场利润，甚至需要亏本出售，难以促进特色小镇的产业链延伸，也难以寻找到提升特色小镇高质量建设与乡村振兴融合发展竞争力的共通点①。

第二节　珠江—西江经济带特色小镇高质量建设与乡村振兴融合发展问题的原因分析

一、特色小镇高质量建设与乡村振兴融合发展的体制机制不够健全

（一）特色小镇高质量建设的参与主体职责不够明确

1. 特色小镇的高质量发展机制缺乏灵活性，建设主体间的合作存在较大障碍

小镇的特色产业，如特色农业、旅游业等，根据国家建设特色小镇的总要求，需将小镇的第一、二、三产业进行深度融合，但三次产业的生产部门不同，因此管理这些产业的部门也不同，相关管理机制不完全适应市场发展的需要，容易造成部门阻碍，进而使特色小镇高质量建设与乡村振兴之间的政府合作体制机制融合困难。农业特色小镇建设的相关政策机制包括公共基础设施建设机制、土地流转机制、人才资金引进机制、小镇的农业产业税收和补贴机制等都尚未完善，甚至相应的配套制度也不齐全，这些都不利于推进特色小镇高质量建设与乡村振兴融合发展政府合作体制机制构建，使得特色小镇高质量建设与乡村振兴融合发展迟缓。

2. 多元主体合作权责分配不够明确

多元主体积极性不足导致参与度不足，这一定程度上是由各主体在合作中的权责分配不明确导致的。首先，在开发过程中，政府、企业和居民的关联度不均衡，三者所具有的影响力也截然不同。其次，政府、企业、居民的职责分工不够明确。共同治理的前提是各主体能够明确自己的职责，相互协作，但由于各主体权力不平衡，以及职责不明确，在实际行动中不能完全分清三者的界限，加上资

---

① 周斌，张莽文．乡村振兴视域下产业深度融合的现存问题及优化路径——以乡村煤炭产业为例［J］．西安科技大学学报，2020，40（3）：534－541．

本投入和收益往往是不对等的，因此多元主体均按自己的方案执行，其效果也不太明显。当特色小镇建设与乡村振兴融合发展存在问题时，各主体易出现相互推脱责任等现象，不能明确问题的第一责任人，导致建设进度迟缓。

（二）市场发展体制机制不够健全

1. 市场供需机制不完善

市场环境下的商品必须具有社会劳动价值和使用价值，且同时满足人类的基本使用需求，避免单纯地从商品经济角度为客户提供产品，应该从价值使用层次满足市场需求。然而，特色小镇建设与乡村振兴融合发展的过程受制于有限的人才、技术、资金、土地等因素，特色小镇建设与乡村振兴融合发展和市场发展规律不太相符，使得许多厂商在对市场前景未能正确预判的情况下跟风生产，导致产品相对过剩，产品价格过山车式的周期循环。一个发展完善的市场，供给与需求存在互相影响、互相调整的机制，以此实现资源的有效配置。但如果市场机制不成熟，或者存在较大的缺陷，生产市场易陷入盲目无序的困境。

2. 竞争机制缺乏效率

在特色小镇建设与乡村振兴融合发展过程中，积极推动"大众创业、万众创新"这一具有活力的创新发展模式。然而，由于各种不完善的竞争机制，小镇和乡村的发展和资源利用率较低，产业同质化比较严重，甚至存在较多的夕阳产业。只有完善的竞争机制才能吸引更多的市场资本，推动特色小镇和乡村振兴的融合发展。但是，小镇和乡村的竞争机制较为滞后，投资资金较为匮乏，市场准入标准较低，重复建设问题严重，造成产品相对过剩，导致社会资源的浪费，严重阻碍特色小镇和乡村振兴融合的持续发展。

3. 产品价格机制不完善

受商品本身价值和供求关系影响，逐渐形成符合经济发展的市场运行机制。因此，为推动特色小镇建设与乡村振兴融合发展，需要在市场发展进程中不断增加产品价值和内在优势，刺激小镇和乡村的生产和消费，实现地区社会经济的繁荣发展。然而，在如今的产品价格机制下，部分产业链上、下游企业的价格传导不够顺畅，使得不同企业的利润差距较大。同时，由于价格机制不够完善，价格发现能力较为薄弱，信号传递能力较为滞后，不能有效地引导资源配置，使得部分企业作出错误的决策，造成惨重的损失。

二、特色小镇高质量建设与乡村振兴融合发展的定位不够精确

珠江—西江经济带特色小镇高质量建设面临的首要问题是明确特色小镇的

发展定位。如果不能对特色小镇、特色镇、景区开发和美丽乡村等进行精准定位，就容易因单纯模仿而缺乏地方特色，使特色小镇出现同质化、"泡沫化"倾向。珠江—西江经济带特色小镇高质量建设与乡村振兴融合发展的定位不准确具体表现为以下方面。

（一）建设急于求成，跟风现象较突出

有些地区抱着抢占国家政策红利的心态，不管本地是否有发展的基础和先决条件，要先拿建设特色小镇的指标。有些地方的发展急于求成，3~5年内建成几十个甚至上百个特色小镇。然而，真正的特色小镇难以在短时间建设得有特色、有成效。有些地方甚至滥用土地资源，只注重扩张数量，忽视对质量的改造和优化，通过开辟新区建设特色小镇，引发新一轮土地扩张甚至是土地问题。有些地方还缺乏生态环境保护意识，挖山填湖，既劳民伤财，又破坏生态环境。更有甚者不从自身实际出发，盲目跟风，既破坏原有的生态环境，也对未来的发展造成不利影响。

（二）存在同质化现象，特色主题不鲜明

一些地区缺乏创新，盲目跟风其他地区的发展模式，同质化现象严重被人诟病。特色小镇应该以特色产业为基础，只有产业发展壮大了才能缓解当地的就业问题，才能促进经济转型发展，带动地方经济可持续发展。部分地区未能沉下心来挖掘本地特色，缺乏对原有资源和传统文化的详细研究，有的甚至照搬照抄，缺乏创意，忽略文化底蕴及本土人才的需求，使得目标产业与小镇功能脱离实际。可以看到，有些小镇以文旅、养生和休闲为主题，内容神似，小镇的形态和使用功能与当地的实际脱节；有些地区未能充分挖掘自身特色，缺乏地区的个性，致使特色小镇"无特色"；更无法理解的是，某些地方政府抱着"多多益善、多头并进"的心态，既浪费了资源，又错过良好的发展机遇。

（三）重硬件建设，软环境建设重视不足

珠江—西江经济带在高质量发展特色小镇的过程中，有些地区未充分体现以人为本、科学发展的理念，更注重物质基础的建设和外观的美化；而真正贴近人们生活需要的东西并不多，有的"重产业、轻配套"，发展"高大上"的产业项目，忽视生活环境的和谐和当地人民的实际生活需求；一些地方未充分挖掘当地的历史文化基础，"另起炉灶"建新城，为造景观而造景观；一些地方为发展经济甚至搬迁，但是重新建造的小镇又偏离原住民的实际情况和生产生活需要；而

且在造新城的过程中，又出现形象工程，偏离了人民群众对生活的美好期待。

有些建筑设计与特色小镇的建设理念不契合，比如一些地方只想怎么更高效率地利用土地，怎样在有限的土地资源里尽可能更多地获得收益；有的打着发展产业的旗号，将土地圈出自用建房，导致小镇的房地产占比过高，背离了发展理念，这样的小镇商业模式不完善，缺乏后续盈利能力，造成房地产企业投资风险过高，缺乏后劲，给政府和当地百姓带来了一定的社会负担。许多房地产企业提出"小镇计划"，但不从当地的资源环境和实际情况来开发小镇产业，甚至以此向当地政府争取用地和贴息贷款来发展企业自身。

（四）存在"重引进，轻管理"的短期行为

珠江—西江经济带特色小镇高质量建设过程中，出现对建设特色小镇的理解偏差。一方面注重招商引资和投资拉动经济，另一方面却一味追求短期利益，忽视持续发展能力不足的问题。一些经济基础较弱的地方对当地实际情况考虑不周，单纯地打造多个特色小镇，忽略特色小镇的运营周期、投资规模及可持续发展，造成大量人力、物力的浪费。有些地方对建设特色小镇的数量有一定量的指标规定，不仅违背发展特色小镇的初衷，也脱离经济发展的客观规律，造成一定的资源浪费。

三、特色小镇高质量建设与乡村振兴融合发展的产业支撑比较薄弱

（一）产业规模小，规模聚集效应不足

相关政府职能部门在珠江—西江经济带特色小镇高质量建设与乡村振兴融合发展中制定产业规划等一系列政策，对于刺激产业发展和升级起到突出作用。在培育国家及地方的支柱产业发展的过程中，各级政府均扮演着举足轻重的角色，助力当地形成具有地方特色的产业发展模式。但是珠江—西江经济带特色小镇及其当地政府也存在一定的问题，最明显的就是缺乏精准的产业规划引导特色小镇的未来发展。一般来说，产业规划在空间布局上是属于宏观和集聚型的，而特色小镇规划更偏向于小型化和分散化，恰恰也正是这种矛盾使得特色小镇规划难以将产业发展诉求落在实处，使珠江—西江经济带特色小镇建设与乡村融合发展的产业规模问题成为亟待解决的一大难题。珠江—西江经济带城市的第一产业发展水平参差不齐，产业链单一，未达到专业化、规模化、现代化和立体化的发展水平。在乡村振兴的背景下，特色小镇的建设主要是为了实现农业的现代化，通过

适度规模经营农业耕地，实现现代化农业。为实现农业现代化，要不断优化配置，实现劳动、土地和资金的合理分配以及生产器械等生产资源的合理运用。只有充分发挥各个要素，才能提高生产效率，促进产业转型升级。同时，特色小镇建设与乡村振兴融合发展的第二产业发展支撑仍比较薄弱，项目有限、少而不精的问题严重，创新和发展仅是停留于表面，即直接利用现有的产业资源，而非结合自身所具有的资源禀赋对产业进行创新升级，既不能实现产业集聚又浪费资金。用地集约程度不高、造成资源浪费及集聚效应下降也是珠江—西江经济带特色小镇高质量建设过程中产业发展存在的一大问题。特色小镇与农业种植园有本质的不同，应积极调整和修正已发展的特色小镇，让它们实现专业化和集约化的发展道路；明确特色小镇的概念并紧扣其发展要求，充分发挥其在用地集约、产业集聚等方面的优势，清楚工业特色小镇的产业聚集要求和可达到的收益成效。除此之外，工业特色小镇还要规范用地规模和明确具体范围①。但实际上，部分特色农产品小镇仍然存在规模不明确或将大量农田计入范围的问题。未明确区分特色小镇与特色小城镇概念，存在因界定不明确而共用"特色小镇"这一概念的误区。虽然这类"特色小镇"获得对应的称号，但是仍然与真正的特色小镇存在较大差异。一方面，未能在小面积范围内对小镇中的特色产业进行合理规划，难以真正发挥特色小镇所应有的转型升级效应。另一方面，未能足够重视对特色小镇建设的规范和引导，规划方面缺乏科学、严谨的产业规范及用地等内容，使得特色小镇的功能结构松散。

（二）产业结构单一，产业链开发不力

地方政府在珠江—西江经济带特色小镇高质量建设与乡村振兴融合发展中管理机制不够协调。拥有清晰的管理协调机制是协同发展特色小镇规划和产业规划的关键，然而在制定产业布局规划时，两者在发展目标、问题导向、布局时序层面不够和谐，这就导致特色小镇规划和产业规划的不协调。产业结构单一，存在"靠山吃山，靠水吃水""有什么资源就发展什么产业"等守旧发展思维，片面采用资源导向型产业发展模式会导致部分产业规划缺乏一定的科学性和严谨性。有些地方政府将优质的自然资源作为早期发展旅游业的依托，这就在一定程度上导致产业的重心在旅游业，而忽视第一、二产业的发展。在旅游业逐渐繁荣的背景下，原本羸弱的第一、二产业更加处于劣势，易导致出现产业结构单一、产业

---

① 杨萍，张锋. 乡村振兴战略背景下特色小镇新业态诊断与培育路径研究——基于产业集聚的视角[J]. 农业经济，2019（1）：34－36.

融合受限、产业开发不足的局面。

(三) 新要素投入不足，产能动力不足

由于企业缺乏资金和新要素，大多数企业的产业创新性不高；设备老化、生产效率低下、厂房设备老旧的问题导致工业产品竞争力不强；社会需求不足，产能动力偏低，一定程度上限制了特色小镇建设与乡村振兴的融合。现代农业规模效益受碎块化耕地的影响，虽然农业生产组织和种粮农户可以通过购买拥有旋耕机、播种机、收割机等农业机械来满足农业大规模生产能力的需要，但由于耕地分散，加之老年人乡土情结严重不愿加入土地流转，最终导致耕地碎片化严重，影响现代农业生产效率的提高，也无法增加农村耕地的规模经营效益。同时，"农业＋"发展的广度、深度均还不够，缺少与工业、旅游、文化以及物流等多产业的融合发展。此外，农业产业链过短，研发平台创新缺乏，物流体系不健全，仓储、冷链系统难以实现，一系列问题导致很多地区无法形成集生产、加工和销售等多个环节为一体的产业链。此外，传统农业由于不具有鲜明的生产特色，无法与现代农业实现完美对接，传统农业生产分散而且不能与大市场进行有效对接，农产品的附加值得不到增加，农业龙头企业培育不足，品牌建设力度不够，产业布局较为分散，缺乏专门的农产品电商销售平台等均是导致大多数贫困村落后的主要原因。

(四) 传统优势挖掘不够，特色文化不鲜明

政府和相关企业对珠江—西江经济带特色小镇高质量建设与乡村振兴融合发展中的独特文化内涵挖掘不够、理解不深，导致当地的特色文化不够鲜明、不够突出。而文化是珠江—西江经济带特色小镇高质量建设与乡村振兴融合发展的"根"和"魂"，小镇能否做出自己的特色、小镇的特色能否深入人心，很大程度上受文化的挖掘程度与呈现效果影响。每个特色旅游小镇都应有自己不同寻常的历史文脉，珠江—西江经济带特色小镇作为依托周围丰沃的文化土壤和浓厚的文化氛围形成的人造小镇，其当地文化还处于零散状态，不成体系的文化不足以支撑小镇的发展。如果一味地强调环境、旅游、文化，而忽视特色小镇建设中特色点的保留和顺应当地自然条件的产业创新，小镇建设与乡村振兴融合发展将面临诸多问题。将人文历史和优美环境作为主要宣传点的特色小镇通常并不能发挥其真正的内涵吸引游客，产业缺乏创新，导致这些特色小镇与一般的景点差别不大，无法充分体现"特色"二字。如果不进行转变，这些同质化严重的"特色

小镇"最后可能会因为缺乏与众不同的特色和核心竞争力失去吸引力和市场①。

　　特色旅游小镇的文化建设不是一蹴而就的，而是一个系统工程，它不仅承载着一个小镇的发展前途，还对提高当地居民的文化素养、丰富精神生活具有重要的作用。注重加强特色旅游小镇的文化建设，不仅有利于特色产业质量的提高，还能满足人们对美好生活的向往，进一步助推城乡社会和经济发展。准确把握当地的历史底蕴和文化内涵是特色旅游小镇发展的关键，只有不断挖掘当地深厚的文化内涵，才能使小镇形成自己的特色，创造出文化附加值，进而促进文化产业的深度融合。在珠江—西江经济带特色小镇高质量建设与乡村振兴融合发展中，小镇建设并未包括特色小镇的文化建设，也无法有效评估其是否实现目标。这从侧面表现出政府只重视对珠江—西江经济带特色小镇规模和经济发展的探索，而忽视小镇的文化内涵的挖掘和特色品牌的打造，使特色小镇的文化特色不够明显。由于当地政府未将珠江—西江经济带特色小镇高质量建设与乡村振兴融合发展的文化进行有效宣传，导致开发时无法充分地将珠江—西江经济带特色小镇建设与乡村振兴融合。

　　从珠江—西江经济带的发展情况来看，特色小镇高质量建设与乡村振兴融合发展的文化产业发展支撑仍比较薄弱的主要原因有以下三点。一是文化发展模式单一，缺乏对旅游和文化结合的认识。在建设特色小镇的过程中，旅游产业的发展和文化要素的建设与实际情况严重脱节。由于对当地传统文化的保护不够，有些文物、古迹失修多年，破损严重，因此文化魅力不足。新兴的文化产业由于产生时间较短，缺少历史的沉淀和时代的打磨，无法对旅游者形成吸引力，使其远远落后于文化建设和旅游发展，难以做到真正的融合。二是对文化软实力的忽视。许多小镇的文化建设不完善，相应的设施建设也比较缺乏，无法营造良好的文化氛围，因此未能满足当地居民以及游客的需求，村民参与特色小镇建设的积极性不高，导致文化建设缓慢。旅游服务业是特色小镇与乡村振兴融合发展的重要渠道，但小镇尚未形成满足游客"吃、住、行、游、购、娱"的服务模式，而且大部分小镇的旅游业受经济发展水平和人民生活状况的影响较大，单纯依靠旅游业的发展存在一定的风险。与此同时，文化旅游资源丰富但特色不明显、不唯一，虽然各小镇均有丰富多彩的文化资源，但缺乏对其针对性的深度挖掘。三是小镇文化资源整合的困难性。在地区发展的过程中，文化资源随时间的流逝散落在各个村落，掌握传承手工艺的人们流向各地。在地区发展的过程中，政府未充

---

　　① 李维鑫，龙良初，曹世臻. 乡村振兴视角下文旅型特色小镇产业发展研究——以贺街宗祠文脉特色小镇为例 [J]. 广西城镇建设，2021（7）：2－5.

分挖掘和利用历史文化遗址、代表性历史人物以及多彩的民俗文化活动，造成宝贵的文化资源未得到有效的开发和利用，特色小镇的旅游文化产业发展与乡村振兴结合度不高，难以对特色小镇的建设形成支撑作用。

四、特色小镇建设与乡村振兴融合发展财力要素受限

无论是哪个地区，发展的前提均是有足够的资金投入。珠江—西江经济带特色小镇高质量建设与乡村振兴融合发展中不可避免地受到财力要素的限制，具体如下所示。

（一）资本引入困难，筹融资难度大

特色小镇的发展涉及政府与民间资本的合作，而珠江—西江经济带地区的民间资本不活跃，存在资本引入不充分的问题。特色小镇建设存在所需资金量大、投资周期长、涉及公共事业多等难题，使得珠江—西江经济带特色小镇资本投资率和效率均较低。珠江—西江经济带特色小镇面临着重大投资少、投资额度低、投资渠道少等问题，这些问题直接影响着特色小镇建设的速度和质量，给小镇建设带来项目碎片化、特色不突出等问题。资本引入困难使小镇建设陷入发展缓慢的困境；地方政府财政拨款有限、基础设施建设不完善导致当地营商环境不良，招商引资得不到保障，融资难度大大增加，进而导致产业培育、人才引入等效益减弱，造成主导产业规模受限，难以形成完整的产业链。城镇建设方面，出现收益不足、进展缓慢等问题，无法实现突破性发展①。

特色小镇的建设主要包括两部分内容：第一部分是政府引导，第二部分是市场化运作。市场依旧在珠江—西江经济带特色小镇高质量建设与乡村振兴融合发展中占据主体地位，如何吸引社会资本参与特色小镇建设与乡村振兴融合发展，是发挥企业主体、市场决定性作用的重点。然而，珠江—西江经济带特色小镇建设与乡村振兴融合发展均面临融资缺乏吸引力的困境。第一，社会资本以盈利为目的，缺乏建设特色小镇的积极性。第二，珠江—西江经济带特色小镇高质量建设还处于发展的初级阶段，其建设时间长、成本回收慢、社会吸引力弱。特色小镇建设是 2017 年才提出的新概念，建设和发展仍处于初级成长阶段，发展不成熟在建设过程中容易受多种因素的影响，存在较大的投资风险，这是社会资本开展投融资活动的桎梏。第三，由于部分地区的特色小镇未将产业发展交付可靠的

---

① 贾通志. 金融助力特色小镇建设［J］. 中国金融，2020（18）：102.

第三方规划形成投资预期报告，也未能及时解决自身的产业定位不清晰、产业发展缺乏活力的问题，致使民间资本与金融机构对于处于初级发展阶段的特色小镇的投资信心不足。第四，在特色小镇的建设初期，主要的发力点在于基础设施与公共服务保障。但基础设施的建设以及公共服务领域的投资存在周期较长、数额较大、投资回报率较低的问题，而追求高收益的社会资本通常不愿意投资建设新型城镇化。第五，珠江—西江经济带特色小镇高质量建设与乡村振兴融合发展的资金缺口较大。特色小镇建设与乡村振兴融合发展强调农民市民化，意味着珠江—西江经济带特色小镇高质量建设与乡村振兴融合发展需要大量资金投入到基础设施建设和公共服务保障上。以往的发展以政府为主，各项基础设施建设所需资金均由政府提供，造成政府巨大的财政负担，仅靠财政资金投入难以满足珠江—西江经济带特色小镇高质量建设与乡村振兴融合发展的需要，资金存在缺口，亟待社会资本参与投资建设[①]。

（二）政府资金投入不足

随着城市化进程的加快，城乡差距日趋拉大。主要表现为教育、文化、医疗等资源向城市倾斜，而农村人口大量流出[②]。这使得农村本就落后的基础设施和公共资源更加匮乏，导致在特色小镇建设的过程中普遍出现公共基础设施不完善的情况。珠江—西江经济带特色小镇设施不完善的原因有以下方面。第一，部分特色小镇是由贫困村发展起来的，在公共基础设施方面与一些村庄还存在一定的差距，由此发展起来的特色小镇不可避免地陷入公共服务设施落后的困境。第二，特色小镇发展良好的重要条件之一是具备完善的公共基础设施。小镇在建设过程中不仅满足产业发展的需要，还给当地居民和外来游客提供良好的居住条件，这就决定特色小镇拥有良好的公共基础设施是至关重要的。特色小镇的公共基础设施建设需要投入大量的资金，但企业在基础设施建设领域存在有限性。第三，在发展产业的过程中，配套服务设施的建设与小镇的发展之间存在一定的滞后性，例如，前期的道路和地下管道等的建设不满足当前发展小镇的需要，教育、医疗、娱乐等公共服务设施也难以满足就业人员的生活需要[③]。

① 万树，徐玉胜，张昭君等．乡村振兴战略下特色小镇 PPP 模式融资风险分析［J］．西南金融，2018（10）：11 - 16.

② 黄永林．乡村文化振兴与非物质文化遗产的保护利用——基于乡村发展相关数据的分析［J］．文化遗产，2019（3）：1 - 12.

③ 杨传开，朱建江．乡村振兴战略下的中小城市和小城镇发展困境与路径研究［J］．城市发展研究，2018，25（11）：1 - 7.

（三）资金来源单一

各类项目建设的推进主要通过银行贷款、财政资金和民间借贷三种融资方式。珠江—西江经济带特色小镇高质量建设与乡村振兴融合发展的主要资金来源于财政拨款。其中，财政拨款包括本级财政拨款、争取上级财政拨款和争取上级专项拨款。融资方式的单一限制了特色小镇的发展，阻碍特色小镇的持续建设。过分依赖政府的财政拨款，不但对政府造成巨大的财政压力，还会影响其他公共基础设施建设的资金投入①。

五、特色小镇高质量建设与乡村振兴融合发展人力要素受限

珠江—西江经济带特色小镇高质量建设与乡村振兴融合发展的人才资源匮乏严重，导致小镇建设滞后。人才是发展的第一要素，难以吸引多元化人才，不能为特色小镇建设注入新鲜的"血液"。特色小镇高质量建设与乡村振兴融合发展缺乏专业技术型人才，特色小镇与乡村振兴融合发展不深入，因此特色小镇不能吸引和长久留住人才。另外，基层农民的知识更新缓慢、专业结构不合理现象普遍存在，推广新技术的人才尤其缺乏。主要原因有以下方面。

（一）专业人才严重匮乏

虽然产业被认为是特色小镇的"魂"，但支撑着产业发展的却是特色小镇中具有特色的人。人作为第一生产力，只有重视一流人才队伍建设，才能持续推进特色小镇建设并取得一定成效。在社会经济及产业发展的影响下，专业人才队伍建设水平参差不齐，存在人才队伍老龄化、严重的"断层"现象、后备人才明显不足、人才队伍稳定性差等问题。

（二）专业技术人员分工不明确

特色小镇建设方向规划、产业化发展目标以及每个生产链环节方面，专业技术人员应该分工明确，每个环节均做到专心致志、精益求精，进而提升产品整体质量和竞争力。根据调查结果可知，不分种类的产品与不分环节的生产常常会造成企业资源浪费严重、重复投资，无法进行技术改革创新，导致企业无法将自己

---

① 熊正贤. 乡村振兴背景下特色小镇的空间重构与镇村联动——以贵州朱砂古镇和千户苗寨为例 [J]. 中南民族大学学报（人文社会科学版），2019，39（2）：112－116.

的特色发挥到极致，获得很好的效益。

（三）缺乏专业管理人员及管理团队

在国家政策的导向下，特色小镇在珠江—西江经济带区域乃至全国均已形成一定发展规模，参与建设的各方也均热情高涨。但由于缺乏后期建设及运营的经验，特色小镇建设基本处于摸索阶段。在珠江—西江经济带区域内，有的地区采用特色旅游小镇来进行特色小镇建设，例如广东地区，部分是以工业园区、产业集聚区的方式来建设特色小镇，有的特色小镇的建设还会以商贸综合体的方式，甚至还有一些地区直接照搬、套用国内外成功特色小镇的发展模式。殊不知，特定的自然、人文、时代、经济等因素共同作用使得每个特色小镇得以形成和发展，这些特色小镇是具有独特风格，难以被复制的。没有自己的特色，只是盲目地复制建设，难以形成品牌效应。特色小镇属于经营性资产的范畴，特色产业链及产业集群的形成是由其运营能力决定的，同时也决定其未来资产的价值，地方政府的产业布局也会受到影响。因此，必须依靠专业的管理人员和管理团队进行特色小镇的建设及运营。

（四）缺乏吸引人才的长效机制

珠江—西江经济带特色小镇存在诸多乡村地区或远郊的特色小镇均有的问题——人才"引"和"留"双重困难。导致这一问题的根本原因是当地缺乏相对完善的人才保障机制。首先，在人才引进方面，作为发展中的各地方特色小镇，由于地处较偏僻，对大中专毕业生不具备吸引力。因为既无较高的薪酬又无优越的地理位置，难以吸引人才到当地企业参与特色小镇建设。其次，在留住人才方面，珠江—西江经济带绝大多数特色小镇的工作人员中当地大学生的占比不大。工作人员要么是看重小镇离家近的优势，要么确实是对旅游业热爱。在调研地询问村民是否愿意孩子毕业后让他们回家乡发展时，村民表示"不愿意让孩子回来，回家来太辛苦了，还是希望孩子在外面找个相对轻松点的工作"。尽管当地村民对特色小镇建设抱以支持、肯定的态度，并说正是因为特色小镇的发展才使自己脱贫致富，但是依然不愿意让子女留在当地发展。这种尴尬在众多珠江—西江经济带特色旅游小镇存在着。

是否会投身于特色小镇的建设，他们多是考虑以下要素。第一，薪金和个人发展前途。相较于其他高速发展地区，珠江—西江经济带特色小镇在提供薪金和人才发展方面，并未形成独特的优势，也就不能对所需人才形成强有力的吸引力。第二，当地教育、医疗等公共服务资源。我国的一些大城市每年能吸引大量大学生就业的主要原因是它能提供较多的工作机会以及优质的教育和医疗等公共服务资源，因此也就会形成人才聚集效应。第三，对于人才来说，选择工作时还考虑离家是否近。在珠江—西江经济带特色小镇高质量建设与乡村振兴融合发展过程中，当地村民大多不支持子女回家乡发展，导致一些有回家乡发展意愿的年轻人可能会有所迟疑。从总体上看，居住环境是否舒适、出行交通是否便捷、医疗条件是否先进、教育体系是否完善、是否有足够高的薪金、是否有高素质人才聚集，这些均是求职者考量的因素，而珠江—西江经济带特色小镇这些方面还未形成完整的人才吸引机制。

综上所述，珠江—西江经济带特色小镇高质量建设与乡村振兴融合发展依然存在机制体制不健全、产业链完善度偏低、人力财力受限、特色小镇定位不明确、环境保护措施不配套、文化传承和保护不足等诸多问题。解决这些问题，提升特色小镇建设效率和乡村振兴布局速度，是实现二者融合发展的关键。由于不同地区特色小镇建设和推进乡村振兴的方案与政策效果存在差异，因此需要对各地特色小镇成功建设的典型实践案例进行分析，总结其他特色小镇高质量建设与乡村振兴融合发展的先进经验，探索特色小镇高质量建设与乡村振兴融合发展的规律，为珠江—西江经济带特色小镇高质量建设与乡村振兴战略融合发展提供参考，探寻出最适宜其发展的路径及制定有效的政策。

第八章

特色小镇高质量建设与
乡村振兴融合发展的
国际经验借鉴

　　不同国家与地区间的发展条件和自身实际存在较大的差异，导致特色小镇高质量建设与乡村振兴融合发展方案与政策的实施效果也具有显著的不同。通过对世界主要发达国家和发展中国家典型实践案例进行剖析，以及对世界主要经济组织的典型计划进行梳理，系统分析各案例及计划的实施背景、实施方案、发展历程等；并从中总结和归纳出各案例特色小镇高质量建设与乡村振兴融合发展的成功经验，进一步揭示出特色小镇建设与乡村振兴融合发展的规律，为构建珠江—西江经济带特色小镇高质量建设与乡村振兴融合发展政策体系提供决策参考。

第一节　世界主要发达国家特色小镇高质量建设
与乡村振兴融合发展的典型案例

　　由于发达国家的经济水平较高、基础设施较为完善，它们在推进特色小镇高质量建设与乡村振兴融合发展方面取得较好的成效。研究进一步剖析美国纳帕谷文旅特色小镇建设与乡村振兴融合发展案例、瑞典奥勒村社会资本助推乡村振兴案例、美国宾夕法尼亚州好时巧克力小镇案例，总结和归纳世界主要发达国家特色小镇高质量建设与乡村振兴融合发展的成功经验及政策启示。

一、美国纳帕谷文旅特色小镇建设与乡村振兴融合发展①

(一) 实施背景

纳帕谷位于美国加利福尼亚州旧金山的北部，是一片 35 英里长、5 英里宽的狭长区域。纳帕谷风景优美，气候宜人，是美国第一个跻身世界级品质的葡萄酒产地。纳帕谷文旅特色小镇建设以"葡萄酒＋"产业发展体系为基础，形成以休闲体验为主的乡村休闲文旅小镇集群，是国际著名的"农业＋文旅融合"的特色小镇。

1838 年，纳帕谷开垦出第一个葡萄种植园。纳帕谷的葡萄种植园共有 15 个产区，平均每个产区有 26～27 家酒庄。纳帕谷地处丘陵，气候为温润的地中海气候，土壤肥沃，为葡萄种植提供必要的自然条件。19 世纪至 20 世纪初，纳帕谷的居民充分利用当地的地理优势和气候条件，开垦葡萄种植园并开办酿酒厂，纳帕谷逐渐形成以农业种植及酿酒加工双产业为主导的小镇经济发展格局。由于产业类型较为单一、发展模式相对粗放以及缺乏行业发展规范，纳帕谷各地区的葡萄酒产业发展趋于同质化。20 世纪初，纳帕谷地区发展的农业经济先后遭受虫害、禁酒令、经济萧条、二战爆发等困难与打击，部分酿酒厂倒闭，最终导致整个葡萄酒产业发展停滞甚至倒退的局面（Anil Hira & Tim Swartz, 2014）②。

(二) 实施方案

1. 避免同质化发展："一镇一特色"

为避免产业停滞和倒退，纳帕谷开始对葡萄酒产业进行现代化升级和改造。纳帕谷 8 个小镇均以葡萄酒产业链高质量发展思维规划各自的产业发展定位，基于产品差异化形成葡萄酒产业特色的发展格局。由于葡萄酒产业的发展是纳帕谷各地区一、二、三产业融合发展的基础，纳帕谷政府及其旅游管理部门将各小镇的发展现状及其独特的资源禀赋作为立足点，因地制宜地为 8 个小镇构建葡萄酒、"葡萄酒＋体育运动""葡萄酒＋商业艺术""葡萄酒＋休闲养生" 4 类产业

---

① 朱哲. 全域旅游视角下农业型特色小镇案例研究——以美国纳帕谷为例 [J]. 小城镇建设，2018，36（10）：106 - 112.

② Hira A, Swartz T. What makes Napa Napa? The roots of success in the wine industry [J]. *Wine Economics and Policy*，2014，3（1）.

融合发展模式。例如，奥克维尔和卢瑟福（Oakville & Rutherford）重点打造葡萄酒项目，美国峡谷（American Canyon）重点打造"葡萄酒＋体育运动"项目，圣海伦娜（ST. Helena）重点打造"葡萄酒＋商业艺术"项目，卡利斯托加（Calistoga）重点打造"葡萄酒＋休闲养生"项目等。纳帕谷各小镇打造"葡萄酒＋"的高质量产业体系，整体形成以休闲体验为主的高质量乡村休闲文旅小镇集群。

在多产业融合发展的基础层面，纳帕谷的8个小镇均充分利用第一、二产业资源，科学策划当地特色产品体系和节事活动。纳帕谷各小镇统筹种植业和酿酒业等葡萄产业的上、下游产业链，为当地旅游产品体系构建和节事活动景观资源塑造奠定坚实基础，成为纳帕谷地区经济发展的支柱。纳帕谷的8个小镇均有其特定的产业发展定位，并据此与纳帕谷地区主导的"葡萄酒＋"高质量产业体系实现协同发展①。

2. 严格控制产品质量："让产品品牌化"

纳帕谷葡萄酒商为保障产品质量限定葡萄的产量，规定葡萄产区内每英亩土地葡萄产量不能超过4吨。虽然纳帕谷葡萄酒产值已达到整个加州葡萄酒产值的1/3，但其产量占比仅为4%，体现出纳帕谷对葡萄酒品牌的保护和产品质量保障的决心。纳帕谷葡萄酒凭借优质品质保证，1976年在巴黎葡萄酒评鉴大会上一举成为全球特级葡萄酒品牌。美国葡萄酒产地制度（AVA）专为纳帕谷葡萄酒品牌而设立，该制度要求所用葡萄全部产自纳帕谷，成为保障纳帕谷葡萄酒迈向高质量发展道路的又一重要举措。

3. 第一、二、三产业融合："经济高质量发展"

第一产业与第二产业发展的精益求精，为纳帕谷第一、二、三产业融合发展做好了铺垫。随着葡萄酒品牌影响力的持续扩大，20世纪80年代初，纳帕谷的旅游业逐渐兴起。当地葡萄酒产业链从最初的酒庄参观延伸至复合型城镇的功能配套等，第一、二、三产业融合发展使纳帕谷地区成为吸引人流和促进消费的核心。考虑到葡萄酒产业季节性生产的弊端，纳帕谷地区通过葡萄园高尔夫球场、酒庄婚礼、热气球参观、纳帕谷专线品酒列车等旅游服务项目，降低了葡萄业淡季对纳帕谷产业发展的影响。其将天然景观资源优势有效转化为经济优势，让纳帕谷地区产业将单一的葡萄种植和生产逐渐形成"葡萄酒＋"的高质量产业体系。

---

① 美国纳帕谷的特色小镇集群之路［J］.中国合作经济，2019（6）：35-37.

(三) 实施效果

19 世纪中期,纳帕谷开始发展传统葡萄种植业和酿酒业,为纳帕谷提供品酒、餐饮、养生、运动、婚礼、会议、购物及各类娱乐配套设施服务,为以葡萄酒文化、庄园文化闻名的综合性乡村休闲文旅小镇集群奠定了产业基础。此后,旅游业逐渐成为纳帕谷的支柱产业。据统计,2018 年纳帕谷共接待游客 385 万人次,为居民带来 8510 万美元的税收减免,比 2016 年增长了 5.8%;旅游业的兴起为纳帕谷创造 22.3 亿美元的收入,这些旅游收入的近七成来自留宿的游客。自 2016 年以来,旅游业为当地提供 15872 个就业岗位,主要涉及酒店服务和餐饮领域,大大促进纳帕谷的现代服务业发展[①]。

因加州葡萄酒种植区众多且彼此竞争激烈,纳帕谷当地政府和企业共同设立"纳帕旅游业提升区",并成立非营利组织——纳帕郡旅游公司进行统一管理,通过 PPP 模式进行项目融资、招商引资及旅游宣传推广,以此提升纳帕谷小镇集群的整体竞争力,从而减轻政府的财政压力。政府监督和统一管理使产业资金能够针对各镇产业发展有的放矢,有效避免内部恶性竞争,促进纳帕谷形成"葡萄酒+"的高质量产业体系。

(四) 经验总结

1. 促进城镇空间形态与旅游业态有机结合

第一,整合纳帕谷现有的大峡谷、种植园景区(点)等自然资源,以纳帕镇为经济核心,以圣海伦娜镇为主要经济副中心,形成一个多功能化的特色小镇集群;依托温泉旅游资源打造养生度假小镇,并融入酒庄会展中心、红酒文化教育中心、红酒博览中心以及品酒列车等红酒文化项目。第二,将纳帕谷连片葡萄园基地升级为宿营地、度假村,将现有的商业街道、码头等建成独具艺术性的购物和观光旅游景点。第三,串联纳帕谷旅游资源,将绿色自行车休闲骑乘步道和品酒旅游列车运行轨道串联成复合功能的生态景区,有效提升游客的旅游服务体验。

2. 推动旅游业与农业特色产业联动发展

发挥旅游业和农业特色产业的联动作用是小镇实现全域旅游发展的关键。纳

---

① 工业旅游酒庄旅游设计. 纳帕谷一年 385 万游客的肖像分析 [EB/OL]. (2019 - 08 - 20) [2022 - 09 - 01]. https://www.sohu.com/a/335062452_100051959.

帕谷以葡萄种植业为主，采用现代化、精细化的种植技术和经营模式，在 2042 平方公里的土地上规划 16 个葡萄酒的子产区。纳帕谷葡萄酒的精湛酿造工艺以及优等品质，使其始终保持着世界领先的地位。在此基础上，纳帕谷大力发展旅游业，打造一个复合型的旅游产业体系，其所有产业均与葡萄种植业直接或者间接相关。由此可见，在农业特色小镇发展的全过程挖掘和深耕特色产业基础，有利于小镇形成"一村一业"的产业融合发展模式。在深入推进乡村特色旅游业发展的过程中，将乡村旅游与农业生产资源、农耕传统文化以及天然资源等有机结合，避免因过度发展乡村旅游业而占用农田等问题，成为保护乡村旅游业发展的基础和农业文化的根本。

3. 加强传统文化资源挖掘与旅游产品服务的更新迭代

品牌建设是推动农业特色小镇建设的必然要求。农产品品牌化将推动特色小镇的品牌化，从而突出地区特色并实现差异化和特色化的发展。葡萄酒史上的一场重要品鉴会——"巴黎审判"，使纳帕谷打败波尔多一举成为世界葡萄酒的重要代表产区，被称为美国的"波尔多"。180 余年的葡萄种植史与葡萄酒酿酒史使纳帕谷成为美国葡萄酒文化的典范。在旅游业发展的过程中，纳帕谷立足葡萄酒文化，精心打造与葡萄酒和葡萄酒文化密切相关且功能完备的世界级葡萄酒文化旅游地。对于游客而言，纳帕谷之行是精彩而又有趣的葡萄酒传统文化品鉴之旅。

在传统文化资源的挖掘和保护方面，纳帕谷的经验值得借鉴。最初发展旅游业时，纳帕谷居民改造 19 世纪 60 年代修建的通往卡利斯托加（calistoga）温泉镇的老铁轨及废弃的早期旧列车。在对传统文化进行挖掘与利用的过程中，纳帕谷注重文化传承与保护。通过对葡萄酒文化的深度挖掘，为其旅游业产品注入不可复制的产品活力，以创建承载当地最本质文化特征的、特色化的旅游产品服务体系。

二、瑞典奥勒村社会资本助推乡村振兴[①]

（一）实施背景

自 20 世纪 40 年代末开始，瑞典农村发展逐步呈现经济增长减缓和衰退的迹

---

① 李玉恒，阎佳玉，宋传垚. 乡村振兴与可持续发展——国际典型案例剖析及其启示 [J]. 地理研究，2019，38（3）：595－604.

象。为缓解农村经济衰退的现象，瑞典政府于 20 世纪 70 年代在农村公共服务建设方面持续发力，大力推动基础设施的建设。然而，随着 20 世纪 80 年代瑞典知识经济的蓬勃发展，瑞典乡村地区的经济衰退问题又凸显。在这一场衰退浪潮中，瑞典北部耶姆特兰省（Jamtland）的奥勒村（Are）却因其良好的社会资本，实现政企共建共治共享发展。

奥勒村，是位于瑞典西北部耶姆特兰省奥勒市的一个普通乡村，其所在的西部地区拥有北欧著名的滑雪旅游地。旅游业的发展直接影响并带动奥勒村宾馆、休闲、购物等各类现代服务产业的快速发展。20 世纪 60 年代中期，瑞典政府针对北部农村人口持续减少和经济严重衰退的问题，启动北部地区乡村、城镇经济振兴发展计划。起初，政府鼓励发展制造业，后逐渐支持发展现代服务业。奥勒村的旅游索道、缆车、度假酒店以及宾馆等旅游配套基础设施的建设得到当地政府的鼎力支持，也因此吸引大量的社会资本。然而，旅游配套基础设施的建设并不能解决旅游经济发展面临的全部问题。企业经营管理不善、恶性竞争、服务水平不高以及经营不规范等一系列制约因素，依旧影响着瑞典旅游经济的发展。20世纪 90 年代初期，瑞典的经济萧条给当时瑞典的西部旅游业和工业发展造成严重影响，致使卡尼奥勒地区的大量工业、企业和旅行社等濒临倒闭。20 世纪 90年代末，奥勒当地居民和私营独资企业充分意识到发展"抱团式"经济的必要性，开始在奥勒地区积极达成战略合作协议，探索政企共建共治共享的发展模式，共同推动奥勒村的发展和振兴。21 世纪初期，随着奥勒村景区滑雪文化品牌影响的持续深入，随之涌入的社会资本为奥勒村的文化建设和经济社会发展起步提供强有力的资金支撑。奥勒村逐步发展成国际知名的高山滑雪旅游景区之一。

（二）实施方案

瑞典实行区域政策以解决北部农村人口减少的问题。其中，第一项相关政策于 1965 年开始实施。虽然最初的政策只侧重制造业，但自 20 世纪 70 年代开始，政策逐渐扩大至服务业，具体表现为政府资助大型索道、滑雪电梯和奥勒酒店的建设。20 世纪 80 年代是奥勒村经济发展的扩张时期，许多个人投资者在当地投资。正是这一时期，奥勒地方政府在调动当地企业家积极性建设方面发挥越来越重要的作用。20 世纪 90 年代初，当地私营企业在地方政府的支持下主动制定联合发展战略并搭建协作平台。

奥勒当地社区的工作重点是制定"目的地支撑战略"（destination-embracing

strategy）①，形成对目的地的共同责任感，并创新沟通体制及相关规范（Nordin & Westlund，2009）。"目的地支撑战略"的内容包括以下四个方面。第一，由当地居民与企业主联合制定奥勒村发展规划与愿景，并充分考虑利益各方诉求。第二，成立滑雪产业协会并制定行业规范，协调管理各行各业的服务与运营方式，以避免恶性竞争。第三，当地居民和企业共同承担旅游区基础设施建设、环境整治及对外宣传活动开展所需的资金。第四，推进政企共建共治共享发展，联动支持奥勒村旅游业高质量发展。

（三）实施效果

通过实施"目的地支撑战略"，当地政府、居民以及当地企业家形成推动奥勒村振兴的共同愿景。自20世纪90年代起，由于"目的地支撑战略"的持续推进，奥勒村服务品牌的知名度、认可度和美誉度得以持续提升，奥勒村正在向国际著名滑雪胜地转型。在此过程中，奥勒村吸引大量实力雄厚的国际知名企业，不断引入先进的发展理念、运营方式以及国际资源。原来的"目的地支撑战略"也逐渐演化成具有多元利益联结机制的地方发展战略，其范围覆盖当地居民、私营企业主、各级政府部门、国际公司等多元发展主体。强化各发展主体间的共同担当、责任、理念和行动，已成为奥勒村经济社会发展的强有力支撑。与本地区其他乡村相比，奥勒村的经济发展呈稳定增长的趋势，奥勒村随即在北部地区脱颖而出。

（四）经验总结

奥勒村的成功在于构建了多元利益联结机制，推进政企共建共治共享发展。奥勒村发展案例研究表明，这些利益相关者的强烈愿望是一种黏合剂，也是社会资本，能够通过共同愿望让人们共同努力。第一，培育乡村资本，实现利益多方合作。在培育乡村资本促进居民、企业和政府间团结合作的过程中，共建共治共享的发展策略能够促进社区内生发展力的加强，地方社会资本引入也更为顺利（Yuheng Li et al.，2016）②，从而助推本地企业建立健全风险分担机制，提振其经济表现。第二，促进地区社会资本引入。在个体层面，居民的社会行动能力在其社交网络拓展、信誉度提升、价值观重塑方面得到大幅提高，能有效利用社

① Nordin S, Westlund H. Social capital and the life cycle model：The transformation of the destination of re [J]. *tourism*，2009（3）.

② Li Y, Westlund H, Zheng X, et al. Bottom-up initiatives and revival in the face of rural decline：Case studies from China and Sweden [J]. *Journal of Rural Studies*，2016，47.

资本获利以实现个人脱贫致富等发展目标；在地区层面，社会资本的引入和培育有利于地区发展进步。第三，提升相关政策的协调性。构建多元利益联结机制，推进政企共建共治共享发展，助力乡村振兴取得良好效果。

三、美国宾夕法尼亚州好时巧克力小镇①

（一）实施背景

美国宾夕法尼亚州有一个被人们称为"世界上最甜蜜的地方"，这就是世界知名的巧克力主题旅游好时小镇。好时小镇是一个产城融合、生态、生产、生活协调发展的特色小镇，它以美国著名巧克力企业家米尔顿·好时的名字命名。起初，好时巧克力工厂在一个荒凉的郊区，其员工几乎都是当地的居民。为了让员工安心工作，米尔顿·好时为当地居民修建了设施完善的住房、学校、医院、公园、动物园、高尔夫球场、运动场等生活以及休闲娱乐服务设施，并建成了美国小城镇的绿化样板。后来经过近百年的发展，小镇的休闲娱乐设施愈加完善，成为世界知名的旅游地之一。

（二）实施方案

1. 在小镇范围内打造各类巧克力元素形象

好时小镇内的道路、建筑、街道家具、旅游商品等均与巧克力相关。例如，小镇建筑的立面装饰、小镇的入口均运用好时巧克力形象；酒店客房里的床单印着"KISSES"巧克力的图案，床头柜和书桌也都摆放着巧克力；当地餐馆推出"巧克力鸡翅"等菜品，以及巧克力冰淇淋饭后甜点；好时小镇的每一家饭店均在顾客用完餐后送上一小块好时巧克力；巧克力大道沿街的 128 盏路灯的灯罩、游览车等均采用"KISSES"巧克力的形状，并在街旁种植可可树丛；小镇其余的道路通过命名体现好时巧克力的文化，比如格拉纳达路、爪哇路、锡兰路等均用好时公司可可豆主要进口港地名命名。

2. 重视游客互动体验

在参观巧克力工厂、体验巧克力制作过程中，游客可以见证优选可可豆、养殖奶牛、生产巧克力、制作各类巧克力糖果的全过程。游客可以亲手设计并制作

---

① 范陆薇，徐翠香. 工业遗址博物馆与工业企业博物馆的文化塑造：同与不同 [J]. 自然科学博物馆研究，2022，7（4）：43-51.

巧克力，可以观赏以巧克力产品为主题的精彩 3D 电影，为游客提供了视觉、触觉、听觉、嗅觉等全方面的体验服务。在参观好时故事博物馆、了解好时巧克力文化方面，游客通过游览博物馆了解米尔顿·好时先生的人生故事。博物馆除了陈列静态的展品，还为游客设计儿童寻宝活动以激发其探索精神。

3. 打造巧克力主题节庆

在每年十月中旬，好时小镇举办巧克力主题节庆活动，为游客提供了巧克力音乐节等艺术盛宴。

（三）实施效果

好时小镇成功地将巧克力打造成小镇的品牌形象，并逐步发展成集企业总部、巧克力加工、工业旅游、主题乐园等为一体的主题产业小镇，形成产城融合以及生态、生产、生活协调发展的高质量建设格局。

（四）经验总结

1. 重视企业家的价值发掘

在好时小镇发展的过程中，本地出生的企业家米尔顿·好时先生发挥了关键的作用。无论在实践中还是理论上，现代区域经济均已经证明企业家群体及企业家精神是促进地方经济发展的中坚力量。因此，在乡村振兴的过程中，可以利用乡土情怀吸引企业家返乡创业。利用本地企业家资源时，以项目导入和产业运营的思维，为企业家创造良好的发展环境，进而实现招商引资引智的目标。

2. 重视互动体验

互动体验是旅游的灵魂。好时小镇通过与游客的互动为游客提供了精细的工业旅游体验。即便在好时故事博物馆这类静态的游览活动环节，也注重与游客的互动内容。互动体验不仅依靠高科技设备，也可以是互动式活动设计等运营层面的细节。

3. 重视小镇的产业特色

在特色小镇建设的浪潮中，部分地方以 3A 级的标准作为小镇建设的宗旨，导致认知偏差。然而，并不是所有的特色小镇均需要与旅游业结合才能发挥经济、社会效益。例如，总部小镇、基金小镇等需要私密性比较强的商务氛围。而有些产业小镇的主导产业和消费者关联性不大，无法在此基础上发展旅游业。因此，在打造小镇产业特色的过程中，需要根据小镇产业特色的实际情况，将小镇高质量建设与乡村振兴发展有机融合。

第二节　发展中国家特色小镇高质量建设与乡村振兴融合发展的典型案例

与发达国家相比，发展中国家的经济发展水平普遍不高，因而其特色小镇高质量建设与乡村振兴的融合发展效果不如发达国家明显。通过对印度尼西亚巴厘岛乌布小镇、马来西亚 UK 休闲农场、泰国清迈博桑纸伞村的特色小镇高质量建设案例进行剖析，归纳和总结出发展中国家特色小镇高质量建设与乡村振兴融合发展的成功经验及政策启示。

一、印度尼西亚巴厘岛乌布小镇①

（一）实施背景

印度尼西亚巴厘岛是世界知名的旅游岛，面积达 5620 平方公里，年接待 300 万人次国外客和 500 万人次国内游客。2015 年，巴厘岛被美国著名旅游杂志《旅游＋休闲》（*Travel + Leisure*）评为"世界最佳岛屿"之一。巴厘岛的旅游分两大类型：一类是以金巴兰海滩为代表的海边沙滩游，另一类是以乌布为代表的乡村文化体验游。乌布小镇是巴厘岛中部山区的一个乡村小镇，是巴厘岛的文化艺术中心。随着旅游业的发展，乌布小镇将周边乡村纳入建设和发展，现在常住人口约 3 万人。在乌布小镇能够体验巴厘岛民俗文化，并感受这里集中展现的巴厘岛历史踪迹、宗教灵魂、文化精髓和乡村艺术魅力。

（二）实施方案

1. 塑造"原生态"旅游体验品牌

乌布街头的古朴建筑处处彰显着乌布的历史沧桑感。沿街分布的精品小店、艺术画廊、咖啡馆以及别具特色的餐厅和热闹非凡的农贸市场让这座隐于丛林的小镇显得非常有生活气息。为保持传统的生活习惯，当地经营的咖啡馆、餐饮、

---

① 黎巎，苏婷婷，Gang LI，Cody Morris PARIS. 新型旅行群体——数字游牧民：概念、演化与研究进展 [J]. 旅游学刊，2023，38（1）：122 - 133.

酒吧以本地特色为主，禁止类似麦当劳等快餐店的进入。

2. 打造艺术小镇标签

一是使用佛像雕塑装饰街景。小镇随处可见的巴厘岛风情的佛像雕塑被置于车行道的圆盘中心，街头巷尾也遍布艺术品店和博物馆，展现独具地域特色的绘画、雕刻、音乐、舞蹈、纺织、摄影等艺术元素，彰显着巴厘岛数百年来的文化传承和艺术底蕴。二是利用当地建筑实现艺术输出。建于 16 世纪的老皇宫是乌布小镇的必游景点之一，位于乌布的繁华地带，是乌布王朝聘请著名艺术家规划设计的，其面积不大，但宏伟的建筑外观石刻及殿内手工雕刻和金箔吊饰吸引世界各地的艺术爱好者慕名前来。画宫博物馆是乌布最古老的艺术博物馆，在这里人们可以体验巴厘岛绘画艺术，其中主要展出当代和传统的巴厘绘画和木雕。三是推广宗教文化。圣泉寺（Tirta Empul Temple）是巴厘岛著名的寺庙之一，已有1000 余年的历史，寺庙庭院内排列着 24 个龙首型的出水口，涌出的泉水注入寺内巨大水池，泉水再通过水槽流入浴池，供朝圣的人们在此接受圣水的洗礼，这逐渐成为体验乌布宗教文化的一种方式。

3. 营造休闲度假生活氛围

一是打造体验式项目。丛林大秋千（Bali Swing）是乌布小镇的必游项目之一，它位于乌布梯田和森林的交汇处，坐落在山谷和悬崖的上方，是一个以秋千为主要体验的小型主题公园。二是提供高质量的酒店服务。乡村度假酒店是乌布小镇的服务亮点，乌布依托丛林、稻田等自然景观，打造造型富有创意、服务完善的高品质酒店。三是创造田园生活体验。乌布塔娜伽嘉 Chedi Club 度假酒店（The Chedi Club Tanah Gajam，Ubud，Bali）是一家被稻田环绕的度假酒店，酒店最具特色的服务就是热气球体验。酒店贴近稻田的客房，是最尊贵的房间，开门或开窗均能看见稻田，也可以在田埂上体验烛光晚餐，是非常独特的田园生活体验。四是承办国际性活动。巴厘岛国际瑜伽节是世界五大瑜伽节之一，从 2008年起每年 3 月底至 4 月初在巴厘岛乌布举行。盛大的瑜伽节让乌布成为名副其实的"瑜伽天堂"，每年吸引世界各地的人参加活动。

（三）实施效果

乌布小镇通过把握乡村艺术特点，将小镇原生态民俗文化融入小镇高质量建设中。在这里，人们不仅能够穿越时空感受古老文化的积淀，还能享受高品质酒店服务和观赏自然风光。乌布小镇为游客打造了景观效果好、体验性佳的旅游产品，实现特色小镇高质量发展与乡村振兴有机融合。

（四）经验总结

1. 善用自然生态基底，营造体验场景

乡村田园生产和生活景观是发展乡村旅游的核心资源。打造旅游产品离不开创新元素的利用。乌布小镇在打造度假酒店时，将酒店与稻田景观相融合，形成极具体验感的住宿产品，让酒店成为一个旅游吸引物。

2. 注重文化体验感的营造

乌布小镇的文化体验主要通过建筑艺术、旅游商品、街头景观小品、舞蹈表演等多元形式呈现，形成表达方式多元的文化体验载体。在乡村旅游发展的过程中，注重文化的表达和呈现方式的多元化，将文化融入乡村的整体发展过程，既包括各种景观小品、标识标牌，也包括酒店民宿的造型、装饰等，还包括各种符合大众审美的文化演艺活动，形成立体式、全景式的文化体验场景，进而塑造乡村旅游的文化品牌和特色。

二、马来西亚 UK 休闲农场①

（一）实施背景

马来西亚柔佛州（Johor）居銮（Kluang）市有一座号称"马来西亚最大的绵羊和山羊养殖场"的农场。近年来，农场实现从纯粹生产型的农场向休闲农业的转型，成为当地知名的农业休闲体验目的地。UK 农场的名字是农场主 Un Keng 的缩写，农场有占地 100 英亩的牧场和 20 英亩的果园，并且利用现代技术饲养山羊和绵羊，农场内种植百香果、荔枝、榴梿等水果。自 2003 年以来，农场一直生产着新鲜的羊奶。2006 年，UK 农场的羊奶因品质优良而获得危害分析的临界控制点（HACCP）和清真（HALAL）认证，目前已经出口至新加坡等国际市场。从 2008 年开始，UK 农场开始扩展休闲旅游项目，通过创设餐厅、农场集市、会议室、小木屋、宿舍、烧烤、露天舞台等项目配套基础设施，为游客提供了高质量的农业休闲体验内容；在原来种植业的基础上，拓展农产品加工、养殖培训和咨询、饲料销售等业务，形成一二三产融合发展的产业格局。

---

① 刘少才. 马来西亚的畜牧业 [J]. 中国畜牧业，2019（18）：46–47.

（二）实施方案

1. 丰富 UK 农场的产品

UK 农场利用自身的羊奶原料和水果原料，开发丰富多彩的农产品，主要包括鲜羊奶、休闲饮品、衣物、洗护用品和文创产品共 5 个类别 10 余种特色产品供游客选购。这些产品既可以在农场采购，也可以通过在线商城进行销售。羊奶产品包括原味鲜羊奶、巧克力鲜羊奶、鲜羊酸奶等，洗护用品包括羊奶皂、乳液、羊奶护理洗发水和羊奶沐浴乳等，休闲饮品包括冰淇淋、咖啡、百香果果汁等，文创产品包括 UK 农场记事本、UK 农场邮票、小羊玩偶等。

2. 开发精彩的游客体验活动

UK 农场开发十余种休闲体验活动，其中，游客与羊的互动是农场最吸引人的项目之一。游客可以通过每只羊身份牌了解其种类和原产地，同时体验用干草喂养成年绵羊或用羊奶瓶喂养羊羔。游客可以参观饲料中心，了解羊饲料的制作过程并参与其中，例如，游客可以在农场中将黄豆、玉米等谷物添加到青草之中，粉碎后制成饲料喂食羊群。

3. 打造农业科普项目

UK 农场设置水培植物设施，游客观看植物根系生长的同时，完成水培植物的栽种体验。

（三）实施效果

UK 农场作为马来西亚典型的休闲农业园区，其将原生态经营作为农场的主要特点，结合体验活动、民俗活动等细分产品组合，对农场进行精细化运营，最终实现农场的高质量建设与乡村振兴融合的发展。

（四）经验总结

1. 农场体验组合丰富，增强了吸引力

UK 农场以羊为主导，融入果园、蘑菇园以及鸵鸟园、mini 动物园等主题园区，既有动物又有特色农作物，此组合避免物种体验的单调性。在与羊的互动方面，从喂羊到饲料、羊奶加工制作等形成全过程的体验环节。在体验方式方面，游客可乘坐迷你巴士参观、乘坐马车，也可步行，满足游客多元需求。

2. 注重环境卫生细节，提升品质

对于一个养殖类的农场来说，环境卫生是一个难题。UK 农场的养羊区和喂养体验区非常的干净、整洁，这在很大程度上提升游客的体验感。因此，让农场

干净、整洁，是提升休闲农业园区高质量发展的基本要求。

3. 精细化的运营，有效延伸产业链

成功园区的打造离不开运营管理。在运营方面，UK 园区通过设置各类体验套餐以满足不同客群的需求；园区依托自身的羊奶原料研发系列加工产品，有效延伸产业链并提升农场的经营效益。通过细化运营，并根据客群类型推出套餐化的产品组合，不断丰富休闲农场体验项目，将有利于实现园区向高质量转型。

三、泰国清迈博桑纸伞村①

(一) 实施背景

泰国的清迈不仅有许多珍贵的历史建筑和文化遗产，更有世界上最大的家庭手工业聚集区，是泰国北部传统手工艺品的制造中心和交易中心。伞、漆器、瓷器、丝绸织品、木雕等特色手工艺品是招牌产品。博桑村位于清迈以东 9 公里，以制造和出售传统油纸伞而闻名于世，如今已经成为清迈知名的旅游景点之一。

(二) 实施方案

1. 专业化发展塑造伞村品牌

1941 年，博桑村民成立合作社——博桑雨伞制作合作社有限公司，开始制作 14 寸、16 寸、18 寸、20 寸、35 寸、40 寸等不同规格的布伞、纸伞。随着油画颜料的广泛进口和应用，在伞面涂抹红、黄、蓝、绿等各类颜色的彩色伞也就应运而生。1957 年，泰国北方成立工业促进中心，帮助村民改进制作萨纸和伞骨的工艺，有效提升博桑油纸伞的品质。1982 年，泰国旅游局举办第一届博桑伞节，与博桑村民共同宣传传承 200 余年制伞工艺的制伞手工艺村。2006 年，具有 200 余年历史的博桑伞申请注册为地理标志产品。与此同时，博桑伞村联合科学技术研究所（NSTDA）研发产品和工艺，以推进产品的现代化发展。如今的博桑村，除了出品传统萨（桑皮）纸伞以外，还生产人造丝伞、全棉伞等多元类型和图案的伞制品。

2. 世代相传的手工艺是博桑村的发展之源

博桑村油纸伞的历史已有 200 年，村中 2000 余名村民大部分从事与油纸伞

① 张梅，齐晓彤. RCEP 促泰中合作扩面升级——专访泰国驻华大使阿塔育·习萨目（Arthayudh Srisamoot）［J］. 中国投资（中英文），2021（Z4）：58 - 63.

有关的产业。经过 200 多年的传承，传统油纸伞的制作工艺与时俱进，但仍延续着手工制作的习惯；制伞所用的原材料萨纸、丝、棉、竹也产于当地。

3. 提供制伞工艺参观体验

博桑的油纸伞制作工艺已成为当地的一项文化遗产。游客可以在乡村的工坊中参观体验制伞的全过程。游客在工匠的指导下，可以参与制作手工绘画的博桑油纸伞。

4. 打造"博桑伞节"以提高影响力

每年 1 月份的第 3 个周末，当地都要举办盛大的"博桑伞节"（Borsang Umbrella Festival），至今已经举办了 38 届。博桑伞节最引人注目的活动是博桑小姐选美比赛。穿着竞赛服饰的参赛者手持博桑伞，骑着盛有手工竹篮的自行车绕村子巡游一圈后抵达比赛现场。新加冕的博桑小姐则坐在精致的花车巡游，并获得相应的奖励。除此之外，King Ka – La 舞蹈、泰国鼓乐等本地传统节目，以及绘画比赛轮番上场。

5. 大力支持博桑村的制伞产业

博桑制伞村的发展和壮大与泰国的政策支持密不可分，尤其是 2001 年发起的"一村一品"计划（OTOP）起到关键的作用。泰国政府为全国 4.5 万个村每村拨付 100 万泰铢作为启动资金，由各村自主选择开发特色产品。通过设立"星级认证体系"、遴选"一村一品"产品等促进产品质量的提升。入选"一村一品"目录的产品可以获得在包装设计、品牌推广方面的支持。在"一村一品"计划的支持下，培育产生一大批特色手工艺村，促进农村地区经济的社会发展。

（三）实施效果

博桑村作为享誉世界的"伞村"，随处可见以伞为元素的装饰和主题景观，全方位地向游客展示博桑独特的产业形象。博桑纸伞村是泰国手工艺产业发展的成功典范，其高质量的油纸伞生产工艺不仅改善了当地经济状况，也将油纸伞打造成博桑村的旅游品牌。

（四）经验总结

1. 与旅游业融合，拓展旅游商品市场

传统手工艺品发展的重要制约因素就是市场需求小而成本高，使得产业经营难以为继。而博桑伞村靠近清迈古城，得益于清迈旅游快速发展的外国客流，这里的手工伞很快便获得了游客的青睐，成为抢手的旅游商品。市场需求的拓展是博桑手工伞产业持续繁荣的关键。因此，在开发手工艺产品、文创产品时，需要将市场和客户作为目标导向。

2. 产品的可用性是关键

伞是一种生活中的常用日用品，由此决定其具有较好的市场价值。这也是博桑伞村相较其他陶艺村、漆器村而出名的重要原因。因此，在开发手工艺产品或文创产品时，选择优良合适品类至关重要。

3. 产品契合消费者的审美需求

博桑伞村的手工伞产品的图案均是专业画师绘制的，每一把伞都与众不同，这点非常契合消费者购买手工艺产品的心理。因此，在发展手工艺产品时，不仅要重视过程的纯手工化，更要在产品品质层面体现个性和特色。重视审美符合消费者的偏好，使传统手工艺产品在材料、工艺方面迎合消费者的需求，在造型和图案、颜色方面更加符合当代的审美。

第三节　世界主要经济组织框架下特色小镇高质量建设与乡村振兴融合发展的典型案例

通过对非洲绿色革命联盟乡村减贫计划、经济合作与发展组织（OECD）乡村发展政策框架、欧洲特色小镇建设与"一体化乡村旅游"发展框架3个典型计划进行剖析，可以归纳和总结不同经济组织框架下推动特色小镇高质量建设与乡村振兴融合发展的成功经验及政策启示。不同经济组织通常将区域或者区域间协同发展纳入相关政策制定的考虑范围，对推进区域特色小镇高质量建设和乡村振兴的融合发展具有一定的借鉴意义。

一、非洲绿色革命联盟乡村减贫计划[①]

（一）实施背景

自20世纪70年代以来，非洲的大部分土地受干旱、虫害和水土流失等灾害影响，严重制约非洲粮食的收成，导致非洲出现粮食依赖进口的情况。为实现粮食的自给自足，非洲拉开绿色革命的序幕。"绿色革命"一词最早出现在美国国

---

① 袁晓慧. 中非合作论坛框架下中非农业合作回顾与展望［J］. 国际经济合作，2022，（6）：43－51，87－88.

际开发署主任威廉·高德（William Gaud）1968 年提交的研究报告（陈培彬等，2020），其起初仅指农作物品种，尤其是水稻和小麦等的品种改良（王立新，2007），后又代表一种农业生产技术改革活动。在非洲的这场革命中，早期取得初步成功的国家有尼日利亚、利比里亚和津巴布韦等（包锡南，1988）。与绿色革命中取得成功的亚洲和拉丁美洲不同，非洲此次革命中所实现的粮食产量增加，其更多的原因是作物生产面积的扩大而非单位面积产量的增加。为解决上述问题，洛克菲勒基金会（Rockefeller Foundation）采取提高土壤肥沃度、提供更好的种子以及帮助建立更公平的市场等措施。2005 年，比尔及梅琳达·盖茨基金会（Bill & Melinda Gates Foundation）和洛克菲勒基金会决定在非洲对种子、土壤和市场提供支持，为非洲农业发展建立更全面的伙伴关系。2006 年，这两大基金会联合成立非洲绿色革命联盟（the Alliance for a Green Revolution in Africa，AGRA），目的就是进一步推动非洲全面实施资助计划（Toenniessen Gary et al.，2008）。

（二）实施方案

AGRA 的实施方案是针对研发应对病虫害和恶劣气候的农作物品种、管理土壤的综合肥力、为农民开发区域和地方市场等制定的。AGRA 的资助计划是在非洲领导人制订《非洲农业综合发展计划》背景下制订的，其与国家政府以及其他资助者合作，将重点置于国家重点支持的事项。总体而言，其由下四部分组成。

1. 非洲种子系统计划（the Program for Africa's Seed Systems，PASS）

AGRA 结合评估结果认为，农作物表现不佳是非洲农作物减产的重要原因之一。为此，AGRA 实施支持国家农业研究机构和地方种子公司的育种计划，以期减少农作物的损失。在联盟成立之初，两大基金会共计为种子系统计划的启动提供了 1.5 亿美元的资金支持。此计划旨在开发和改良作物品种以及为贫困农民提供优质的农作物种子。具体做法有以下四点。第一，建立植物育种博士学位卓越培训中心并设立奖学金制度，鼓励硕士、博士在所在国与当地农民进行科研合作。学生培训课程完成以后，联盟将为这些学生的育种计划提供后续资金，资助年限最长可达 6 年。第二，制订育种和种子开发的在职培训计划，联盟向供职于国家农业机构的育种专家们提供资金资助，以加速改善育种计划的实施进度。第三，通过赠款、股权投资和债权投资支持种子企业发展，旨在将这些企业培育为较大的种子公司，促进优质种子的繁殖。第四，资助农业经销商在村庄一级建立种子供应场所，完善基础设施配套，以解决部分偏远地区农民因距离种子公司较远而无法购买种子的难题。

2. 土壤健康计划（the Soil Health Program，SHP）

非洲的大部分耕地普遍存在的问题是过度耕种，这极大地影响土地养分恢复以及持水能力。AGRA 吸取洛克菲勒基金会起初在提高土壤肥力资助计划中的教训，综合考虑土壤有机质含量、肥料使用以及耕作等多方因素，发展适合当地的综合土壤肥力管理方法。例如，鼓励豆类和谷物的轮作，以补充土壤中的氮元素；针对农作物收割后的根茎等有机物进行堆肥处理等。联盟通过资助项目进而促进适合非洲各国当地土壤的肥料生产，以降低肥料价格，让更多贫困农民使用化肥。2007 年下半年，这两大基金会为 AGRA 的土壤健康计划捐款 1.8 亿美元。非洲领导人承诺建立融资机制和化肥供应链，减少关税和税收，为农民提供土壤综合管理方法培训。

3. 市场准入计划（Market Access Program，MAP）

在非洲的农业价值链中，完善的交易市场也是必不可少的关键环节。由于农产品市场机制不完善，非洲数以百万计的农民在获取种子、化肥以及其他投入物方面面临着困难，出售农作物时也难以获得应有的收益。贫困农民对新农业技术的接受程度与当地市场制度发展状况呈正相关（Toenniessen Gary et al.，2008），市场制度的不完善成为非洲贫困农民获取增产技术的障碍因素。为此，联盟与当地政府合作，改善农作物品质，以使农民增加粮食收入；帮助建立非洲农业资本基金，以解决发展的资金短缺的问题；使用市场信息系统进行交易，提高交易透明度；建立健全买卖双方的市场制度，降低交易成本；培训乡村分销商和零售商，以建立直接面向农民的市场体系。

4. 普惠性金融体系

实现撒哈拉以南非洲的零饥饿需要每年花费 1180 亿美元。为满足政府、金融机构、中小企业以及农民的资金需求，AGRA 建立了普惠性农业金融体系。鉴于金融机构通常认为农业部门筹资风险过高以及农民申请贷款存在高昂成本问题，AGRA 在建立普惠性金融体系时以着力降低贷款成本与风险为目标。第一，AGRA 通过设计和部署农业混合金融工具，支持具有一定资本的各国政府及其金融发展机构将资本与私营金融部门的资本混合。第二，AGRA 开发创新的金融模型并支持金融服务提供商部署使用模型，这些模型旨在将风险合理分摊至农业价值链参与者之间。第三，因考虑到小农户及相关小微实体的可融资性存在限制性，AGRA 通过数字化渠道实现规模效益，以降低金融参与者的接触成本。AGRA 通过与金融机构、政府、农业企业等合作，通过赠款、技术援助等方式建立普惠性金融体系，以改善农业金融系统功能。

（三）实施效果

2019 年，在提升土壤质量方面，AGRA 支持科研机构和私营公司新开发 13 种混合肥料，生产和销售的混合肥料增至 35000 吨；在马拉维方面，AGRA 支持混合土壤的肥料配方开发，累计收集 1150 个土壤样品和实施 498 个验证试验；在种子培育方面，AGRA 支持生产早期种子 3254.5 吨、认证的新品种种子 21230 吨，惠及 849200 家小农户；在金融支持方面，AGRA 通过与 26 个财团合作，获投资赠款 1.39 亿美元，比 2018 年增加 900 万美元；与 151 家金融机构合作支持农民和农业综合企业，并向农民和农业综合企业提供 8.21 亿美元的贷款，支持 5360 家本地私营农业企业和 4300 家本地农业经销商；在技术援助方面，15193 名新的乡村顾问接受培训并具备将技术传授给农民的能力，包括 8 个国家在内的 292 家承购商和中小型企业获得资金和技术支持，26 个财团为 11 个国家或地区的 5000 余家企业提供服务，800 万名农民受益。

（四）经验总结

非洲拥有得天独厚的耕地自然资源。对于非洲而言，农业有着举足轻重的地位，除了提供日常所需的粮食之外，还在降低失业率方面起到重要作用。非洲利用自身优质资源并发挥其优势，这与特色小镇的建设机制不谋而合。农业特色小镇作为特色小镇的一种特殊业态，是推进乡村振兴、创新城乡融合机制的最佳选择之一。

非洲绿色革命联盟在非洲农业价值链建设上付出多方面努力，非洲乡村减贫已取得一定的成效。我国在推进农业特色小镇建设中可借鉴其经验。第一，投资育种计划，支持研究开发农作物新品种。利用丰富的耕地资源，延伸农业产业链，发展特色高产农业；通过基因工程生物技术开发适合当地生长的作物，推广育种技术，促进高产稳产的种子惠及贫困农民，实现增产的目标。第二，助力化肥生产，注重土壤肥力管理。针对土壤肥力的修复问题，因地制宜考虑当地耕种情况并对土壤进行综合管理，结合投资化肥生产，给农民提供价格低廉的化肥。第三，建立健全农产品交易机制，发挥市场作用。农民获取作物种子、化肥等投入物和出售剩余粮食的各个环节均依赖交易机制健全的市场。非洲绿色革命联盟为健全市场交易机制，使用市场信息系统交易以提高交易透明度，并对农村一级经销商进行培训使其成为种子公司与农民之间的桥梁，建立直接面向农民的市场体系。第四，结合我国实际发展创意农业，立足农业根本，推动农村第一、二、三产业协同发展，利用互联网大数据等数字资源，打造"文化—旅游—农业"一体的特色小镇。政府、金融机构、企业及农村经济组织等利益相关者形成合作联盟，在资金、技术、基建、人才建设等方面达成合作，助力特色小镇建设。

毋庸置疑，非洲绿色革命联盟通过多方努力以促进非洲粮食产量增长，解决当地贫困问题。但由于受到教育程度的限制，非洲大多数的农民对现代育种技术的了解程度有限。育种技术大多掌握在种子公司或者育种机构，优质种子的价格仍普遍偏高，部分贫困农民没有能力购买。如何让农民摆脱育种困境，实现非洲粮食和农业系统的可持续性，仍是一个亟待解决的问题。因此，在我国农业特色小镇高质量建设中，可充分利用社会资本和政府资金形成稳定的资金流，让农业特色小镇的建设真正惠及广大农民。

二、经济合作与发展组织（OECD）乡村发展政策框架[①]

（一）实施背景

经济合作与发展组织（Organization for Economic Co-operation and Development，OECD），是由 36 个市场经济国家组成的政府间国际经济组织，旨在提供一个经验分享以及共同问题解决方案的平台。针对乡村可持续发展的问题，OECD 在组织各成员发展经验的基础上总结 3 个版本的乡村政策（见表 8 - 1），以提高农村地区产业竞争力。

表 8 - 1　　　　　　　　OECD 乡村政策范式及其演变

类别	旧农村范式	新农村范式	乡村政策 3.0——实施新农村模式
目标	均衡	竞争力	以幸福为目标，考虑经济、社会、环境等多维度
政策重点	对单一的优势资源部门提供支持	基于竞争力为多个部门提供支持	按乡村类型区分的低密度经济开发
工具	为企业提供补贴	投资符合条件的公司和社区	综合农村发展方法并为公共部门、企业等提供支持

① 陈秧分，姜小鱼，李先德. OECD 乡村政策及对中国乡村振兴战略的启迪 [J]. 新疆师范大学学报（哲学社会科学版），2019，40（3）：64 - 70.

续表

类别	旧农村范式	新农村范式	乡村政策3.0——实施新农村模式
关键主体和利益相关者	农业组织与国家政府	各级政府、所有部门以及当地利益相关者	公共部门—多级治理、私营部门—营利性公司和社会企业、第三部门—非政府组织和民间团体
政策方法	统一应用自上而下政策	自下而上的政策、地方战略	包括系列政策领域的综合发展战略
乡村定义	非城市	农村作为各种独特的地点类型	3种类型的农村地区（功能性市区内、靠近功能性市区、远离功能性市区）

资料来源：OCED. *Rural Policy* 3.0 ［M］. OCED Regional Outlook2016：Productive Regions for Inclusive Societies. OCED Publishing，Paris，2016：179–222.

在 OECD 各成员的农村基础设施条件较差、农业产出水平较低的背景下，OECD 提出最早版本的乡村政策，即旧范式乡村政策。政府主要对农业生产进行补贴，同时致力于实现基础设施和公共服务的均等化，以达到农业农村发展水平的提高以及农民收入增加的目的。发放农业补贴一定程度上能促进农业发展，但加大了政府的财政压力。农业补贴力度加大和农业技术进步提高生产率，却导致农产品相对过剩，由此引发的资源环境问题也相继而来。旅游产业的蓬勃发展、休闲服务需求日益增长使各国政府意识到乡村政策的制定不应仅包括农业的发展，还应包含保护农村环境、提升社区活力等更广泛的内容。因此，经合组织成员 2006 年提出新农村范式政策，并提出一个概念框架，将农村政策定位为促进农村地区竞争力的投资战略。新的范式与过去针对特定部门的典型补贴计划完全不同。

新农村范式的关键是意识到农村也能在经济上大幅提升其竞争力。但是，新农村范式的相关政策并未集中于提高农村的经济竞争力。从旧农村政策重视农业补贴转向新范式重视投资所带来的进展有限，以投资为导向的决策所发挥的作用效果不明显，农村地区的多样性也给制定强有力的政策框架带来挑战。从国家的角度来看，从就业和经济结构而言，城市和农村的差距呈缩小趋势，一个国家农村的高度差异性由此变得不明显。空间差异和经济多样性的结合对各国政府制定有效的农村发展政策提出重大挑战，农村经济表现的差异性一定程度上加剧了这一困难。2008 年国际金融危机也给大部分国家带来较大影响，导致各国出现财政危机，使各国财政预算压力增大，可支配公共资源的减少使得农村发展政策落实难度加大。

在国际金融危机的背景下，2015 年 5 月，第十届经合组织"农村政策与国家繁荣"会议正式审议并通过乡村政策3.0。这一新版本的乡村政策充分考虑合作驱动的发展机制，根据不同乡村的实际综合制定有差别的乡村发展战略，以更好地达到政策效果。

（二）实施方案

新农村范式（New Rural Paradigm，NRP）是经合组织创建的农村发展分析框架。NRP指出城乡之间的发展机会是不平等的，建议从补偿性政策转向采用更具战略意义的方法，并主张将能为社会带来积极回报的投资作为农村发展的主要工具，通过对当地资产进行核算，并依靠投资提高农村的竞争力。通常情况下，农业补贴的受众只有小部分农村人，对整个农村地区的影响不均衡。相反，自下而上的投资导向型方法可以增强农村地区在全球经济中的竞争力。新范式意味着需要在各经济部门和各级政府建立协调机制，同时考虑农村地区的主要利益相关者。新农村范式强调加强政府之间的联系与合作，保障利益相关者的利益共享，以促进农村经济社会的更好发展以及计划的协调推进。

2008年国际金融危机爆发后，OECD各成员普遍出现就业率降低、就业机会减少、经济增长乏力等问题。乡村发展使得非农业活动增多，经济主体的联系也日益紧密。为此，OECD的乡村政策侧重点从农业和林业部门的补贴式支持转向特定专业技术的支持以及更加重视利益相关者关系网络连接的产业政策。由于农村难以实现产业集聚发展，OECD通过对软件及硬件基础设施进行投资和评估、挖掘潜力企业、利用比较优势开展区域合作等措施推进政策落实。OECD鼓励发展地区旅游业、推进商业贸易、支持农村企业发展，以此提升农村的竞争力、强化农村的竞争优势，以实现物质财富的增加和农民幸福感的增强（陈秧分等，2019）。

（三）实施效果

OECD根据成员各自不同的实际，先后制定并实施3个版本的乡村政策。最初的乡村政策模式为"自上而下"，即政策主体为政府和农场，起初是仅针对农业生产给予支持，加大农业生产补贴力度，旨在促进收入均等化。乡村政策3.0则采用"自下而上"的战略模式，注重提升乡村的竞争优势，其具体体现为鼓励多市场主体的参与和进行综合性投资（不只是针对生产的单一投资）。乡村政策的转变也一定程度上解决乡村规模经济效率低下、运输投入成本高、发展基础相对薄弱等约束问题，进而着重推动优势乡村产业发展，提升其竞争力和生产力。乡村政策3.0的实施成功解决农村人口外流所导致的劳动力减少、乡村基础设施建设成本高昂等问题，有效提高乡村的吸引力以及发展活力。

（四）经验总结

第一，聚焦乡村振兴。乡村振兴所覆盖的领域比较广泛，需要多方发力。现阶段推进乡村振兴应将工作重点凝聚，以增强乡村政策的针对性，便于后期监测与评价工作的开展。OECD 实施不同版本的乡村政策，这些政策将目标由促进收入均等转为提升乡村竞争力，从而提升农民的幸福指数。OECD 重视乡村居民的主观感受，将幸福感作为乡村政策实施效果的衡量指标，以实现对社会、经济、环境等多维度的整合。

第二，重点提升乡村竞争力。乡村政策 3.0 充分考虑乡村地理位置、资源禀赋以及人力资源等基础条件，针对性地发展优势产业，以激发乡村的竞争优势，发挥农民、企业、农场等利益主体的经济作用，将追求利益最大化的行为作为培育农村竞争力的核心动力。立足当地资源禀赋，遴选优势产业，将特色资源转化为现实生产力，利用产品的稀缺性获得竞争优势。

第三，结合乡村地域优势。乡村政策 3.0 指出乡村并非同质的，它们的作用和经济活动随着国民经济的发展而变化。充分利用农村的多样性，将自上而下的方法转变为多层次的治理方法，需要跨不同部门和各级政府的协调机制。在制定和实施乡村政策时，应考虑不同特点不同类型的乡村特征，考虑发展基础条件和公众意愿，鼓励乡村立足于自身特色而发展。

第四，重视发挥政策主体作用。地方政府和利益相关者在制定农村发展政策时起着重要作用。OECD 实施的乡村政策重视居民和企业及政府等多方利益主体的协作，在战略制定和推行的全过程中均有当地居民和政府的参与。利益相关者的参与会提高政策的科学性与执行力。因此，夯实合作基础，加强居民、企业以及各级政府等多主体利益相关者的合作，只有保障利益相关者的参与度，才能持续推进乡村振兴。

三、欧洲特色小镇建设与"一体化乡村旅游"发展框架①

（一）实施背景

乡村旅游于 19 世纪的欧洲开始萌芽，现已有百年的发展历史。其作为与传

---

① 李燕琴. 乡村振兴战略的推进路径、创新逻辑与实施要点——基于欧洲一体化乡村旅游框架的启示［J］. 云南民族大学学报（哲学社会科学版），2019，36（4）：63－69.

统旅游相区别的新兴旅游形式之一，在增加村民收入和促进农业发展方面发挥着重要作用，被称为"拯救乡村的乡村旅游"（张晓慧，2011）。乡村旅游，即以农业生产、农村风貌为吸引物，发生在农村地区并以当地农民和相关企业及政府为受益主体的旅游活动。而"一体化乡村旅游"（Integrated Rural Tourism，以下简称"IRT"）是欧盟第五框架计划项目——Supporting and Promoting Integrated Tourism in Europe's Lagging Rural Areas（以下简称"SPRITE"）中提出的概念（Gunjan Saxena et al.，2007），即乡村旅游业与发展旅游业地区的政治、经济、文化、社会、自然以及人文结构等有着明确的联系，应建立相应的网络连接。"一体化乡村旅游"强调可持续发展，将与乡村旅游发展网络的利益相关者充分考虑在内，系统性强并且实践适应性强。

1962 年，为保障粮食有效供给和市场公平、稳定，欧洲经济共同体制定共同农业政策。起初，共同农业政策的主要目的是为解决粮食短缺的问题。粮食生产率提高之后，欧盟开始考虑将环境保护纳入共同的农业政策。1999 年发布的《欧盟 2000 年议程》首次提出发展生态农业和保护生态环境，明确宣布农业政策的实施要优先考虑农业生产安全、生产质量和环境保护（张楷，2008；李燕琴，2019），鼓励农村土地多选择利用，摆脱对低附加值农业产品的过度依赖，可以延伸产业链，大力发展食品加工业、轻工业、手工业和旅游业等。因此，2000年，欧洲各国确立"一体化乡村旅游"发展框架。"一体化乡村旅游"作为乡村发展工具之一，明确了经济、文化、社会等与乡村旅游发展地区的联系，对多个国家和地区均有较强的适应性。

（二）实施方案

"一体化乡村旅游"与可持续的概念相连，强调利用资源以满足当代人需求发展，且不损害子孙后代的利益诉求。IRT 在欧盟共同农业政策背景下发展，基本目标是促进旅游业经济、环境、社会、文化协调发展并赋予利益相关者权利，从而有助于更广泛的农村体系的可持续发展（Cawley M. et al.，2007）。"一体化乡村旅游"发展框架主要包括以下六个维度（MercedesM. N. et al.，2013）。

1. 网络（networks）

网络是公司、机构或个人合作形成的所有正式和非正式的连接，是 IRT 六个维度的核心。网络构建重视本地人员、企业和外地人员以及企业共同管理和发展当地旅游业的能力。涉及利益相关者的网络构建能在一定程度上助推其他维度构建，如网络节点的增加会扩大当前发展规模。

2. 嵌入性（embeddedness）

嵌入性反映旅游业发展地所使用的旅游资源与当地文化、传统以及属性定位之间的关联。以嵌入性推进可持续发展、特色发展，以吸引外来资本，促进本地资本和外来资本的有机结合，将旅游业与其他部门和系统紧密相连。

3. 内生性（endogeneity）

内生性是发展旅游业时依赖本地拥有的自然资源、社会文化资源和人力资源等的程度。本地资源包括本土企业、文化遗产、本土品牌等。内生性投资在旅游业发展中具有重要地位。缺乏足够的内生性投资建造酒店或者其他的娱乐设施，会导致旅游业因缺少地域特色发展受限。

4. 互补性（complementarity）

互补性强调发展旅游活动时要与传统的生产活动相协调，充分利用居民和村民的共享资源，以使主、客均能在旅游的过程中得到更好的体验。例如，地区的基本服务需要与当地的典型活动相协调，游客和居民可以共享地区的公共服务与休闲服务等。

5. 规模（scale）

规模，是以资源的规模及时空分布来衡量旅游业的扩散程度。从规模的概念可知，旅游业的发展不应脱离现有的基础设施及规模，需要与其保持一致。也就是说，整个网络构建中网络节点的增加或者删减。

6. 赋权（empowerment）

赋权指当地人通过相关法律法规参与地方旅游政策的程度。例如，政府在发展旅游业时要考虑居民的利益，相关的公司和机构在提供旅游服务时也要考虑居民的参与兴趣等。

（三）实施效果

通过对相关研究的梳理发现，英国、法国、西班牙等国家或地区均采用"一体化乡村旅游"发展框架对本国或本地区的乡村旅游发展进行指导，"一体化乡村旅游"发展框架在多国或地区体现出较强的适应性（李燕琴，2019）。但是，由于"一体化乡村旅游"发展框架具有特殊性，难以对其发展成果进行定量分析。"一体化乡村旅游"的作用如下所示。

第一，为发展地区带来直接的经济收益。农产品多为附加值较低的商品，因此过于依赖附加值较低的农产品并不利于地区经济社会发展。将旅游业和区域发展有机结合，延长农产品的产业链，既能减少农村产品的价值流失，也能带来巨大的就业效益。IRT 为乡村提供一条通向农村多元化和多功能的道路。农村将当地特色与农业相结合，打造有观赏性质的特色农业；辅以基础设施建设与管理，既吸引外来游客，也吸引外来资本，推动当地经济高质量发展。第二，给居民和游客带来较好的体验感。对于当地居民而言，在传承与弘扬当地文化的同时增加个人收入，并且有权在发展当地旅游业的政策制定中发表意见或建议，能保障自身的利益。对于游客而言，享受到专属该地区的个性化服务，接触到其特有的文化，其满意度得到有效提升。第三，为地区发展带来可观的环境效益。乡村旅游发展兼顾环保和娱乐，其有别于传统旅游对资源的过度开发和利用。IRT 发展强调可持续发展理念，通过利益相关者相互间的协作，能起到保护自然和节约资源的良好作用。第四，促进乡村和城市的协同发展。通过 IRT 发展框架，能巩固利益相关者的合作伙伴关系，在体制和政策上实现乡村和城市的协调发展。

（四）经验总结

"一体化乡村旅游"作为乡村可持续旅游新模式，被多个国家和地区采用并展现出其较强的适应性。六个维度的综合考虑、多方利益的共同协调，是"一体化乡村旅游"框架的生命力。近年来，我国越来越重视的旅游特色小镇高质量建设进入文化产业提质增效的转型期。通过对欧洲"一体化乡村旅游"发展框架的研究，并吸取其发展的先进经验，剔除其发展中与我国发展实际不协调的因素，可为我国旅游产业发展，尤其是旅游特色小镇高质量建设提供参考。

目前，"一体化乡村旅游"框架在多个国家和地区得到应用，也展现出其强大的生命力。第一，"一体化乡村旅游"框架着力于打造一个集政府、企业、当地居民、游客等利益于一体的主体，嵌合当地文化、特色、习俗等的网络连接体。IRT 重视发挥网络节点如当地居民、相关企业等的发展能力。第二，IRT 强调树立在网络内部重视利益相关者的理念，充分考虑发展中的旅游公司、本地人员、外来人员等各主体利益，并赋予上述主体一定的权利；充分考虑多方意见，保障多方共享发展成果，以充分调动各方的积极性。第三，IRT 重视发掘当地的自然资源、社会文化资源和人力资源，重视传统生产活动和发展旅游活动相协调。IRT 认为内生性投资在旅游业发展中占有重要地位，内生性投资可展现当地特色，并促进旅游业内涵式发展。第四，旅游业发展应与当地现有的基础设施发展步调相协调，超前或滞后的发展均不能形成规模发展。然而，农村网络的矛盾性、多样性和动态发展的特点，使得"一体化乡村旅游"框架在发展中具有不确定性。在发展网络的构建中，"搭便车"现象难以消除且不可避免，如何对这部分享受公共利益但不愿贡献价值的成员进行激励也是一个难题。在实际发展的过程中，过度嵌入相关资源，将造成本地商业网络的极度排他性，这也是一个需要引起重视的问题（Emese Panyik et al., 2011；Gunjan Saxena, 2007）。

第四节　特色小镇高质量建设与乡村振兴融合
发展国际典型案例的经验总结及启示

一、国际案例的经验总结

特色小镇是推进乡村振兴的重要载体和平台。通过对 6 个国际案例和 3 个典型计划的实施背景、实施方案等进行总结和深刻剖析，也从其他国家扶贫减贫以及乡村振兴计划的做法中吸取经验，为我国特色小镇高质量建设与乡村振兴融合发展提供经验借鉴。

第一，特色小镇建设是推进乡村振兴的"总抓手"，也是推进农业农村现代化的重要措施（吴维林等，2020）。在城镇化的过程中，特色小镇连接农村和城市，发挥着新型城镇化功能，是城镇化的新形态（廉圣花，2019）。从国际案例的发展经验来看，特色小镇高质量建设可从推动产业转型升级、促进技术进步、优化资源配置、强化金融支撑等方面入手，实现与乡村振兴的融合发展。

第二，特色小镇建设周期相对较长，这意味着需要投入较大的资金（王祥武，2020）。多样化的融资模式构建是乡村振兴和特色小镇建设的基石。从发达国家、发展中国家和经济组织或经济体的典型案例的经验总结发现，特色小镇建设和乡村振兴融合发展注重融资渠道的拓宽。大部分国家和地区在乡村振兴的过程中注重社会资本的引入，此方式既能增强社会资本的营利性，也能部分解决小镇建设资金短缺的问题。

第三，特色小镇"特"在资源，地区特色资源是乡村振兴和特色小镇高质量建设的主要支撑点。科学认识地区特色文化资源并利用，将其转化成地区特色文化产业，是乡村振兴和特色小镇高质量发展的经济新增长点（曹军峰，2019）。美国纳帕谷小镇利用其葡萄产地的天然优势、印度尼西亚巴厘岛乌布小镇运用当地的宗教文化优势、泰国博桑村利用其纸扇产业优势等均是典型例证。

第四，产业转型升级是实现乡村振兴和特色小镇高质量建设融合发展的必由之路。例如，美国、瑞士等发达国家在推进乡村振兴和特色小镇的建设过程中，注重产业发展由第一、二产业向第三产业转型，大力发展旅游业等服务业；发展中国家如马来西亚等则着力发展第一、二产业，重视第一、二产业的精益求精，如大力发展数字农业技术、引进先进的管理方法、助力农产品创新等，力图增加对第一、二产业的支持而实现产业转型升级。

第五，在乡村发展和特色小镇的建设中注重实现多方利益的平衡和协调。瑞典奥勒村以及欧洲的"一体化乡村旅游"框架均强调赋权给当地居民等利益相关者，这体现出协调利益相关群体也是组织可持续发展的主体（刘志婷，2019）。

二、国际案例的经验启示

我国的军事、科技、经济实力日益增强，但是我国人口基数大、收入差距大、相对贫困人口多、城乡发展不平衡等问题仍旧存在。推进以县城为重要载体的城镇化，将特色小镇高质量建设与乡村振兴相结合，是乡村振兴和新型城镇化的必然选择。通过对国际案例进行经验总结，为我国珠江—西江经济带特色小镇高质量建设和乡村振兴融合发展提供启示。

第一，完善金融支持。乡村振兴是新时代"三农"问题的"总抓手"，实现乡村振兴和特色小镇高质量建设融合发展将惠及广大农民。在乡村振兴的过程中，乡村建设需要大量的资金支持，要引入更多的社会资本。因此，乡村振兴的资金方面，应以政府资金为主，引进社会资金，并大力创新农村金融产品，以解决农村建设"融资难"的问题；以政府为主导，完善农业保险制度和农业保险补贴机制（Zhang Chen & Li Hui，2021）；打造农村供应链金融体系，扩大服务范围，从而更精确地为乡村振兴提供金融支持。

第二，挖掘特色资源。立足地域特色，因地制宜，实现乡村特色化、功能化发展是特色小镇高质量建设的必由之路。各地政府通过深耕本地乡村资源特色，并对乡村生态、教育、休闲等价值进行深度挖掘，针对地域特色植根乡村特色，避免千村一面，保持乡村的魅力。针对目前我国特色小镇和乡村振兴融合发展的现状，建议发展过程中避免同质化，避免特色的"复刻"；认知和判别特色资源并进行挖掘和发展，将特色资源产业化，吸引乡村和城镇剩余劳动力；发展乡村或城镇经济，实现特色资源与乡村振兴的互融互通。

第三，产业转型升级。当前，我国经济已从高速发展进入高质量发展的新阶段，产业转型升级是推动经济高质量发展的举措。乡村振兴是解决"三农"问题的"总抓手"，农业产业化是"三农"工作的关键。因此，通过创新发展"农业 + 旅游业"模式，促进第一、二产业向第三产业的转变以及加大农业科研投入力度、培育优良种子、完善农地基础设施建设、发展先进数字农业并实现技术升级。

第四，资源配置优化。特色小镇作为优化资源配置的平台，通过对资本等各要素的吸引实现要素向农村转移，缩小城乡差距；建立健全相关市场机制及优惠补贴政策，带动乡村地区消费升级及提高商品流通率；优化农业生产结构和创新农业模式，充分利用优势资源，平衡有效要素供给和有效需求。

第五，以群众的利益为中心。目前我国特色小镇建设正稳步进行，乡村振兴的步伐也正在加快。特色小镇高质量建设和乡村振兴融合发展的出发点和落脚点均是为人民谋福利、求发展。因此，始终坚持以人民为中心，发挥乡村宜居功能，注重乡村全面建设；对应培养居民参与乡村建设的意识和能力，提升其对乡村文化和价值的认知；对乡村基层组织，注重提升其服务人民的能力、建设乡村能力，以更好地发挥农民和基层组织在乡村振兴中的作用；发展应充分考虑利益相关者的意见，建立健全相关决策机制，构建信息透明化的公众监督体系。

第九章

推进珠江—西江经济带特色小镇高质量建设与乡村振兴融合发展的对策建议

珠江—西江经济带在推进特色小镇高质量建设与乡村振兴融合发展的过程中，不断总结经验和教训，创新融合发展的体制机制，促进经济带特色小镇高质量建设与乡村振兴的深度融合；针对发展存在的问题，依据不同小镇特点有针对性地借鉴国外成功经验，从乡村振兴"产业兴旺、生态宜居、乡风文明、治理有效、生活富裕"的五个维度出发，切实制定好相关发展路径与措施。

第一节 构建珠江—西江经济带特色小镇高质量建设与乡村振兴融合发展的创新模式

珠江—西江经济带特色小镇高质量建设与乡村振兴融合发展的模式创新主要通过发展多类型融合载体，实现要素的集聚与协调配置；培育多元化融合主体，发展适当规模经营；加强组织化模式创新，形成农户与其他经营主体的利益结盟机制等途径以提升农业综合效益与竞争力。

一、发展多类型融合载体，实现产业的协调发展

珠江—西江经济带特色小镇高质量建设与乡村振兴融合发展的过程中，产业融合载体应充分立足珠江—西江经济带县域资源禀赋优势。通过整合资源形成产业联盟、产业联合体等，推动乡村产业融合进而驱动乡村振兴。珠江—西江经济带特色小镇要合理配置不同类型产业的构成要素以实现协同发展，搭建多产业融合的平台。以农业为主导，如南宁横县茉莉花小镇发展"茉莉花＋"模式，深耕

"茉莉花＋花茶"、盆栽、食品、旅游、用品、餐饮、药用、体育和康养"1＋9"的产业集群，朝着标准化、品牌化、国际化的发展方向发展现代农业，升级茉莉花产业，推动茉莉花产业进入新时代。再如梧州六堡茶小镇围绕"茶＋"实现第一、二、三产业协调发展。农业依据相关技术标准开展种植，依托现代化茶叶生产线进行标准化生产；工业通过建设六堡茶产业示范区、广西梧州六堡茶产业发展集聚区和梧州六堡茶文化创意产业园等产业发展载体，带领茶农致富、茶企增收。同时积极探索"茶＋康养＋旅游"模式，推进茶产业与生态乡村、健康养生及文化旅游建设相结合。充分挖掘苍梧县"中国名茶之乡""全国十大魅力茶乡"和清代古茶园八集山庄、苍松茶园、双贵茶园等全国最美茶园资源，开展茶旅融合运营工作，提供集客栈、餐饮、采茶炒茶体验区等于一体的茶园观光旅游服务。

二、培育多元化融合主体，发展适度规模经营

珠江—西江经济带特色小镇高质量建设应着力在一定区域内实现经济关联度高、辐射带动效应显著的多元主体融合模式，以优势互补、风险共担、利益共享为发展目标培育家庭农场、农民合作社、龙头企业等多元主体。以农业产业化龙头企业为"领头羊"，促进农民合作社与家庭农场、小农户参与的农业产业化联合体等多元发展模式的融合发展。发展龙头企业，引入市场机制，支持加工流通企业进行技术升级、产品研发、品牌建设、市场开拓等，拓宽龙头企业的融资渠道，打造大型龙头集团，发挥龙头企业在农村产业发展中的示范引领作用，促进前向关联种养产业规模化、标准化建设及后向关联营销产业发展。百色平果县工业小镇精准实施"以工强镇"战略。通过招商引资，成功引进博导铝镁、金麦克、富鹏、凤翔等一大批工农业落户镇内。截至2020年，平果工业园区已入驻133家企业，成为白色市首个产值超过250亿元的重点园区，入驻的企业，给新安镇的经济发展带来新活力，使新安镇真正从一个典型农业镇成为工业强镇，经济发展跻身全县前列①。

三、健全产业发展利益联结机制，提升综合效益与竞争力

建立紧密的利益联结机制是推动农村产业融合发展的关键，也是衡量农村产

---

① 黄志愿."三篇文章"推动平果工业振兴［J］.当代广西，2021（8）：14.

业融合发展成效的重要维度。强化龙头企业联农带农的激励机制，鼓励参与第一、二、三产业融合的龙头企业和工商企业优先聘用土地流转农户及贫困户，为其提供就业岗位、技能培训等，建立农企利益联结机制，通过引导珠江—西江经济带农业企业与小农户形成契约型、分红型、股权型等合作模式，将利润分配结构向上游产业转移，以实现居民经济收入的稳定增长。南宁横县茉莉小镇贺桂村通过建设茉莉花产业扶贫示范园，采用"产业园＋合作社＋企业＋农户"的发展模式，引导贫困户入股产业，优先招聘附近的贫困户到示范园工作。得益于从事农业生产减免企业所得税、吸纳贫困户就业税收扣减、出租等方式将承包地流转给农业生产者用于农业生产免征增值税、农产品自产自销免征增值税等税收优惠政策，越来越多的花茶企业采取"公司＋农户"的经营模式租用农户土地用于生产经营。完善农业股份合作制企业利润分配机制，推广"订单收购＋分红""农民入股＋保底收益＋按股分红"等发展模式，推进土地经营权入股，从事农业产业化经营试点。发展订单农业，引导龙头企业与农户及合作社签订购销合同，支持龙头企业通过信保担保帮助订单农户建设标准化种植基地，鼓励订单农户参与农业保险，提供农资采购、农机作业、生产技术等服务。2022 年，梧州六堡茶小镇公共茶仓与 10 家商业银行、广西农担公司以及 21 家茶企达成战略合作协议，茶叶经评估鉴定后存入公共茶仓进行监管，金融机构评估价值后再进行评估放款，这样金融机构能规避质押风险，茶商也能获得更高额度的金融贷款支持①。

第二节　推进珠江—西江经济带特色小镇的"产业兴旺"建设

特色小镇是以特色产业为基础，坚持绿色发展理念，使农业、旅游、康养、文创等业态融合发展的新型小镇，这与乡村振兴产业的一二三产业融合发展是一致的，是一种优化产业布局、提高供给质量的经济发展模式。在推进珠江—西江经济带特色小镇高质量建设和乡村"产业兴旺"融合发展的过程中，要对不同类型的特色小镇进行产业定位，并找准自身优势特色产业；促进产业融合发展，实现特色产业集聚，加强农业、旅游、文化等产业的融合发展。

---

① 牛菀清，阮蓓. 以茶助增收，以茶促振兴 [N]. 农民日报，2023 - 02 - 10 (4).

一、精准定位特色主导产业，发挥特色产业优势

（一）明确产业选择和定位，实施主导产业培育与发展战略

首先，要明确产业选择和定位。明确区域产业的主导方向，明确市场及企业的主体性地位，培育主导特色产业；依据要素禀赋理论与比较优势原则，培育一批兼具核心竞争力与可持续发展能力的产业。如佛山北滘制造小镇，北滘镇地处珠三角腹地和广佛都市圈核心区，依托区位优势，北滘镇定位为"智造小镇"，发展的重点在"智"，以智造和创新再造新北滘，使产业结构呈现更迷人的"微笑曲线"，实现产业和城市协调共融发展。珠江—西江经济带特色小镇高质量建设要围绕龙头优势企业加快技术创新步伐，要基于市场角度以影响深远、资本雄厚的大中型企业为核心，与当地特色产业发展紧密结合，实现公共服务质量提升的同时促进产业链升级。同时充分利用数字经济发展优势，增强主导产业与相关产业的关联性，强化政企合作并倡导多方参与其中。通过大数据服务保障民生并提升居民的生活质量，促进要素的良性发展，加速三次产业转型发展，不断增强其科技创新与应用能力来提升珠江—西江经济带特色小镇产业的发展水平。其次，通过产业培育及发展，以珠江—西江经济带特色小镇高质量建设指南为指引，引领小镇特色产业入驻相关平台，进一步降低企业的准入门槛。政府给予企业土地等相关政策扶持与税收补贴优惠，对产业类型进行筛选与把控，重点发展科技含量高与具有可持续发展能力的产业，增强相关产业发展的关联性，优化珠江—西江经济带特色小镇产业结构，促进产业结构的高级化与合理化。

（二）发挥特色产业优势，带动特色小镇建设

综观各地特色小镇发展的典型案例，特色小镇的发展主要是特色产业的发展。小镇特色产业发展模式因地制宜地考虑各地所具备的独特文化、自然资源等，一味照抄照搬其他特色小镇的发展模式并不一定适合当地经济的发展实际。基于相似资源禀赋小镇的基础，合理融入本地特色，赋予特色产品更多的品牌价值，将特色产业培育为促进经济发展的主导产业。2019 年，南宁横县茉莉小镇种植茉莉花 11.3 万亩，年产鲜花 9 万吨，茉莉花茶 8 万吨，是世界上最大的茉莉花生产基地，享有"中国茉莉之乡""世界茉莉花都"的美誉。引进茉莉花茶龙头企业和茶饮料巨头企业的同时，南宁横县大力扶持本土茉莉花茶企业走品牌之路，先后培育出"周顺来""大森""金花"等全国知名的茉莉花茶品牌，茉

莉花品牌附加值连年飙升。依托国家现代农业园建设，横县旅游消费经济随之发展，"茉莉闻香之旅"走热。2019 年，全县茉莉主题旅游 502. 21 万人次，消费总收入 52. 16 亿元①。茉莉小镇通过特色产业推动乡村振兴，广西已在横县布局一批高铁、高速、航运等重大交通建设项目，横县将茉莉花元素植入乡村扩容提质的全过程、各领域。同时，横县正以完善产权制度和要素市场化配置为重点，以茉莉花产业升级引领产业、人才、文化、生态、乡村融合发展。

二、促进产业融合发展，实现特色产业集聚

打造珠江—西江经济带产业发展优势，培育新型产业，促进资金、人才等要素集聚，通过规模效应实现产业发展，促进第一、二、三产业协同发展，优化产业结构。

（一）提升农产品加工流通业，加快物流体系建设

珠江—西江经济带特色小镇以农产品加工业的发展驱动粮食主产区与特色农产品优势区的生成，构建农产品精深加工基地与加工强县；鼓励农民合作社联合家庭农场共同开展农产品初加工，努力打造一批专业特色小镇；使农产品产地、集散地、销地批发市场形成较为完整的产业链，加快农产品物流骨干网络与冷链物流体系建设。

（二）发展乡村休闲旅游业，打造休闲特色小镇

推进休闲生态农业与乡村特色旅游建设，构建一批特色明显、体系完备的农业生态休闲观光区、健康养生区以及特色民宿，培育一批以乡村健康与休闲为特色的主题小镇。

（三）培育乡村新型服务业，推进现代化进程

提供供销、邮政、农业服务公司、农民合作社等开展农资供应、土地托管、代耕代种、统防统治、烘干收储等农业生产性服务。推动农村传统小商业、小卖店、小集市的现代化发展，提升农村生活性服务业诸如批发零售、养老托幼、环境卫生等供应的数量与水平。

---

① 邱烜，苏寒梅. 产业链条上的茉莉花香［J］. 当代广西，2020（20）：50－51.

（四）发展乡村信息产业，助推农业数字化发展

打破"互联网＋"与现代农业发展的壁垒，通过数字化技术完善农产品产业链体系，培育数字发展，助推农业产业结构升级；打通信息入村的"最后一公里"，实施"互联网＋"农产品"出村进城"工程；以信息技术助推农村电子商务公共服务中心以及城乡快递物流园区发展。

（五）做强现代种养业，提升产品竞争力

推动产业组织的创新升级，实现种养业朝着规模化、标准化、品牌化和绿色化方向发展，延伸产业价值链、提升产品核心竞争力与产品附加值，实现产品数量的增加与质量的提升；稳步提升粮食产能，全面落实永久基本农田特殊保护制度并提升农田质量标准，明确界定粮食生产功能区和重要农产品的生产保护区，发展经济林与林下经济；增强生猪等动物疫病防控能力并加强畜禽产能建设，实现奶制品产业的振兴与渔牧业的优化升级。

（六）做精乡土特色产业，打造特色乡村品牌

结合当地实际情况对地方品种种植资源进行开发和利用，合理开展小宗类、多样性特色种养活动；打造特色农产品优势区，着力推进特色农产品基地建设；加强乡村工厂、生产车间的标准化、制度化管理，培育特色食品制造业、特色手工业、特色文创产品研发等新兴产业，打造特色乡村品牌。

三、培育农业服务特色小镇，发展"农业生态特色小镇＋游园业"

以"农业生态特色小镇＋游园业"为代表的产业模式是在某一地域，将经济建设、社会建设和环境建设三者作为协同发展的关键。特色小镇发展的前提是生态环境的可持续发展，只有将生态环境可持续发展摆在首要位置，才能实现经济的绿色可持续与社会的长远发展。生态特色小镇并非仅指小镇所处的地理位置，它是融合经济、社会、自然三部分的对外开放的独立个体，共同形成一个复合生态系统，兼具各内部子系统和内外联合系统协调发展的作用。农业生态特色小镇是农业旅游与生态农业特色小镇的结合体，也是产业融合与价值链提升的关键。生态农业特色小镇以农业为发展基础，依照统一标准达成农、林、牧、副、渔等部门的协调统一，使得各个产业互促发展，相得益彰。在实现农业高质量、可持续发展的同时，兼顾农业生态环境绿色化发展，实现环境效益、经济效益、社会

效益总效益的最大化。

首先，提高珠江—西江经济带特色小镇的经济效益，促进旅游业带动农业、工业共同发展，将产业结构重心从第一产业转移至第三产业。产业结构的优化升级不仅提升居民就业率，解决农村剩余劳动力问题，带动居民收入增长，还能驱动产业发展的现代化与高级化。特色小镇经济水平的提升促进现代农业的发展，提升当地居民的收入水平生活质量。

其次，提高珠江—西江经济带特色小镇的社会效益。一方面，提升农业科学知识与教育的普及程度，通过农业旅游的方式传播与农业生产相关的知识与文化，提升基本村民农业生产活动的参与率，将农业生态园特色小镇打造成集知识性、趣味性、科学性于一体的农业科普园地。另一方面，挖掘、弘扬与传承特色小镇富饶的农耕文化、乡村文化、民俗文化、地方文化、历史发展文化及农业产业文化等；增强游客的参与度与体验感，在倡导特色小镇传统文化传承与保护的同时，融入现代文化发展元素，促进珠江—西江经济带特色小镇文化的发展。

最后，提高珠江—西江经济带特色小镇的环境效益。一方面，加强科技创新在工业、农业以及特色小镇环境改造等领域的应用，保护好当地的自然景观和生态环境，生态环境的稳定是生态农业与农业旅游发展的重要前提及关键，对于当地生态系统良性循环以及生态环保目标的实现均具有促进作用。另一方面，为游客提供观光、休闲、娱乐、度假、购物等娱乐活动的场所，给亲子、学生、城市居民提供用于休闲、娱乐及养生的场地，体现农业生态特色小镇的游憩功能。农业生态特色小镇能够缓解大人工作及孩子学习的压力，使身心得到放松，情操得到陶冶，效率得到提升。农业生态特色小镇的生态自然环境、富饶的绿色植被资源、清新的空气质量对人类的身心健康具有极大的益处。

四、构建旅游发展特色融合小镇，增强特色产业聚合力

珠江—西江经济带特色小镇拥有着充裕的生态文化和旅游资源，应将其作为发展旅游业的竞争优势。然而以往的旅游业发展模式都比较简单，旅游产品缺少特色且种类较少，无法满足新时代人们发展的心理需求。因此，建立新的产业发展模式，既是建设新型城镇化的必由之路，也是推进乡村振兴落实落地的必然选择。立足珠江—西江经济带特色小镇自身特色，发展"旅游＋红色旅游文化""旅游＋田园综合体""旅游＋康养"等模式，合理、有效延伸特色产业模式，实现特色产业集聚。

（一）强化顶层设计，提升特色优势

珠江—西江经济带特色小镇高质量建设的首要目标是精准发掘特色，挖掘特色，放大特色。珠江—西江经济带特色小镇要立足风景优势，立足山、水资源，凸显自然特色，如柳州鹿寨喀斯特山水古韵小镇充分依托生态资源要素禀赋，彰显珠江—西江经济带的地方文化风采；推动小镇特色化建设发展，大力推进各项规划的平衡衔接与有效融合，构建"多规合一"的信息共享平台，发挥小镇特色。

（二）加强文化建设，打造优势品牌

进一步补齐产业"短板"，突出重点，打造优势品牌，加强文化建设。在文化挖掘方面，多角度深入挖掘和传承民俗文化、长寿文化以及红色文化等具有代表性的当地特色传统文化，将文化基因植入小镇发展建设的全过程，形成"人无我有""人有我特"的区域文化；在产业建设方面，根据本地资源要素禀赋，推动生态旅游、禅修养生、康养服务业发展，使其成为小镇综合发展的支柱产业。为小镇发展建设提供经济支撑，增加农民收入，改善居民的生活；在品牌打造方面，策划并设计好珠江—西江经济带特色小镇旅游项目和旅游产品，增强吸引力；在旅游营销方面，加强对互联网"旅游＋"、电子商务等新兴产业的依托，实现资源共享、优势互补、良性互动的产业发展格局。如柳州螺蛳粉小镇不仅是螺蛳粉和预包装螺蛳粉的发源地，更是米粉、螺蛳、酸笋等螺蛳粉主要原材料的主产区和集散地。螺蛳作为螺蛳粉原材料之一，已有几万年的历史，两万五千年前柳江人穴居白莲洞，至今还有捕捞螺蛳的遗迹。用独特的人文精神塑造特色小镇的灵魂，实现美食、美景和人文的有机结合，打造产业、城市、人才、文化、生态"五位一体"的特色景区。

（三）注重功能叠加，推进产城人文融合

珠江—西江经济带要注重功能叠加，加快产业集聚，打造产业特色、文化特色和生态特色，彰显产城人文"四位一体"；合理利用空间，加强土地保障，优化建设用地布局，统筹安排特色小镇的建设用地；要加大财政扶持的力度，创建名单上的特色小镇要提供省级城镇基础设施建设引导资金，符合要求的项目要给予财政补助；把特色小镇建设列为省级综合改革试验区，扬长避短、因地制宜，在各项改革中先行先试。

（四）创新体制机制，促进招商引资

对项目进行策划、争取、推进是建设珠江—西江经济带特色小镇的关键。

"腾笼换鸟"的倒逼机制以及"筑巢引凤"的激励机制，不仅加大特色小镇的推介力度，还重点推荐给有投资旅游产业意向的企业；对珠江—西江经济带的特色小镇高质量建设项目给予支持，优先申报国家专项建设基金和相关项目资金，优先获得省级产业转型升级、服务业发展、旅游、文化产业、创新等相关专项资金补助或扶持政策。通过省国开行、农发行等政策性银行，为珠江—西江经济带特色小镇的发展提供长期低息贷款；推进优质项目落户，带动产城融合，发展特色小镇。

五、打造特色文化创意产业，促进特色小镇可持续发展

（一）科学制定发展规划，推动文化创意产业发展

一是规划珠江—西江经济带特色小镇的文化创意时，要将具有规模集群效应和文化创意产业内容的生产建设成具备文化经济效益和集聚效益的文化创意产业核心区，承载特色小镇建设，避免低附加值、低效率的文化产品和文化产业。二是结合珠江—西江经济带特色小镇当地的资源特点、产业基础和文化特色，选择具有发展潜力和市场前景的文化资源进行包装，保护小镇文化遗产，以现代产业化和城镇化作为驱动要素激发文化遗产的生机与活力，将小镇建成传承优秀传统文化的示范区。三是保护珠江—西江经济带特色小镇原有的特色符号和文化印记，传统元素以更好的方式融入小镇景观设计或相关标识中，增强特色小镇品牌的辨识性和独特性，避免在小镇文化建设中生搬硬套传统元素。

（二）加强特色文化的传承和保护，创建独有品牌

珠江—西江经济带特色小镇高质量建设最为珍贵的资源是民俗文化和特色历史文化，要保护好此类文化资源。在合力搭建民俗文化活动载体后，要将民俗活动融入特色文化建设，充分探究特色小镇民俗文化历史，并在此基础上进行合理开发，逐渐形成新民俗以吸引更多人参与其中。在充分挖掘农村各类非物质文化遗产资源之后，对于即将失传和濒危的种类要及时保护并采取有效的抢救措施，组织专家、学者及知情人士编撰图书或视频资料，同时建立传承人制度，鼓励年轻人来传承历史文化，政府在相关奖励政策和待遇上应给予一定的倾斜和侧重，让年轻人认识到文化遗产传承的重要性、责任和希望，同时确保其经济利益得到有效保障。

（三）推动科技创新要素集聚，驱动现代化进程

珠江—西江经济带特色小镇将现有科技创新要素进行整合，增强发展"大数

据"产业的积极性，以科技与文化旅游产业相结合，在特色小镇文化创意建设中融入数字媒体、智能语音等技术，通过"互联网＋"、智能信息技术等现代高科技手段改造传统产业；加强科技创新动力，促进传统文化与现代创意的有效结合；运用文化创意，改造、创新小镇原有的历史、文化、建筑景观等要素，突出文化创意的产业特色，提升整体产业的定位和功能；加大城镇特色产业综合开发力度和旅游功能附加值；打造创新载体，大力引进科技创新项目；优先对符合国家、省、市科技立项要求的项目给予立项支持，加强产学研合作，推动农业农村信息化、现代化；根据主导产业研发创新、创意设计等方面的需求，鼓励地方高新技术龙头企业搭建科技创新服务平台，同时发挥示范、联合和带动作用，扩大规模效应，完善产业体系。

（四）提供政策保障，助力文化创意产业发展

珠江—西江经济带特色小镇高质量建设需要足够的资金来支持，特别是文化创意产业，投资大、周期长，需要开拓多种融资渠道，积极搭建产业发展融资平台，提供各类金融服务，为中小企业融资发展提供方案，并通过金融中介机构提供资金支持。人才是小镇发展的核心要素，引进产业和加快公共服务升级，使特色小镇成为人才聚集地，引育一批高层次的创新创业人才。充分发挥珠江—西江经济带特色小镇自然生态、文化设施、文化氛围、基础设施等方面的优势，围绕一些重点领域的重点项目和重点产业，制定吸引人才和留住人才的政策；围绕"大众创业、万众创新"建立各类众创空间、创业基地等集聚科技创业人员的载体，吸引科技人才到珠江—西江经济带特色小镇创新创业，发展新业态、新模式和新产业；并在担保、税收、土地、租金等方面给予一定的政策补贴，为珠江—西江经济带特色小镇高质量建设提供要素支持。

文化创意类特色小镇是特色小镇的重要模式，也是当前推动新型城镇化进程的重要抓手，更是乡村振兴的有力途径，通过文化创意产业的发展不断增强文化自信。当前很多特色小镇在建设的过程中将文化创意产业融入产业体系，并作为主导产业发展，这是一项具有战略眼光的举措，可以促进小镇繁荣发展。珠江—西江经济带特色小镇规划建设是一个综合系统，不仅要考虑当地的区位因素和资源禀赋，还要关注市场需求和产业方向等，小镇的建设要突出乡村特色，注重绿色发展，体现文化内涵，充分挖掘文化创意产业发展潜力，形成一批具有产业特色、资源特色、旅游特色、文化特色的产品，用以支撑珠江—西江经济带特色小镇高质量建设；同时加快与新型城镇化深度融合，通过规范化引导，在保持乡村原貌、传承传统文化的基础上推动乡村建设。

第三节 推进珠江—西江经济带特色 小镇的"生态宜居"建设

生态宜居的特色小镇是以良好的生态环境和完善的公共服务设施为保障，旅游、健康、养老等产业融合的一种人与自然协调发展的聚居地。绿色发展、可持续发展是将生态宜居作为特色小镇建设的基本要求。为推进珠江—西江经济带特色小镇高质量建设与乡村"生态宜居"融合发展，就要打造良好的生态环境，构建生态宜居的特色小镇；完善基础设施建设，合理安排特色小镇布局；坚持生态优先，打造绿色旅游产业；普及农业科学技术，大力发展绿色农业。

一、打造良好的生态环境，构建生态宜居特色小镇

（一）加强特色小镇环境治理，推动城乡生态环境治理协同发展

对于珠江—西江经济带生态环境治理相对滞后的特色小镇，当地政府要积极推动城乡生态环境治理同步协调发展，杜绝城市垃圾等导致的污染转移。第一，珠江—西江经济带各地要创新发展城乡一体的环境保护和环境治理机制，统一调配城乡生态环境治理资金，加大农村生态环境治理工作的投入力度。第二，通过奖励、减免税等措施积极引入社会机构进行特色小镇生态环境治理，积极推进珠江—西江经济带特色小镇生态环境治理工作的步伐，实现城乡生态环境同步发展。第三，珠江—西江经济带各地要逐步完善特色小镇有关生态环境保护的地方性法律法规，为大力推进特色小镇生态环境建设保驾护航。只有建立城乡生态环境治理的机制，才能真正建成生态宜居的小镇生态环境，为实现乡村振兴提供发展基础与保障。第四，加强农业面源污染防治，开展农业绿色发展行动，实现投入品减量化、生产清洁化、废弃物资源化、产业生态化模式。加强珠江—西江经济带特色小镇水环境治理和饮用水水源保护，进行小镇生态清洁小流域治理；加强重金属污染耕地的防控和修复，开展土地污染治理与修复技术应用试点工作，加大土地保护力度，实施流域环境和近岸海域的综合治理。

（二）统筹山水林田湖草系统治理，健全生态修复制度

把山水林田湖草作为生命共同体进行统一保护、统一修复。珠江—西江经济

带特色小镇要实施重要生态系统保护和修复工程。建立健全水生生态保护修复制度，开展河湖水系连通和农村河塘清淤治理工作，全面推进河长制、湖长制；开展国土绿化行动，推进荒漠化、石漠化、水土流失综合治理；强化湿地保护和恢复工作，继续开展退耕还湿工作；完善天然林保护制度，把所有天然林纳入保护范围；扩大退耕还林还草、退牧还草范围，建立成果巩固长效机制；实施"三北"防护林建设等林业重点工程，实施草原生态保护补助奖励政策和实施生物多样性保护重大工程。

（三）建立市场化多元化生态补偿机制，完善生态保护成效激励机制

珠江—西江经济带特色小镇要落实农业功能区制度，加大重点生态功能区转移支付力度，完善生态保护成效与资金分配挂钩的激励约束机制；鼓励地方政府在重点生态区位推行商品林赎买制度；建立健全地区间、流域上下游间横向生态保护补偿机制，探索并建立生态产品购买、森林碳汇等市场化补偿机制；建立珠江、西江流域重点水域禁捕补偿制度；推行生态建设和保护以工代赈的做法，提供更多的生态公益岗位。

二、完善基础设施建设，科学规划特色小镇布局

（一）完善基础设施建设，推动公共服务便捷化

（1）加大生活空间环境改善力度。依据特色小镇和乡村振兴关于生态宜居的要求，注重对珠江—西江经济带特色小镇水电、道路、救助等基础设施进行完善和对休闲、文体、社交等内部空间进行配置，推动生产、生活、生态多方面融合，构建生活便捷、设施健全、功能丰富的美丽特色小镇，提高小镇居民的幸福感。

（2）助推智慧景区建设。珠江—西江经济带的旅游小镇要顺应时代潮流，重点建设智慧区块是亟待完成的任务。在景区建设方面，智能化管理导游导览、全覆盖公共 WiFi、提高电子商务普及率等；在特色产品方面，创建自有电商平台或者与成熟知名电商合作，扩大特色小镇的服务范围，促进特色产品销售，实现个性化发展。

（3）突出当地自然资源优势，因地制宜、开发具有本地特色的项目。珠江—西江经济带特色小镇应根据不同地域优势，结合当地乡俗风情，在保持当地农业

特色的同时发展自然资源优势，将村庄建设和生态环境相结合，吸引更多游客，促进特色小镇持续、健康发展。特色小镇的开发要注重对当地自然环境的保护，制定科学合理的设计方案降低资源浪费、减少对环境的破坏，或设立专门的基金对已被破坏的环境进行及时修复；完善农村基础配套设施、道路建设、村庄建设，填补特色小镇可持续发展的硬件空缺。

（二）科学规划特色小镇布局，提升乡村承载力

（1）对特色小镇进行合理布局。建设特色小镇不仅是为了促进城乡经济发展，更是为了提升人们的居住环境质量，提高乡村的承载力。因此，合理布局对生态环境保护尤为重要。首先，对特色小镇进行规划时，要考虑与自然和谐相处和保护环境。进行特色小镇建设时，要少破坏甚至不破坏当地的自然环境，使用环保材料。其次，完善珠江—西江经济带特色小镇基础服务设施时，要特别重视对生活垃圾、废水废气等污染物的处理。利用现代科技手段建设设施完善的污水废气处理厂与垃圾处理厂，在小镇使用环保材料，降低一次性用品的使用率。尤其那些以旅游产业为主的特色小镇，要妥善处理好小镇垃圾，构建现代废水废气处理厂，这样不仅给小镇居民提供良好的生活环境，也提高游客对小镇整体的满意度。

（2）对特色小镇产业布局进行优化。构建珠江—西江经济带生态宜居特色小镇，不应盲目追求特色产业，充分依托建制镇、中心镇等地域单元，依托地方资源禀赋和市场需求确定当地优势产业，打造集约、高效的生产空间。首先，以生态保护为前提，合理地利用本地区资源、地理、市场、人力和文化等优势，并积极引入市场机制，遵循市场发展规律，科学合理规划产业布局。其次，大力发展龙头企业、延伸产业链，推动产业集群发展，形成集聚效应，实现"要素驱动"向"创新驱动"的转型，带动珠江—西江经济带特色小镇聚力创新，提高科技水平，走上产业精而强的生态宜居小镇创建之路。

三、坚持生态优先，实现绿色发展

珠江—西江经济带特色小镇最强有力的竞争优势是丰富的自然资源，坚持生态保护的同时也要契合乡村振兴的发展内涵，这是绿色发展理念的指导原则。进一步维持小镇生态资源优势，需要政府、企业及居民等各界主体共同努力。珠江—西江经济带特色小镇不仅要追求经济效益，更要创造美好的生活环境，推进珠江—西江经济带特色小镇生态的可持续发展，为培育和塑造当地人文环境奠定

最根本的生态基础。加强生态文明建设，保护当地各类生态资源；不仅要树立正确的绿色发展理念，吸取各地生态环境破坏的教训，把生态资源保护落实到位；还要坚持生态保护红线不动摇，深入实施主体功能区规划，建立生态保护红线清单，并完善各地生态保护管理体制机制，严格落实各项保护生态资源的政策制度，为培育创新地区人文环境创造有利条件。对于珠江—西江经济带特色小镇居民来说，要保护乡村自然生态环境和田园风光，尊重乡村地区的特色生产和生活方式；积极发展生态型农业和清洁化生产；加快乡村环境综合治理，开展乡村绿化工程和乡村清洁行动，优化卫生环境。良好的生态环境是人类赖以生存的基础，要走生态优先、绿色发展的道路，将绿水青山转化为生态效益、经济效益和社会效益。

粗放型的农业生产方式不仅浪费资源、污染环境，也增加了农业成本。因此，解决农业生态环境问题的关键是提高和普及农业科学技术，大力推广绿色农业生产方式。第一，珠江—西江经济带各地区要大力提升当地农业科学技术水平，相关部门要积极进行农业科学技术培训，引导当地居民科学种植养殖，走科学的农业发展道路。第二，地方政府应结合当地农业生产特点发展农业生态园、绿色农业产业园，积极落实绿色农业生产理念和措施。第三，地方政府及相关部门要采取一定的激励和奖励措施来加大农业科技研发力度，推广使用有机肥料和可降解地膜等农用生产资料，从源头上给予居民农业绿色生产的保障。

四、推广绿色生活方式，提升农村居民的生态环保意识

首先，珠江—西江经济带特色小镇有社区功能，在小镇普及环保知识，提高小镇居民的环保意识。一方面，向居民提倡环保的生活和工作方式，进行垃圾分类处理，少用一次性餐具和塑料袋；另一方面，提倡节约的生活习惯，节约用水用电，提高居民低碳生活的意识，以此构建和谐生态环境与小镇格局，建设"生态宜居"的珠江—西江经济带特色小镇。其次，农村生态环境建设的主体就是居民，农村生态环境建设的根本是提高居民的生态环境保护意识。珠江—西江经济带各地区的政府要建立一支面向基层居民的生态环境保护与治理的宣传监督队伍，并对他们定期进行培训和引导，在实际生产和生活中做好环境保护和治理的带头人、引领者。借助墙体画报、宣传栏和新型媒体等形式，定期向广大居民宣传生产、人居环境的重要性，让人们意识到什么是正确的环境保护行为、什么是错误的破坏环境行为，以及错误行为可能导致的严重后果；倡导各基层农村生态

环境小组广泛听取居民对生态环境保护和治理的建设性意见，采取一定的激励措施，引导居民养成自觉爱护环境、主动保护环境的行为习惯。

第四节 推进珠江—西江经济带特色小镇的"乡风文明"建设

在推进珠江—西江经济带特色小镇高质量建设与乡村"乡风文明"融合发展的过程中，不仅要对地方文化资源进行保护，注重传统文化的资源挖掘；还要注重对特色小镇的优秀传统文化予以传承和发展。特色小镇的文化特色由自然景观、社会景观和人文景观共同构成，要对特色小镇的景观进行有效规划，以此凸显特色小镇的文化特色。乡风文明是乡村振兴之魂，乡风文明建设既要传承乡土的优秀传统文化，也要实现乡村文化与城镇文化的相互交流，使小镇文化特色与现代社会相协调。此外，在特色小镇的建设过程中，还要营造良好的文化环境，将特色小镇培育为文化特色小镇。

一、保护利用地方文化资源，注重传统文化资源的挖掘

（一）保护与合理利用地方文化，注重文化传承

文化内涵是特色小镇不可或缺的元素，特别是地方文化丰富的地区。保护与合理利用地方文化，是珠江—西江经济带特色小镇高质量建设的必然要求。挖掘珠江—西江经济带特色小镇文化的过程，也是培养居民对地区认同感的过程。如梧州蒙山县丝艺小镇将"桑蚕的一生"作为引子，将"春蚕吐丝""织梦筑蛹""破茧成蝶""丝韵奇缘"四大主题故事通过彩绘的形式刻在木栈道上，打造"广西最美木栈道"。在文化习俗保护方面，特色小镇后期建设有时存在比较严重的问题，应该及时解决。古镇得以保存至今依托于世代居住的老百姓，那些丢失原住民、拆除老建筑的古镇不能称为古镇。去古镇游玩的旅客是想去体验当地原有的风俗习惯与生活方式，而有些古镇却雇人游街表演来欺骗旅客。尽量保持小镇特色建筑风貌的原生性，能保存的尽量保存，需要拆除重建的也应保障重建后整体区域环境的协调。特色饮食方面，具有浓厚地方文化色彩的特色小镇更注重发掘和发扬当地特色饮食，减少外来饮食的种类和数量，弱化小镇商业化。

切实保护好优秀农耕文化遗产，让优秀农耕文化遗产得到合理、适度的利

用；深入挖掘农耕文化所蕴含的优秀思想观念、人文精神、道德规范，充分发挥优秀农耕文化遗产在凝聚人心、教化群众、淳化民风的重要作用；划定乡村建设的历史文化保护线，保护好文物古迹、传统村落、民族村寨、传统建筑、农业遗迹、灌溉工程等文化遗产；支持农村地区优秀戏曲曲艺、少数民族文化、民间文化等的传承和发展。

（二）挖掘传统文化资源，弘扬地方文化

特色小镇的发展是以产业和经济发展为主，但过于追求经济效益，甚至推崇经济至上就会导致经济社会的畸形发展。中华文化源远流长，传统民间工艺和民俗风情等都可以成为特色小镇建设的物质元素。文化虽然是特色小镇的灵魂，但是传承我国的优秀传统文化，并非刻意复制或模仿现有地区文化，而是通过挖掘小镇建设区域内特有的民俗、生态、历史、地域文化，并对其进行总结、提炼与创新，在小镇规划和构造中将特色小镇文化具体化。如茶文化、戏曲文化。此外，应以历史文化为重点，挖掘特色小镇的文化资源。因此，珠江—西江经济带特色小镇在发展产业的同时，更应该注重文化发展，尤其是对传统文化资源的挖掘。

传统文化资源在乡村振兴中具有举足轻重的地位。一方面，具象资源有传统民间艺术、民俗文化、文物景观、传统工艺等为特色小镇空间规划提供形态文化，为文化产业的发展提供独特资源；另一方面，意象资源有历史文化、风俗信仰、精神观念、乡规民约等可以转化成规划理念、精神风貌、行为准则等，改善特色小镇治理的整体风貌，这对治理主体的精神特征、行为规范产生积极影响，促进乡村文化的传承和新型城镇化现代文明的塑造，加快推进"乡村文化记忆工程"，保护各类反映历史文化、风俗习惯、宗教信仰的非物质文化遗产。在珠江—西江经济带特色小镇的建设过程中，对小镇内的古建筑、街道、传统民居、历史遗存、古桥等物质文化进行修缮、保护。同时，结合珠江—西江经济带特色小镇内的饮食、诗词、节日等非物质文化，以小镇特色文化活动展示出来，以多元文化形式传承，使特色小镇成为优秀传统文化薪火相传的载体。如梧州六堡茶小镇开展茶船古道寻迹活动，整合六堡茶作为"侨销茶"的文化内涵，出版大型六堡茶文化工具书籍——《茶船古道》，重现六堡茶跨江向海的历史。实施六堡茶"茶船古道"东融文化精品"五个一"（一本书、一部电视剧、一部电影、一首歌、一台舞台剧）工程，多角度、全方位地展示了六堡茶产业发展图景，讲好六堡茶与茶船古道新丝路的故事。

二、整合特色文化资源，弘扬小镇传统文化

（一）继承和发展传统文化，实现文化传承与发展

珠江—西江经济带进行美丽乡村文化建设时，不仅立足于传统的乡村文化，还要重新解读、继承与发扬传统文化，取其精华、去其糟粕，继承传统文化的同时推陈出新，实现传统文化的传承与发展。建设美丽乡村时呈现优秀的中华传统文化，既要采取各种手段来提高村民的文化水平，也要不断完善传统文化的发展体系，将优秀的传统文化通过此举传承下去；同时利用乡村这个平台，将乡村的优势文化凝聚、丰富和充实起来，传承乡俗文化不仅要依靠乡村本有的物质基础，还要依靠群众组织，将乡村作为发展的纽带；使中华传统的工艺能够传承，沿袭古朴的工艺制作，依托乡村的文化，在发展中理解本地文化内涵，将优秀的传统文化传承，对民间传统文化的保护而言是极为关键的。

（二）发展特色文化产业，延长文化产业链

在文化传承的背景下，以产业为基础建设，规划珠江—西江经济带特色小镇的发展。由于特色小镇产业选择讲究科学性和可发展性的原则，对此，相关人员需根据珠江—西江经济带特色小镇的自身文化、经济特色、产业优势，将特色产业作为小镇的主导产业。如果城镇有了传统产业，那么就可以采取延长产业链或拓展产业发展范围来增强小镇的整体实力。对于某些现有主导产业优势不足的城镇来说，首先要发展绿色、节能降耗、新兴的产业。发挥特色小镇产业集聚效应，为珠江—西江经济带特色小镇文化传承奠定经济基础。

（三）塑造文化传承空间，科学融入文化内涵

城镇风貌建设是特色小镇发展的重点，在文化传承的原则下，打造珠江—西江经济带特色小镇时，小镇的外部环境、生态文明环境、生态文化以及山水之间的格局关系设计人员都要考虑进去。在珠江—西江经济带特色小镇内部文化传承空间的打造中，相关人员要注意保护历史、传统街区、文化建筑、文化地标，建设文化传承空间的微观设计就是要将建筑物、寺庙作为核心文化节点，注意将文化内涵融入文化节点的建设，协调好城镇风貌区间。

（四）大力整合小镇文化资源，塑造小镇文化影响力

文化传承属于系统性工程，提高珠江—西江经济带特色小镇文化软实力的唯

一途径就是大力整合小镇的文化资源，同时还要注意把握文化传承的整理性、规模性。将比较零散、孤立的文化资源整合起来，拓展珠江—西江经济带特色小镇的文化影响力。除此之外，相关人员还应该将当地的文化资源归类、统计、存档起来，然后将传统文化与现代文化结合，以此实现文化功能性与创新性传承的结合。此外，珠江—西江经济带特色小镇高质量建设时，促进文化小镇建设的和谐发展，借助小镇的自然元素，努力将当地的文化资源与自然资源相结合。

首先，确定珠江—西江经济带特色小镇主题文化，突出主题文化，彰显自身特色。其次，整合各种文化资源，使之成为一个有机整体。文化资源整合的关键在于文化内涵的挖掘、培育与创新发展。小镇文化是多元的，比如廉政文化、法治文化、健康生育文化、红色文化、体育文化等，要在突出主题的同时，实现各种文化有机融合。将各种元素简约、自然、和谐地融入进去，与小镇的风格相辅相成。文化具有润物细无声的作用，将小镇打造成文化特色小镇，就要寓教于乐、寓教于物，感悟小镇文化的魅力。珠江—西江经济带特色小镇文化资源体系可为小镇的规划建设提供动力，增强小镇的文化传播力。各地区可以充分利用自身的古城文化资源，将小镇打造成集古城展示、创作教学、旅游观光为一体的文化旅游区，努力将小镇建成重点特色小镇和产业示范基地。

（五）以特色文化为底色，科学规划设计小镇布局

珠江—西江经济带特色小镇的高质量发展以文化传承为方向，在设计与规划小镇时，要使小镇的文化环境具有独特性，首先要利用好小镇内部现有的资源。小镇的资源包括城镇公园、水系、绿地资源，利用现有资源即将三者梳理出来，在构建珠江—西江经济带特色小镇生态系统、景观格局时，当地的语言文化、习俗以及戏曲等抽象的文化要素通过实物即灯具、壁画以及雕塑等物品表现出来，或者在公园以及绿地布置的时候，选用各类文化产品作为环境艺术加工元素，以此提升特色小镇的景观品质，在展现小镇义化风采的同时，完成珠江—西江经济带特色小镇文化的传承。特色小镇是社会发展中的区域群体之一，分析小镇的建设方向和目标，就要求在区域规则中融入特色小镇周围的社会环境、生态环境、交通以及经济等因素，而珠江—西江经济带特色小镇在文化传承的背景下，特色小镇的文化产业发展以及未来趋势是规划区域时所要考虑的，发现特色小镇的文化突破点，实现产业特色发展。特色小镇总体规划是小镇建设的关键内容，在文化传承的背景下，要科学地安排小镇的总体规划思路、发展定位以及目标。

在珠江—西江经济带特色小镇空间规划中，塑造特色化城镇风貌，尤其是设计城镇道路、景观、空间结构以及公共服务等内容时，相关人员要考虑城镇区域

特色、地标、边界是否符合地区的实际。特色小镇道路系统分为生活性、交通性道路两种，交通性道路是小镇对外流通的主途径。同时，若想小镇的道路体系充满历史文化，可以依托绿化种植作为当地文化符号，以此设计特色文化景观。对生活化的道路而言，建设特色小镇商业街、历史街道、沿街环境，以当地居民的生活方式以及文化特点为依据。在道路空间活动中，感知理解当地文化产业和特色，为珠江—西江经济带特色小镇优秀文化传承奠定重要基础。特色小镇总体规划中，能够展现小镇风貌、呈现文化元素的主要载体就是景观绿地。因此，珠江—西江经济带特色小镇建设时要充分利用小镇的人文和自然景观，确定特色区域之后，丰富的文化内涵通过设计人文、自然景观廊道的方式来实现。除此之外，在珠江—西江经济带特色小镇中，可以增设"开敞空间"系统，空间节点、空间廊道组成"开敞空间"系统，在严格控制城镇内部空间资源的同时，将优秀传统文化与当地空间相结合，形成的文化传承空间可以为文化传承创造条件。

首先要进行的是建筑设计。建筑群体形态、单体建筑风格、色彩等是特色小镇建筑设计的主要内容。在文化传承的背景下，珠江—西江经济带特色小镇要想形成和谐、特色化小镇建筑群，就必须提取城镇建筑群体和传统空间的文化要素，汇集周边建筑的文化元素。与此同时，根据地区文化特色，合理设计各个建筑的色彩、调整建筑的风格，使调整后的建筑符合特色小镇的建筑主题色彩。在建筑细节中可以体会当地文化脉络，完成文化的传承。

其次就是环境设计。广告牌、喷泉、标识牌等设施可以增强居民文化体验感和互动感。该类城镇文化符号的抽象化设计可以提高珠江—西江经济带特色小镇环境设计品质，使文化传承有一个良好的氛围。

最后是核心区域设计。对小组内部资源的整合是应用核心区域设计的主要内容，比如对景观、建筑、土地、文化项目等资源的利用整合。相关人员将核心区域设计作为文化传承的显性载体，发展小镇特色文化产业。在各类核心区域中，小镇历史文化从建筑能源中体现出来，民俗文化在景观资源中体现出来。

三、加强文化交流融合，推动地方文化现代化发展

（一）培育现代特色产业文化，塑造品牌文化

立足乡村文明，不断吸取城市文明及外来优秀文化，在保护、传承的基础上，实现创造性的转化、创新性的发展，时代的内涵要不断地更新，时代形势要

不断地丰富。在建设珠江—西江经济带特色小镇时，文化特色不足的区域，不能生搬硬套其他地方的文化或者对文化进行造假发展当地文化。企业应该对小镇进行合理定位与规划，加强对本地特色产业的培育，形成独有特色产业文化和特色品牌。

在珠江—西江经济带特色小镇高质量建设过程中，应突出特色产业的主体地位，而主体地位体现在产业规模和小镇的文化建设中，挖掘培养产业文化的同时还要加强塑造品牌文化。微软与苹果作为全球信息行业的先导企业，它们代表的已不仅仅是企业，更是一种文化，在人们心里已成为一个文化符号。加强文化建设应该成为企业培育小镇的关键点，以打造真正优质的产品与服务为前提，用文化品牌为小镇注入活力，提升小镇的影响力，塑造小镇积极的社会形象。总而言之，对小镇产业进行准确定位以及对当地的历史文化资源充分利用是珠江—西江经济带特色小镇文化发展的基础，具有鲜明特色的小镇文化内涵可以通过现代科学技术手段体现出来。

（二）培育精致精细、有品位人性化的小镇文化

美丽乡村的要义在于"美"。珠江—西江经济带特色小镇文化要精致、精细，有品位，注重的就是"美"。珠江—西江经济带特色小镇高质量建设要从点点滴滴做起，一砖一瓦、一草一木都要用心琢磨，均要体现文化内涵。文化要从各细微之处得到充分彰显，要注重满足人性化的需求。比如，在小镇设置供游客休憩的长椅、提供无线网络与手机充电站、共享电动车及共享汽车等，使游客在体验观赏游览之余能充分感受小镇人性化服务的魅力。

按照有标准、有网络、有内容、有人才的要求，完善现代公共文化服务体系。珠江—西江经济带充分发挥县级公共文化机构的辐射作用，推进基层综合文化服务中心建设，实现乡、村两级公共文化服务全覆盖，提升服务效能。为进一步推进文化惠民，公共文化资源要以农村为重点，提供大量优质的农村公共文化产品和服务；支持"三农"主题的文艺创作生产，鼓励文艺工作者不断创作反映农民生产生活，尤其是乡村振兴实践的优秀文艺作品，充分展现新时代农村农民的精神面貌；培育并挖掘地方文化人才，开展文化结对帮扶，引导社会各界积极参与乡村文化建设；活跃农村文化市场，丰富农村文化业态，加强农村文化市场监管。

（三）推动特色小镇文化传播，彰显乡村文化魅力

做好珠江—西江经济带特色小镇文化传播，首先要选好载体。比如，借助村

歌彰显乡村文化魅力，通过朴实语言传达乡村田园生活。文艺是为人民大众服务的，文艺的生命力体现在人的生活中，通过展示美丽乡村建设的文艺作品丰富小镇文化的内涵。通过微信、微博等新媒体传播、推广小镇文化，让小镇文化"走出去"，让人们走进小镇，为小镇带来知名度；善于围绕特色文化做文章，"小活动、大宣传"，"小角度、大文章"，积极为媒体传播提供文化素材，通过文化传播把小镇宣传出去；打造特色文化载体，通过各种文化载体提升小镇的影响力，广泛开展各类群众性精神文明创建活动，如文明村镇、星级文明户、文明家庭等。

（四）加快小镇文明现代化进程，增强居民的主人翁意识

遏制各类陈规陋习，如大操大办、厚葬薄养、人情攀比等。加强无神论宣传教育，抵制封建迷信活动，丰富群众的精神文化生活；加强农村科普工作，提高农民科学文化素养；深化农村殡葬改革。随着群众物质生活水平的不断提高，要对农村群众精神文化的缺失引起注意，加强社会主义核心价值观学习，珠江—西江经济带特色小镇必须坚持制度保障、教育引导、实践养成三管齐下，采用适合农村实际的有效方式加大习近平新时代中国特色社会主义思想的宣传教育力度，加强农民思想阵地建设，大力弘扬民族精神和时代精神；宣传党的路线方针政策，加强爱国主义、社会主义、集体主义、民族团结教育，宣传文明礼仪和道德规范，普及法制教育和健康教育，提高村民的文明素质；利用农村传统德育资源，实施公民道德建设工程，不断推进社会公德、家庭美德、职业道德和个人品德建设，把诚信建设纳入农村思想道德建设中，增强农民的社会责任意识、规则意识、集体意识和主人翁意识。

第五节　推进珠江—西江经济带特色小镇的"治理有效"建设

在推进珠江—西江经济带特色小镇高质量建设与乡村"治理有效"的过程中，要助力基层治理转型升级，实现资源的有效配置，推进城乡资源的有效共享；还要创建城乡社区并创新社区治理机制。另外，治理有效既是我国社会建设的基石，也是乡村振兴的重要内容。要实现治理有效，关键要法治、自治、德治"三治合一"。

一、提升基层治理水平，提高基层组织能力

（一）加强农村基层党组织建设，发挥党组织的战斗堡垒作用

一方面，坚定地致力于促进农村振兴，强调其政治职能，加强组织能力，使农村基层政党组织成为战斗堡垒。加强农村基层组织的领导作用，创新组织结构和活动方式，重组弱小和分散的乡村政党组织，对不合格的政党干部进行改组，发挥这些政党成员的先锋作用。建立第一书记选拔任用长效机制，将第一书记送到贫困村党组织，全面推进集体经济薄弱村建设，全面优化领导班子，重点吸引高校毕业生、农民工和优秀党政干部、公司和事业单位的优秀员工到农村工作，选好配强村党支部书记。完善市领导班子选派制度，尤其是对市政府官员、市事业单位工作人员的招收选派制度，加强党员队伍建设并建立农村党员经常性培训制度，保障农村组织运转经费。实行村级小权力清单制度，加大对基层小权力腐败的惩治力度。严厉惩治腐败和侵害农民利益的问题。实施提高基层农村干部素质和提高后备干部素质的项目，完善市镇干部甄选制度，审查市政府官员并招聘优秀政党组织秘书中的市政府工作人员；加强优秀青年农民党员队伍建设，建立农村党员的正规培训制度。富裕的人要起致富带头作用，并建立激励机制，同时也不能忽视政治待遇；充分重视"领导人"在农村发展中的作用，以村党支部书记为代表，建设一支政治强、青年强、扎根群众的稳定的农村帮扶队伍。

另一方面，加强工作的一致性和协调性。乡村振兴作为一项重要任务，珠江—西江经济带每个特色小镇更要落实各自的工作要求。建立农村农业发展机制，以此发挥整个部门的牵头作用，有关部门要建立协同配合机制，积极支持社会力量和农民广泛参与。其次，不断加强指导服务，为特色城镇中不同种类的运营商提供高效、及时的服务。另外，还要对珠江—西江经济带特色小镇的监测体系进行完善，并统计三产融合的发展情况。最后，创造有利的环境和良好的氛围。弘扬工匠精神和企业家精神，并提倡诚信和遵守法律，创造有利于创新创业的环境。对发展成功的特色小镇进行宣传，并对一些典型案例进行推广宣传，如乡村创新创业、家庭农场、农民合作社等案例。

（二）加强农村基层干部教育，加强思想道德建设

充分发挥村党支部委员会和乡村委员会在农业现代化及乡村振兴的引领作

用，因此，有必要普及相关法律法规和文化知识。在建设珠江—西江经济带美丽特色小镇的过程中，党支部按照上级政策对党员干部进行领导，积极与上级干部沟通，发挥其教育示范、谋划和引领的作用。村干部作为村民接触的管理者应该以身作则，始终以实际行动来影响村民思想与行动。村干部以务实和客观的态度，用实际行动开展工作，树立正确的思想，引导群众积极美化环境。

（三）加强"两委"成员带动作用，提高基层组织能力

基层工作大多是在乡村基层党组织的带领下完成的，乡村基层党组织要有为人民服务的思想。过去村民自治出现很多问题，而且大多数干部只寻求自身利益，没有为群众服务的思想，导致党组织在管理群众的过程中出现农村的集体财产严重"空壳"的问题。改变村干部的态度，并挑选合格的年轻村干部加强培训和教育，在党组织的带领下实现村庄的创新与发展。另外，定期组织村干部外出考察学习，提升其沟通交流能力，以弥补其不足之处，更好地服务群众。

对基层党组织的工作进行评级，为使珠江—西江经济带城镇乡村各项工作能深入开展，有必要保障村级组织的运转经费；基层管理要不断创新，并建立"一站式"的综合服务平台；在珠江—西江经济带特色小镇中逐步建立网上服务站点，逐步打造完善、便捷的服务体系；农村的社会组织也要发挥公益、服务和互助的作用，并加强组织的培育，积极参与农村社会工作。

二、完善治理体系，促进乡村治理现代化

新时代推进乡村治理现代化，既需要外生发展动力与内生发展动力相融合，也需要外部规制与内部规则相融通。"三治"融合推动党领导下的乡村多元主体间的互动和协同，积极探索并建立互嵌互构的治理体系，不断完善乡村治理现代化的动力源泉与制度保障。

我国农村基层治理体系和治理方式发生历史性变革，其中最突出的一点是，强化了农村基层党组织的领导作用。加强农村基层党组织的全面领导不仅涉及农村党组织、村委会、村集体等组织的功能和权力关系，也涉及新时代党在农村基层的领导方式、领导能力以及整个农村基层治理体系的构建问题。实现乡村治理的现代化，加强党对"三农"工作的全面领导，切实把党的领导的政治优势转化为加快农业农村发展的实际成效，以高质量党建引领乡村治理。发挥基层党组织在乡村治理中的领导核心作用，不断增强各级党组织的政治功能和组织力，推动

乡村治理体系和治理能力现代化水平不断提升。珠江—西江经济带在全面加强农村基层党组织领导的过程中，必须进一步改革和完善农村基层党组织的领导方式和工作机制，理顺农村基层党组织、村委会和村集体组织的权能关系，加强党组织全面领导和支部书记"一肩挑"的法律和政策衔接，推进农村基层治理体系和治理能力现代化。

三、发挥小镇辐射带动效应，带动周边地区协同治理

珠江—西江经济带特色小镇在发展过程中有效解决乡村治理存在的突出问题和矛盾，补齐乡村治理中的短板，夯实基层治理根基，推动周边地区乡村治理向治理现代化的更高层次迈进，为最终实现城乡融合发展奠定扎实基础。充分发挥特色小镇的辐射带动、协调各方的领导作用，全面增强乡村治理的能力，从人力、物力、财力和领导组织上全方位提供保障，不断推进乡村综合治理工作向深、向细、向实发展。加强建设村级基层党组织，针对村级党组织政治性、战斗力、凝聚力不强等问题，深入贯彻落实习近平总书记关于"党组织建到哪里，巡视巡察就跟进到哪里"的重要指示精神，把巡察作为管党治党和加强基层党建的重要抓手，聚焦村级党组织软弱涣散等问题，坚决撤换软、散、瘫、恶、乱的村级班子，把村级党组织建设得更加坚强、有力，充分发挥基层党组织的战斗堡垒作用，构建特色小镇引领的区域统筹、条块协同、共建共享的基层社会治理工作新格局。珠江—西江经济带特色小镇不断加强农村综合治理，推动社会治理重心下移、力量下沉、政策下倾，调动各方参与社会治理的积极性，整合治理资源力量、创新治理方式方法、形成治理强大合力，初步形成由基层党组织引领多部门共同参与的协同治理格局。

四、创新乡村治理模式，提升政务服务水平

（一）打造"清单制"乡村治理模式，激发村级集体经济内生动力

（1）完善乡村治理机制。按照"权力下放、权责一致"的原则，除法律法规等必须由县级以上政府及其职能部门行使的行政许可、行政强制和行政处罚外，把直接面向群众、量大面广、由乡镇服务管理更方便有效的事项依法下放至乡镇人民政府，完善村级依法履行职责主要事项和协助政府工作主要事项目录清单；普遍建立村"两委"成员坐班包户、联系乡镇干部带班包村级事务机制，积

极推动村"两委"开放式办公，零距离服务，为群众办实事解难题。

（2）提升乡村公共服务水平。推动"互联网＋政务服务"向乡村延伸覆盖并扩大政务服务事项网上办理范围，推进涉农服务事项在线办理，简化办理程序，加强网络无障碍建设，建立线上、线下互动的信息化综合服务代办点，推动乡镇公共服务网络化、智慧化，提升乡村公共服务水平；同时完善村务公开制度，把村级党务、政务、事务、财务与乡镇政务公开结合，在公开方式、内容、程序上进行延伸拓展，切实实现公开制度经常化、制度化和规范化。

（3）建立绩效清单。坚持绩效指标设定和目标管理相结合，对村级实行星级定效，建立"绩效清单"，全面落实"量化工作法"；健全以财政投入为主的稳定的村级组织运转经费保障制度，落实村干部报酬待遇，使村干部无后顾之忧，建立村级组织运转经费正常增长机制，保障村级组织良性发展；坚持村干部绩效报酬与集体经济发展和工作绩效奖励相挂钩的激励制度，不仅调动村干部干事创业的积极性，也激发村级集体经济的内生动力。

（二）打造"积分制"乡村治理模式，健全治理长效机制

（1）强化治理理念的培育。"积分制"把乡村治理与乡风文明建设、农村人居环境整治、生态环境保护、主导产业发展等各项重点任务结合起来，积分制通过对乡村公共规则的重建、公共精神的培育和公共空间的重构，有效促进村庄各行为主体的互动，引导村民成为乡村治理的主要参与者、最大受益者和最终评判者，有助于打造共建共治共享的社会治理格局，促进乡村振兴的有效落地。因而珠江—西江经济带各地在借鉴和参照"积分制"乡村治理模式的过程中，必须主动顺应农村生产经营方式向现代集约型转变、农民群众利益诉求向多样化转变、农民群体向现代职业型转变的趋势，把握"积分制"制度制定、运行和结果运用的精髓，根据各地的资源和条件，因地制宜创新推广"积分制"乡村治理模式，充分调动和灵活运用刚性约束力量和柔性内生力量，建立健全治理长效机制，增强乡村治理的持续性和有效性，走出一条具有特色、高效现代化的乡村治理新路子，助力推动农业全面升级、农村全面进步和农民全面发展。

（2）强化相关配套制度建设。对于处在国家治理体系"末梢"的乡村社会而言，如果仅靠民间非正式规范推进治理，缺乏具体的制度支撑则难以持久化。因此，推动"积分制"实现规范化和持续化的发展，从原发创新走向持续创新，就需要从基层操作、工作推动、经验提升等角度出发，在模式建构的基础上强化相关配套制度的建设，并在实践中不断深化完善，使制度规范和标准体系更加成熟、定型。

五、坚持"三治合一"，确保农村社会安定有序

（一）坚持德治，建设珠江—西江经济带特色小镇的幸福家园

珠江—西江经济带特色小镇高质量建设既需要依托地方特色产业和高精尖的技术，更需要企业发展与人才追求理想生活的美好环境与和谐友爱的社区氛围。建设美好精神家园，就需要建立完善的德治建设机制，通过提高社区文化的感染力，增强社区居民的归属感与幸福感，逐步实现社区的"德治"。

（二）坚持法治，为珠江—西江经济带特色小镇高质量建设提供法律保障

珠江—西江经济带特色小镇高质量建设不是单一的过程，而是需要各部门通力合作、互相帮助，涉及政策以及相关利益问题时，需要利用法律来规范政府、企业、各团体组织以及居民间的权利与义务。从法治建设的思维出发，只有通过法律制度明确政府与市场的关系，界定各主体的相关权利和义务，使其互相监督、民主协商，进而推动特色小镇的稳健发展。确立相关法律制度保障小镇管理，从而推进特色小镇的有效治理。

（三）坚持自治，建设珠江—西江经济带特色小镇的社区自觉

珠江—西江经济带特色小镇高质量建设需要各社区共同参与和努力。通过鼓励各社区居民投身于社区治理工作中，并在管理的过程中逐步形成社区的特色文化，从而建立区域内多元主体参与的自治制度，提高社区居民的参与感与服务热情，保障社区自治制度稳健运行。

第六节　推进珠江—西江经济带特色小镇的"生活富裕"建设

在推进珠江—西江经济带特色小镇高质量建设与乡村"生活富裕"的过程中，让农民有持续、稳定的收入，实现共同富裕，是乡村振兴的目标，是建立和谐社会的根本要求。为推进珠江—西江经济带特色小镇的"生活富裕"建设，不仅要提升农业生产性服务以稳定居民的主要收入来源、提升城镇就业容纳能力、

维持人口集聚水平、完善农村基础设施建设、提升居民幸福生活指数、普及理财等增加农民财产性收入以缩小城乡差距，还要稳固脱贫成果以防返贫的发生。

一、提高农业生产性服务，促进农民收入增长

农业生产性服务是农民持续的收入来源，技术密集型服务有助于提高农业生产效率，从而增加农业收入，这对于乡村振兴和农民生活的提升都是至关重要的。因此，珠江—西江经济带必须继续对化肥等技术密集型服务进行改造，加强研究与开发，改进农业科学和技术在生产中的应用，使农业工业现代化，增加农民的收入。如南宁横县茉莉小镇科技种花让花农连年增产、增效、增收。在校椅镇石井村、贺桂村等核心种植区，横县创建国家现代农业产业园，指导花农开展茉莉花的无公害、标准化和有机种植，花农改变曾经的小农式、粗放型种植管理，采用统一的种植技术和采摘标准，当地农民依靠售卖茉莉花产品每月增收一两千元。此外，劳动力密集型服务是克服人口红利消失和劳动力成本刚性问题的重要途径，它将农业收入与工资收入结合起来。因此对劳动力密集型服务进行不断改善和创新是十分必要的，特别是机械化服务，增加对区域间农业机械业务、农业机械合作社等服务模式的支持，建立健全服务体系，促进农业发展的新动能；促进农业生产的机械化与现代化，充分利用政府机制和市场机制之间的协同作用，增加对土地使用、收割等大规模机械服务的财政补贴；鼓励和号召社会组织和个人更多地提供服务，并将更多的农村家庭纳入其中；对于农业自由劳动力，完善相关的就业扶持政策，打破壁垒，促进农民工资性收入增长，同时保障农民的农业收入。

二、提升小镇就业吸纳能力，提高社会保障水平

实现就地就业，保持一定的人口集聚水平以维持城镇基本功能，成为进一步发挥城镇特色的基础。健全覆盖城乡的公共就业服务体系，大规模开展职业技能培训，针对进城农民特点和需求，开展具有专业特色、实用性强的职业培训，提高农民就业本领。全面落实鼓励中小企业吸纳就业的优惠政策，鼓励进城农民自主创业，对进城农民初次创办的企业，免除各项行政事业性收费。加大对进城农民创业担保贷款的支持力度，促进农民多渠道创业就业。深化户籍制度改革，将农业转移人口纳入城镇住房保障体系，落实和完善农业转移人口随迁子女就地入学政策，促进有条件、有意愿、在城镇有稳定就业和住所的农业转移人口在城镇

有序落户。加强基础设施建设，不断改善公共服务也是实现人口集聚的条件。特色小镇建设要把基础设施建设作为先导性工程。首先，加强基础设施的规划，根据城镇和产业发展需要规划好城镇道路、供水、供电、通信、污水垃圾处理、物流等基础设施，并适当超前建设，为特色小镇发展奠定良好的基础。其次，加强城镇与周边交通干线和大中小城市的交通衔接，增加对外交通的便利性。交通便利不仅有利于人口的集聚，也有利于小镇融入大都市圈、融入大市场，获得可持续发展的动力。改善公共服务则是特色小镇建设的持续性工程。当前人口向大中城市集聚，除了就业机会更多之外，更好的公共服务同样是吸引人流入的原因之一。医疗和教育是当前民众最关心的公共服务。特色小镇建设要把改善医疗条件放在重要位置，有条件的小镇应采取措施吸引优质医疗资源和教育资源，不断提高医疗和教育水平。提供公共服务应该具有包容性，将在小镇所有的常住人口纳入服务范围。特色小镇建设的关键是通过特色产业的发展和城镇品质的提升，增强小城镇的就业容纳能力和人口吸引力。南宁横县第一个茉莉花特色扶贫产业园，贺桂村茉莉花产业扶贫示范园的建成，是通过"产业园＋合作社＋企业＋农户"的发展模式，引导贫困户入股产业发展，优先选聘附近的贫困户到示范园务工。2019 年，就业人员人均年增收入达到 2300 元，带动村集体经济增收 4.8 万元[①]。充分实现了就地城镇化与乡村振兴，引导劳动力在特色小镇集聚，促进城市与小城镇间的协调发展。

吸引外来人才层面，珠江—西江经济带特色小镇要充分发挥当地知乡爱乡返乡人士的作用，按照市场规律进行产业投资，鼓励私营企业的资本参与小城镇的建设，吸引工业资本回到农村。另一方面，引进和培养人才，把留在农村的青年人培养成新型农民。财政部门设立青年农民创业专项资金以支持青年农民技术培训，选派青年农民到有关部门和农业院校进行专项培训。鼓励农村高校和农村专业技术学院学生返回他们的村庄从事农业工作，鼓励和支持技术人员离岗或返乡创业，鼓励和支持企业家返乡创业，这些人才将推动特色小镇的发展，为改善生活条件奠定基础。另外，有条不紊地将城市商业和工业资本引向农村地区，推进相关配套改革，使企业和工商资本能够自由进入和退出农业领域。一是建立健全贯穿工商资本市场全过程的风险控制机制，并鼓励在村庄建立土地转让风险补助和风险保障机制，以抵销农民在企业无法履行合同时遭受的损失。加强工商资金对农业作用的动态监测，加大规模用地特别是大面积用地（如 500 亩）的监测力度，以防止土地所有者改变土地使用方式。二是根据用地和融资困难的问题，完

---

① 邱烜，苏寒梅. 产业链条上的茉莉花香 [J]. 当代广西，2020（20）：50 - 51.

善工商资金下乡服务体系，积极探索在基本农田集中区建造现代农业设施土地的使用方法，创新抵押方式，在农村地区深入发展土地抵押融资机制。把支持返乡下乡创业作为实施乡村振兴的重要抓手，鼓励各类群体返乡下乡创业，支持农民工、大中专毕业生、退役士兵等返乡下乡人员结合自身优势和特长，开发农业农村资源，大力发展文化、科技、旅游、生态等乡村特色产业，形成多层次、多样化的返乡下乡创业新格局。培育一批家庭工厂、手工作坊、乡村车间，实现乡村经济多元化，提供更多的就业岗位。2022 年，梧州六堡茶小镇打造一支包含 20 名博士、50 名硕士、40 名高级职称的茶学专业人才队伍，近年开展自治区级六堡茶科研项目 8 项，安排经费 4000 万元，实施自治区"六堡茶'八新双增'关键技术研究与产业化示范"项目，推动产量、产值、品质全面提升①。

三、完善农村基础设施与配套公共服务，提升居民生活质量

推进乡村振兴，加快农村基础设施的提档升级尤为关键，这不仅是调整农业结构的需要，也是提升百姓生活质量的保障。坚持把基础设施建设重点放在农村，加快农村公路、供水、供气、环保、电网、物流、信息、广播电视等建设。全面开展"四好农村路"示范县、示范乡镇和省级"美丽农村路"创建工作。加快通村组道路建设，打通乡村"断头路"。保障农村饮水安全，实现自来水村村通。加快新一轮农村电网改造升级，保障供电能力。加快农村地区宽带网络和第四代移动通信网络覆盖。实施数字乡村战略，做好整体规划设计，开发适应"三农"的信息技术、产品应用和服务。如南宁横县茉莉小镇 22 个村基本实现村屯道路硬化、卫生改厕，硬件设施基本俱全，村内房屋齐整，小洋楼林立。全镇多次荣获南宁市清洁乡村"十佳乡镇"称号和"自治区卫生镇"称号，石井村委文塘村获得全区"百家绿色村屯"的称号。完善统一的城乡居民基本医疗保险制度和大病保险制度，建立城乡居民基本养老保险待遇和基础养老金标准正常调整机制，统筹城乡社会救助体系，完善最低生活保障制度和养老服务网络，持续开展关爱留守儿童和农村贫困青少年帮扶活动。深入开展卫生乡镇、卫生村创建活动，推进健康乡镇、健康村和健康家庭建设，着力提高农村医疗卫生服务质量，支持乡镇卫生院和村卫生室改善条件，建立联通市、县、乡三级医疗机构的远程会诊信息平台，加强慢性病综合防控，大力推进农村精神卫生、职业病和重大传染病防治。开展和规范家庭医生签约服务，倡导优生优育，深入开展乡村爱

①　牛菀清，阮蓓. 以茶助增收，以茶促振兴［N］. 农民日报，2023－02－10（4）.

国卫生运动，推广全民健康生活方式。

四、增加农民财产性收入，缩小城乡居民收入差距

"乡村振兴"战略的执行集中于四个关键要素：人、土地、金钱以及科学技术，而其中最为核心的是"人"。在知识和科学技术强国的新时代，乡村振兴中农民财产收入的增加与农民的主观能动性是分不开的，因此有必要向珠江—西江经济带乡村居民普及理财知识。农村居民普遍缺乏对资金来源、金融产品选择等方面的基本知识，害怕和拒绝在未知风险的情况下投资，这严重限制了农民获得财产性收入。一方面，为农民开办重要的职业培训，增加财产性收入，向他们提供市场、管理、技术等方面的专门培训，并以金融和投资管理方面的相关知识丰富培训内容；另一方面，鼓励社会金融机构为农村地区提供专门的金融咨询和指导中心。通过有针对性的金融管理培训，提高农民的家庭金融素养，提高抵抗风险和规避风险的能力。此外，通过微博、微信、电视、电台、报纸等"互联网＋"广泛传播有关投资管理的金融信息和知识，以促进农民的主动性并合理利用资源来获得额外的增值收益。

综上所述，产业兴旺、生态宜居、乡风文明、治理有效、生活富裕是相互作用、不可割裂的五个层面，共同构成乡村振兴的内涵。同时，乡村振兴与特色小镇建设融合发展也是一个系统工程，形成共生共荣的共同体。一方面，中共中央、国务院印发的关于《关于全面实施乡村振兴战略的意见》指出，"建设一批设施完备、功能多样的休闲观光园区、森林人家、康健基地、乡村民宿、特色小镇等"①，就是为更好构建乡村第一、二、三产业融合发展体系，促进乡村全面振兴。另一方面，乡村实现振兴所带来的资金、人才、技术等要素，也为特色小镇高质量建设起到至关重要的作用。

---

① 中国政府网. 中共中央国务院关于实施乡村振兴战略的意见 ［EB/OL］. （2018－02－04）［2022－12－15］. https：//www. gov. cn/zhengce/2018－02/04/content_5263807. htm.

参 考 文 献

［1］［德］奥古斯特·勒施. 经济空间秩序：经济财货与地理间的关系
［M］. 北京：商务印书馆，2010：69–70.

［2］白小虎，陈海盛，王松. 特色小镇与生产力空间布局［J］. 中共浙江省
委党校学报，2016，32（5）：21–27.

［3］柏先红，刘思扬. "乡村振兴之路"调研报告［J］. 调研世界，2019，
（6）：3–7.

［4］曹勐. 乡村振兴与特色小镇建设产业融合研究［J］. 合作经济与科技，
2019，（11）：19–21.

［5］陈安华，江琴，张歆，叶莹莹. "特色小镇"影响下的小城镇建设模式
反思——以永康市龙山运动小镇为例［J］. 小城镇建设，2016，（3）：54–61.

［6］陈从建，张晓东，钱声源. 中国特色小镇发展模式研究［J］. 建筑经
济，2019，40（5）：108–113.

［7］陈丹，张越. 乡村振兴战略下城乡融合的逻辑、关键与路径［J］. 宏观
经济管理，2019（1）：57–64.

［8］陈立旭. 论特色小镇建设的文化支撑［J］. 中共浙江省委党校学报，
2016，32（5）：14–20.

［9］陈锐，王红扬，钱慧. 治理结构视角的"乡村建设实验"特征考察
［J］. 现代城市研究，2016（10）：9–15.

［10］陈信凌，范懿. 新媒体精准传播下的乡风文明建设研究［J］. 江西社
会科学，2019，39（11）：216–221.

［11］陈亚红，刘红艳. 福建省发展特色小镇的现状、意义及对策分析［J］.
内蒙古民族大学学报（社会科学版），2018，44（3）：98–102.

［12］陈炎兵. 特色小镇建设与城乡发展一体化［J］. 中国经贸导刊，2016，
（19）：44–46.

［13］陈玉山，庄小将. 乡村振兴背景下的特色小镇建设中的土地问题研究
［J］. 商业经济，2018，（10）：95–97，107.

［14］陈玉山．乡村振兴战略下江苏特色小镇建设问题研究［J］．商业经济，2018，(11)：52－54，99．

［15］陈昭．现代化视角下乡村治理的柔性路径——基于江宁的观察［J］．城市规划，2017，41(12)：73－81．

［16］陈自芳．提高农民财产性收入的省域特征及战略路径［J］．区域经济评论，2019，(1)：118－126．

［17］谌聪．特色小镇助力乡村振兴探究［J］．合作经济与科技，2019(10)：30－31．

［18］成海燕．特色小镇发展机制探讨——基于中国国情的理论与实践分析［J］．学术论坛，2018，41(1)：122－127．

［19］邓启明．基于循环经济的现代农业研究［M］．杭州：浙江大学出版社，2007：225．

［20］邓想，曾绍伦，焦露，张雨朦．特色小镇产业生态链构建研究——以贵安新区VR小镇为例［J］．现代城市研究，2019，(5)：30－36．

［21］邓小平．邓小平文选（第二卷）［M］．北京：人民出版社，1994：249．

［22］方叶林，黄震方，李经龙，王芳．中国特色小镇的空间分布及其产业特征［J］．自然资源学报，2019，34(6)：1273－1284．

［23］［德］冯·杜能．孤立国同农业和国民经济的关系［M］．北京：商务印书馆，1986：189－195．

［24］冯莉，曹霞．破题生态文明建设，促进经济高质量发展［J］．江西师范大学学报（哲学社会科学版），2018，51(4)：74－80．

［25］［美］弗农·拉坦，尤吉诺·海亚密．农业发展国际前景［M］．北京：商务印书馆，1993：16．

［26］付晓东，蒋雅伟．基于根植性视角的我国特色小镇发展模式探讨［J］．中国软科学，2017(8)：102－111．

［27］高树军．特色小城镇建设发展研究——以青岛海青茶园小镇为例［J］．农业经济问题，2017，38(3)：40－44．

［28］桂华．论新型城镇化与乡村振兴战略的衔接［J］．贵州社会科学，2020，(9)：155－161．

［29］郭庭庭．中国特色小镇问题研究［D］．大连：辽宁师范大学，2019：26．

［30］郭熙保，苏甫．速水佑次郎对农业与发展经济学的贡献［J］．经济学动态，2013，(3)：101－108．

［31］国家发展和改革委员会．国家发展和改革委员会办公厅关于建立特色

小镇和特色小城镇高质量发展机制的通知 [EB/OL]. (2018 - 08 - 30) [2022 - 10 - 25]. https://www. ndrc. gov. cn/xxgk/zcfb/tz/201809/t20180928_962283. html.

[32] 国家发展和改革委员会. 国家发展和改革委员会关于加快美丽特色小 (城) 镇建设的指导意见 [EB/OL]. (2016 - 10 - 31) [2022 - 10 - 25]. https:// www. ndrc. gov. cn/xxgk/zcfb/tz/201610/t20161031_963257. html.

[33] 国家发展和改革委员会. 国家发展和改革委员会、国土资源部、环境 保护部、住房和城乡建设部关于规范推进特色小镇和特色小城镇建设的若干意见 [EB/OL]. (2017 - 12 - 04) [2022 - 10 - 25]. https://www. ndrc. gov. cn/xwdt/ ztzl/xxczhjs/ghzc/202112/t20211209_1307311. html.

[34] 国家统计局农村社会经济调查司. 中国县域统计年鉴·2020 (乡镇 卷) [M]. 北京: 中国统计出版社, 2021.

[35] 何君, 冯剑. 中国农业发展阶段特征及政策选择——国际农业发展 "四阶段论" 视角下的比较分析 [J]. 中国农学通报, 2010, 26 (19): 439 - 444.

[36] 何永芳, 佘赛男, 杨春健. 新时代城乡融合发展问题与路径 [J]. 西 南民族大学学报 (人文社科版), 2020, 41 (7): 186 - 190.

[37] 胡卫卫. 探索建设特色小镇破解城乡环保难题 [N]. 中国环境报, 2017 - 5 - 24 (3).

[38] 黄金玉. 振兴乡村 全区特色小镇共计开工建设 513 个项目 [EB/OL]. (2020 - 09 - 19) [2022 - 08 - 25]. https://v. gxnews. com. cn/a/19829712.

[39] 黄细花. 发展乡村旅游助推乡村振兴 [J]. 人民论坛, 2018 (10): 53.

[40] 季谦. 当前西方经济学界关于工业区位理论的研究 [J]. 经济学动态, 1980, (11): 48 - 52.

[41] 姜德军. 特色小镇建设助力农牧民增产增收——以新疆克拉玛依市乌 尔禾区乌尔禾特色小镇建设特色小镇高质量建设为例 [J]. 克拉玛依学刊, 2018, 8 (2): 19 - 23, 2.

[42] [德] 卡尔·马克思, 弗里德里希·恩格斯. 马克思恩格斯选集 (第 四卷) [M]. 北京: 人民出版社, 2012: 390.

[43] [德] 卡尔·马克思, 弗里德里希·恩格斯. 马克思恩格斯选集 (第 一卷) [M]. 北京: 人民出版社, 2012: 308 - 309.

[44] 孔祥智, 李圣军. 试论我国现代农业的发展模式 [J]. 教学与研究, 2007, (10): 9 - 13.

［45］孔祥智，卢洋啸．建设生态宜居美丽乡村的五大模式及对策建议——来自 5 省 20 村调研的启示［J］．经济纵横，2019，（1）：19 – 28.

［46］［美］莱斯特·R. 布朗．建设一个持续发展的社会［M］．北京：科学技术文献出版社，1984：198.

［47］蓝海涛，王为农，涂圣伟，张义博，周振．新常态下突破农民收入中低增长困境的新路径［J］．宏观经济研究，2017，（11）：128 – 138.

［48］李宝玲．乡村振兴视域下产业小镇建设对策研究——以辽宁省喀左县紫陶特色小镇为例［J］．农业经济，2021，（6）：40 – 41.

［49］李长学．"乡村振兴"的本质内涵与逻辑成因［J］．社会科学家，2018，（5）：36 – 41.

［50］李国英．乡村振兴战略视角下现代乡村产业体系构建路径［J］．当代经济管理，2019，41（10）：34 – 40.

［51］李清文，陆小成，资武成．新时代特色小镇建设特色小镇高质量建设的绿色金融模式研究［J］．生态经济，2018，34（10）：114 – 118.

［52］李硕扬，刘群红．产城融合视角下特色小镇的功能定位研究——以南昌太平镇为例［J］．城市发展研究，2018，25（12）：168 – 172.

［53］李铜山，李璐洋．河南农业多功能性的评价分析及对策建议［J］．区域经济评论，2019，（4）：97 – 102.

［54］李燕，张新美．脱贫视角下广西特色小镇高质量建设与县域特色产业发展［J］．商业经济研究，2019，（10）：145 – 149.

［55］李颖慧，李敬．农业生产性服务供给渠道的有效性：农户收入和满意度视角——基于西南 4 省市问卷调查数据的实证分析［J］．西部论坛，2019，29（2）：53 – 63.

［56］李宇军，张继焦．历史文化遗产与特色小镇的内源型发展——以新古典"结构—功能论"为分析框架［J］．中南民族大学学报（人文社会科学版），2019，39（6）：44 – 49.

［57］李周．乡村生态宜居水平提升策略研究［J］．学习与探索，2019，（7）：115 – 120.

［58］刘邦凡，栗俊杰，韩义民．乡村振兴与特色小镇建设研究综述［J］．经济研究导刊，2019，（8）：48 – 50.

［59］刘国斌，高英杰，王福林．中国特色小镇发展现状及未来发展路径研究［J］．哈尔滨商业大学学报（社会科学版），2017，（6）：98 – 107.

［60］刘国斌，朱先声．特色小镇建设与新型城镇化道路研究［J］．税务与

经济，2018，（3）：42－49.

[61] 刘奇. 浙江省特色小镇高质量发展综合评价及空间效应研究 [D]. 杭州：杭州电子科技大学，2021：11－23.

[62] 刘盛. 乡风文明与乡村振兴：重要意义、现实难点与关键举措 [J]. 农林经济管理学报，2018，17（5）：629－634.

[63] 刘双双，段进军. 协调推进乡村振兴与新型城镇化：内在机理、驱动机制和实践路径 [J]. 南京社会科学，2021（11）：47－55.

[64] 刘馨秋. 农业特色小镇：如何定位与怎样建设 [J]. 中国农史，2019，38（3）：132－138，122.

[65] 刘亚丽，纪芬叶. 创新导向下特色文化小镇的培育机制和实践 [J]. 深圳大学学报（人文社会科学版），2019，36（2）：42－50.

[66] 刘亚丽，纪芬叶. 特色文化小镇培育机制研究 [J]. 经济与管理，2019，33（2）：68－73.

[67] 刘燕华. 依靠科技创新发展现代农业 [J]. 求是，2007，（12）：38－40.

[68] [美] 刘易斯. 劳动无限供给条件下的经济发展 [M]. 北京：商务印书馆，1983：101－106.

[69] 刘语潇. 建设生态宜居城市的思考 [J]. 宏观经济管理，2010，（6）：51－52.

[70] 卢梅，童兴娣. 特色小镇与其特色产业的耦合协调发展研究 [J]. 商业经济研究，2019，（5）：166－170.

[71] 闾海，顾萌，葛大永. 要素流动视角下的苏南地区乡村振兴策略探讨 [J]. 规划师，2018，34（12）：140－146.

[72] 吕添贵，胡晗. 基于 AHP 分析的特色小镇可持续发展研究——以连云港市东海水晶小镇为例 [J]. 江苏农业科学，2021，49（11）：14－21.

[73] 罗炳锦. 特色小镇在乡村振兴战略中的积极作用 [J]. 合作经济与科技，2018，（21）：23－25.

[74] [美] 罗斯托. 经济成长的阶段 [M]. 北京：商务印书馆，1962：51－52.

[75] 罗翔，沈洁. 供给侧结构性改革视角下特色小镇规划建设思路与对策 [J]. 规划师，2017，33（6）：38－43.

[76] 落志筠. 乡村生态振兴及其法治保障 [J]. 贵州民族研究，2020，41（1）：39－44.

[77] 毛泽东. 毛泽东选集（第八卷）[M]. 北京：人民出版社，1999：49.

[78] 毛泽东. 毛泽东选集（第六卷）[M]. 北京：人民出版社，1999：280.

［79］毛泽东．毛泽东选集（第三卷）［M］．北京：人民出版社，1991：1427.

［80］邱海兰，唐超．农业生产性服务能否促进农民收入增长［J］．广东财经大学学报，2019，34（5）：100－112.

［81］邱杰华，何冬华，赵颖．广州乡村地区发展的土地依赖与模式转型［J］．规划师，2018，34（10）：106－112.

［82］沈忻昕．辽宁宜居乡村建设考核指标体系研究［J］．农业经济，2020，（4）：18－21.

［83］盛赛赛，朱雨昕，张艺译．PPP 模式下特色小镇建设对城乡收入差距的影响研究——以江苏省特色小镇为例［J］．中国集体经济，2019，（31）：1－3.

［84］石梦娇．基于生态宜居导向下的九台城市设计研究［D］．长春：长春工程学院，2019：4.

［85］史云贵．当前我国特色小镇的功能与路径创新［J］．国家治理，2017（14）：18－27.

［86］宋宏，顾海蔚．乡村振兴背景下农业特色小镇可持续发展影响因素研究［J］．东北农业科学，2019，44（2）：75－80.

［87］谭昶，吴海涛．新型城镇化、空间溢出与农民收入增长［J］．经济问题探索，2019，（4）：67－76.

［88］谭久霞，潘雨红．特色小镇生态福利绩效评价——以重庆为例［J］．科技管理研究，2019，39（24）：40－46.

［89］唐刚．发展特色产业与实现新型城镇化——"特色小镇"模式的理论机制与经济效应研究［J］．商业研究，2019，（6）：73－80.

［90］唐敏，刘盛．乡村振兴战略背景下特色小镇建设发展研究［J］．湖北理工学院学报（人文社会科学版），2019，36（4）：37－42.

［91］汪昌莲．特色小镇不能盲目拆老建新［N］．甘肃日报，2017－10－11（5）.

［92］王博雅，张车伟，蔡翼飞．特色小镇的定位与功能再认识——城乡融合发展的重要载体［J］．北京师范大学学报（社会科学版），2020，（1）：140－147.

［93］王超，吕剑平．乡村振兴背景下特色小镇与美丽乡村协同共建研究［J］．农业科技管理，2019，38（5）：55－58.

［94］王聪，沈苏彦．江苏省农业特色小镇建设与产业转型协同发展研究［J］．农业经济，2019，（9）：32－34.

［95］王丹．中国特色小镇高质量建设的文化融入［J］．华南师范大学学报（社会科学版），2019，（1）：16－19，189.

［96］王国强．乡村振兴战略下特色小镇高质量建设的专业人才问题与对

策思考——以钦州坭兴陶特色小镇为例 [J]. 保山学院学报, 2019, 38 (1):
68 - 73.

[97] 王景新, 支晓娟. 中国乡村振兴及其地域空间重构——特色小镇与美
丽乡村同建振兴乡村的案例、经验及未来 [J]. 南京农业大学学报 (社会科学
版), 2018, 18 (2): 17 - 26, 157 - 158.

[98] 王文燕. 新型城镇化背景下特色小镇产业选择及其经济效应探讨 [J].
商业经济研究, 2020, (12): 182 - 184.

[99] 王小章. 特色小镇的"特色"与"一般" [J]. 浙江社会科学, 2016
(3): 46 - 47.

[100] 王晓兵. 制约农牧民增收的主要原因及相关建议 [J]. 金融经济,
2006, (24): 144.

[101] 王新哲, 雷飞. 西南少数民族地区特色小镇发展的机理与模式探究
[J]. 广西民族大学学报 (哲学社会科学版), 2019, 41 (5): 153 - 159.

[102] 王振坡, 薛珂, 张颖, 宋顺锋. 我国特色小镇发展进路探析 [J]. 学
习与实践, 2017, (4): 23 - 30.

[103] 王振坡, 张安琪, 王丽艳. 生态宜居特色小镇: 概念、内涵与评价体
系 [J]. 管理学刊, 2019, 32 (2): 45 - 53.

[104] 王志强, 邵良杉. 基于 AHP 的标书模糊综合评价方法 [J]. 科技情
报开发与经济, 2007, (9): 176 - 178.

[105] [英] 威廉·配第. 政治算数 [M]. 北京: 商务印书馆, 1978: 19 - 20.

[106] 卫龙宝, 史新杰. 浙江特色小镇建设的若干思考与建议 [J]. 浙江社
会科学, 2016, (3): 28 - 32.

[107] 魏后凯. 深刻把握城乡融合发展的本质内涵 [J]. 中国农村经济,
2020, (6): 5 - 8.

[108] 文丰安. 乡村振兴战略与新型城镇化建设融合发展: 经验、梗阻及新
时代方案 [J]. 东岳论丛, 2020, 41 (5): 70 - 77.

[109] 吴传钧. 经济大辞典 (国土经济·地理卷) [M]. 上海: 上海辞书出
版社, 1988: 180.

[110] 吴浙, 李静. 土地流转对发展现代农业的作用分析 [J]. 安徽农业科
学, 2010, 38 (5): 2599 - 2600, 2623.

[111] [美] 西奥多·舒尔茨. 改造传统农业 [M]. 北京: 商务印书馆,
1987: 24.

[112] 习近平: 健全城乡发展一体化体制机制让广大农民共享改革发展成果

[J]. 中国党政干部论坛, 2015, (6): 1.

[113] 习近平: 决胜全面建成小康社会夺取新时代中国特色社会主义伟大胜利——在中国共产党第十九次全国代表大会上的报告 [N]. 人民日报, 2017 - 10 - 28 (1).

[114] 习近平对实施乡村振兴战略作出重要指示强调把实施乡村振兴战略摆在优先位置让乡村振兴成为全党全社会的共同行动李克强作出批示 [J]. 农村工作通讯, 2018 (14): 2.

[115] 习近平. 决胜全面建成小康社会 夺取新时代中国特色社会主义伟大胜利 [N]. 人民日报, 2017 - 10 - 28 (1).

[116] 习近平. 决胜全面建成小康社会夺取新时代中国特色社会主义伟大胜利——在中国共产党第十九次全国代表大会上的报告 [J]. 学理论, 2017, (11): 1 - 12.

[117] 习近平. 论坚持全面深化改革 [M]. 北京: 中央文献出版社, 2018: 405.

[118] 席丽莎, 刘建朝, 王明浩. "文化源" + "产业丛"——新时代特色小镇发育的动力及其机制 [J]. 城市发展研究, 2018, 25 (10): 151 - 155.

[119] 辛金国, 刘奇, 沙培锋. 浙江省特色小镇高质量发展评价研究 [J]. 统计科学与实践, 2018 (10): 9 - 12, 37.

[120] 辛金国, 宋晓坤, 沙培锋. 我国特色小镇生态位综合评价——以杭州特色小镇为例 [J]. 调研世界, 2019 (9): 3 - 9.

[121] 辛金国, 吴泽铭. 浙江省特色小镇竞争力统计监测机制研究 [J]. 统计科学与实践, 2018 (6): 28 - 31, 56.

[122] 熊正贤. 乡村振兴背景下特色小镇的空间重构与镇村联动——以贵州朱砂古镇和千户苗寨为例 [J]. 中南民族大学学报 (人文社会科学版), 2019, 39 (2): 112 - 116.

[123] 徐虹, 王彩彩. 旅游特色小镇高质量建设的取势、明道和优术 [J]. 旅游学刊, 2018, 33 (6): 5 - 7.

[124] 徐梦周, 王祖强. 创新生态系统视角下特色小镇的培育策略——基于梦想小镇的案例探索 [J]. 中共浙江省委党校学报, 2016, 32 (5): 33 - 38.

[125] 徐伟凝, 历华笑, 朱婷媛, 李晖. 温州智创小镇产业园区转型升级路径 [J]. 规划师, 2016, 32 (7): 138 - 142.

[126] 徐学庆. 乡村振兴战略背景下乡风文明建设的意义及其路径 [J]. 中州学刊, 2018 (9): 71 - 76.

[127] 徐蕴倩. 特色小镇助力乡村振兴 [J]. 乡村科技, 2019 (20): 13 – 15.

[128] 许经勇. 刘易斯二元经济结构理论与我国现实 [J]. 吉首大学学报 (社会科学版), 2012, 33 (1): 105 – 108, 156.

[129] 许利峰. 我国乡村振兴战略背景下的特色小镇发展趋势 [J]. 建设科技, 2018 (2): 16 – 17.

[130] [美] 亚尔·蒙德拉克. 农业与经济增长 [M]. 北京: 经济科学出版社, 2004: 11 – 15.

[131] 杨传开, 朱建江. 乡村振兴战略下的中小城市和小城镇发展困境与路径研究 [J]. 城市发展研究, 2018, 25 (11): 1 – 7.

[132] 杨靖三, 何建敏. 精准扶贫与特色小镇高质量建设的对接研究 [J]. 云南社会科学, 2019 (3): 71 – 75, 187.

[133] 杨梅, 郝华勇. 特色小镇引领乡村振兴机理研究 [J]. 开放导报, 2018 (2): 72 – 77.

[134] 杨萍, 张锋. 乡村振兴战略背景下特色小镇新业态诊断与培育路径研究——基于产业集聚的视角 [J]. 农业经济, 2019 (1): 34 – 36.

[135] 杨晓娜. 生态宜居背景下我国生态新农庄的发展路径 [J]. 农业经济, 2020 (4): 31 – 33.

[136] 姚尚建. 城市的回归——乡村贫困治理中的特色小镇 [J]. 理论与改革, 2018 (2): 59 – 66.

[137] 姚尚建. 城乡一体中的治理合流——基于"特色小镇"的政策议题 [J]. 社会科学研究, 2017 (1): 45 – 50.

[138] 尹仕美, 廖丽萍, 李奎. 乡村振兴规划共生策略构建及广西实践 [J]. 规划师, 2018, 34 (8): 68 – 73.

[139] 郁建兴, 张蔚文, 高翔等. 浙江省特色小镇建设的基本经验与未来 [J]. 浙江社会科学, 2017 (6): 143 – 150.

[140] 郁建兴等. 浙江省特色小镇高质量建设的基本经验与未来 [J]. 浙江社会科学, 2017 (6): 143 – 150, 154, 160.

[141] [德] 约翰·杜能. 孤立国同农业和国民经济的关系 [M]. 北京: 商务印书馆, 2010: 88.

[142] 曾江, 慈锋. 新型城镇化背景下特色小镇建设 [J]. 宏观经济管理, 2016 (12): 51 – 56.

[143] 张涵昱. 可持续生计视角下的半城市化地区规划策略研究——以诸暨高湖地区为例 [D]. 南京: 东南大学, 2017: 9 – 17.

［144］张华伟．乡风文明：乡村振兴之"魂"［N］．学习时报，2018-09-14（3）．

［145］张吉福．特色小镇高质量建设路径与模式——以山西省大同市为例［J］．中国农业资源与区划，2017，38（1）：145-151．

［146］张婷．特色小镇发展文化创意产业问题研究［J］．农业经济，2020（5）：46-47．

［147］张婷婷，李政．我国农村金融发展对乡村振兴影响的时变效应研究——基于农村经济发展和收入的视角［J］．贵州社会科学，2019（10）：159-168．

［148］张蔚文，麻玉琦．社会治理导向下的特色小镇治理机制创新［J］．治理研究，2018，34（5）：113-119．

［149］张蔚文，卓何佳，麻玉琦．特色小镇融入城市群发展的路径探讨［J］．浙江大学学报（人文社会科学版），2018，48（5）：177-187．

［150］张文强，华晓龙，院美芬．财务战略矩阵的改进模型在并购选择中的应用［J］．内蒙古大学学报（哲学社会科学版），2009，41（2）：76-81．

［151］张晓山．关于走中国特色农业现代化道路的几点思考［J］．经济纵横，2008（1）：58-61．

［152］张信德，张云彬，陈浩．乡村振兴背景下旅游资源型特色小镇发展路径研究——以巢湖半汤温泉小镇为例［J］．江苏农业学报，2020，36（1）：219-226．

［153］张学军，李丽娜．特色小镇：当代中国乡村振兴战略的典型实践［J］．河北学刊，2018，38（6）：207-211．

［154］张亚明，杜翠翠，何旭．特色小镇IFIC核心竞争力提升路径研究——基于河北实践的思考［J］．商业经济研究，2019（1）：156-159．

［155］张颖举，程传兴．中西部农业特色小镇高质量建设的成效、问题与对策［J］．中州学刊，2019（1）：50-55．

［156］张跃胜．生态文明建设与区域经济可持续发展［J］．当代经济研究，2016（6）：27-34．

［157］章艳涛，王景新．脱贫攻坚、乡村振兴和新型城镇化衔接的策略、经验与问题——顺昌县洋墩乡响应国家"三大战略"案例研究［J］．农村经济，2020（8）：52-59．

［158］赵晨．要素流动环境的重塑与乡村积极复兴——"国际慢城"高淳县大山村的实证［J］．城市规划学刊，2013（3）：28-35．

［159］赵毅，张飞，李瑞勤．快速城镇化地区乡村振兴路径探析——以江苏苏南地区为例［J］．城市规划学刊，2018（2）：98 – 105．

［160］郑必坚．邓小平理论基本问题［M］．北京：中共中央党校出版社，2001：150．

［161］郑春东，马珂，苏敬瑞．基于居民满意度的生态宜居城市评价［J］．统计与决策，2014（5）：64 – 66．

［162］中共中央党史和文献研究院．习近平关于“三农”工作论述摘编［M］．北京：中央文献出版社，2019：198．

［163］中共中央、国务院印发《乡村振兴战略规划（2018 – 2022 年)》［N］．人民日报，2018 – 09 – 27（1）．

［164］周锦，赵正玉．乡村振兴战略背景下的文化建设路径研究［J］．农村经济，2018（9）：9 – 15．

［165］周凯，韩冰．基于综合效益评价的特色小镇产业遴选与体系构建方法研究——以江苏省南通市海门三星镇为例［J］．学术论坛，2018，41（1）：111 – 115，174．

［166］周晓虹．产业转型与文化再造：特色小镇的创建路径［J］．南京社会科学，2017（4）：12 – 19．

［167］朱莹莹．浙江省特色小镇建设的现状与对策研究——以嘉兴市为例［J］．嘉兴学院学报，2016，28（2）：49 – 56．

［168］住房和城乡建设部．住房和城乡建设部 国家发展和改革委员会 财政部关于开展特色小镇培育工作的通知［EB/OL］．（2016 – 07 – 20）［2022 – 10 – 25］．https：//www. mohurd. gov. cn/gongkai/zhengce/zhengcefilelib/201607/20160720_228237. html．

［169］Akama J S，Kieti D. Tourism and Socio-economic Development in Developing Countries：A Case Study of Mombasa Resort in Kenya［J］. *Journal of Sustainable Tourism*，2007，15（6）：735 – 748．

［170］Arie Reichel a，Oded Lowengart b & Ady Milman c. Rural tourism in Israel：service quality and orientation［J］. *Tourism Management*，2000，21：451 – 459．

［171］Blamey，Russell K. Ecotourism：The Search for an Operational Definition［J］. *Journal of Sustainable Tourism*，1997（5）：109 – 130．

［172］C. H. Gladwin，B. F. Long，E. M. Babb. Rural Entrepreneurship：One Key to Rural Revitalization［J］. *American Journal of Agricultural Economics*，1989（5）：1305 – 1314．

[173] Congleton Roger D. Why Local Governments Do Not Maximize Profits: On the Value Added by the Representative Institutions of Town and City Governance [J]. *Public Choice*, 2011, 149 (1 −2): 187 −207.

[174] Dvir R, Pasher E. Innovation engines for knowledge cities: an innovation ecology perspective [J]. *Journal of Knowledge Management*, 2004, 8 (5): 16 −27.

[175] Dvir R. Innovation engines for knowledge cities: Historic and contemporary snap shots [J]. *Ecology*, 2003 (4): 65 −75.

[176] Erokhin V, Hei Jman W, Ivolga A, Sustainable Rural Development in Russia Through Diversification: The Case of the Stavropol Region [J]. *Nephron Clinical Practice*, 2014 (3): 20 −25.

[177] Franois Perroux, Economic Space: Theory and Applications [J]. *The Quarterly Journal of Economics*, 1950 (64): 89 −104.

[178] Gladwin C H, Long B F, Babb E M, et al. Rural Entrepreneurship: One Key to Rural Revitalization [J]. *American Journal of Agricultural Economics*, 1989, 71: 1305 −1314.

[179] Greene, M. J, Agriculture diversification initiatives: state government roles in rural revitalization [J]. *Rural Economic Alternatives*, 1988 (6): 56 −75.

[180] Harris J R, Todaro M P. Migration Unemployment and Development a Two − Sector Analysis [J]. *American Economic Review*, 1970, 3: 126.

[181] Jorgenson DW. The Development of a Dual Economy [J]. *Economic Journal*, 1961, 71 (282): 309 −334.

[182] Kawate T. Rural Revitalization and Reform of Rural Organizations in Contemporary Rural Japan [J]. *Journal of rural problems*, 2005, 40 (4): 393 −402.

[183] Kevin O' Toole, Burdess N. New community governance in small rural towns: the Australian experience [J]. *Journal of Rural Studies*, 2004, 20 (4): 433 −443.

[184] Kim K, Uysal M, Sirgy M J. How does tourism in a community impact the quality of life of community resident? [J]. *Tourism Management*, 2013, 36 (3): 527 −540.

[185] Korsching, P. Multicommunity collaboration: an evolving rural revitalization strategy [J]. *rural development news*, 1992 (2): 14 −31.

[186] Lewis W A. Eeonomic Development with Unlimited Supply of Labor [J]. *The Manchester School of Economic and SocialStudies*, 1954, 5: 139 −191.

［187］ Madrigal R. Residents perceptions and the role of government ［J］. *Annals of Tourism Research*, 1995 （22）: 86 – 102.

［188］ Mathur, K, Inayatullah, Monitoring and evaluation of rural development: some Asian experiences ［J］. *monitoring & evaluation of rural development some asian experience*, 1980 （2）: 112 – 117.

［189］ Mathur, K, Inayatullah. Monitoring and evaluation of rural development: some Asian experiences ［J］. *Public Administration and Development*, 1980: 281.

［190］ Melanie, Kay, Smith. Seeing a new side to seasides: culturally regenerating the English seaside town ［J］. *International Journal of Tourism Research*, 2004 （6）: 17 – 28.

［191］ Michael E. Porter, *The Competitive Advantage of Nations* ［J］. New York: Free Press, 1998 （3）: 13 – 25.

［192］ M·Redelift. The Multiple Dimensions of Sustainable Development ［J］. *Geography*, 1991, （1）: 36 – 42.

［193］ Neumeier S, Pollermann K. Rural Tourism As Promoter of Rural Development – Prospects And Limitations: Case Study Findings From A Pilot Projectpromoting Village Tourism ［J］. *European Countryside*, 2014, 6 （4）: 270 – 296.

［194］ Parlett G, Fletcher J, Cooper C. The impact of tourism on the old town of Edinburgh ［J］. *Tourism Management*, 1995, 16 （5）: 355 – 360.

［195］ Pinson Gilles. The Governance of French Towns: From the Centre Periphery Scheme to Urban Regimes ［J］. *Análise Social Urban Governance in Southern Europe*, 2010, 197: 717 – 737.

［196］ Pollermann, Kim, Neumeier, Rural Tourism As Promoter Of Rural Development – Prospects And Limitations: Case Study Findings From A Pilot Projectpromoting Village Tourism ［J］. *European Countryside*, 2015 （4）: 270 – 296.

［197］ Rains G, Fei C. H. A Theory of Economics Development ［J］. *American Economic Review*, 1961, 51 （4）: 533 – 565.

［198］ René Brauer, Dymitrow M, Quality of life in rural areas: a topic for the rural Development policy? ［J］. *Bulletin of Geography Socio Economic*, 2014 （25）: 25 – 54.

［199］ Sherlock, Kirsty. The role of community in tourism studies ［J］. *International Journal of Contemporary Hospitality Management*, 1999, 11 （2）: 126 – 127.

［200］ Smith M K. Seeing a new side to seasides: culturally regenerating the English seaside town [J]. *International Journal of Tourism Research*, 2004, 6 (1): 17 – 28.

[201] SUCN, UNEP, WWF. *Caring for the Earth: Second report on World Conservation and Development* [M]. UK: Earthscan Publications Ltd. Press, 1991: 3.

[202] Thomas G. Johnson. The rural economy in a new century [J]. *International Regional Science Review*, 2000 (1): 21 – 37.

[203] Thurow L C. The competitive advantage of nations [J]. *Competitive Intelligence Review*, 1991, 2 (1).

[204] World Commission on Environment and Development. Our Common Future [M]. Oxford: Oxford University Press, 1987: 43.